Karl Spieß

1891–1945

Karl Spieß
1891–1945

Ein sächsischer Lichtbildner
und seine Fotografien

A Saxon Light Artist
and His Photographs

Mit 104 Abbildungen im Tafelteil
Herausgegeben und mit einem biografischen Text von Dietmar Riemann

Including a section containing 104 photos
Edited and with a biographical essay by Dietmar Riemann

mitteldeutscher verlag

Den im Osten Deutschlands in sowjetrussischen Internierungslagern ohne Rechtsbeistand ums Leben gekommenen Frauen und Männern gewidmet.

Dedicated to the women and men who lost their lives without legal advice in Soviet-Russian internment camps in the east of Germany.

Ein Lichtbildner in seiner Zeit

Lichtbildner. Selbst viele Jahre nach dem Zweiten Weltkrieg war das noch immer die stolze Berufsbezeichnung für Fotografen – beziehungsweise für Photographen, denn diese „Maler mit Licht“ schrieben sich damals mit „ph“, obwohl schon 1901 mit der deutschen Rechtschreibreform ein schlichtes „f“ empfohlen worden war. Um einen Berühmten seiner neuzeitlichen Zunft handelt es sich nicht, aber in diesem kleinen Essay geht es um die spannende und nachdenkenswerte Lebensgeschichte einer Fotografenfamilie aus der sächsischen Provinz, aus Hartha bei Döbeln, insbesondere um den Fotografen Karl Spieß, der hier in den zwanziger und dreißiger Jahren des 20. Jahrhunderts mit seinen bemerkenswerten Bildern zum Seismograf seiner Gesellschaft wurde.
Als ich 1986 einen leider viel zu kleinen Teil des damals noch umfänglichen Negativnachlasses des Fotografen Karl Spieß vor dem angedrohten Abtransport auf die Müllhalde rettete und die großformatigen Glasplatten über die innerdeutsche Grenze nach „drüben“ schmuggeln ließ, hatte ich bereits einen Antrag auf Entlassung aus der Staatsbürgerschaft der DDR gestellt. Mit dieser Entscheidung war ich zu einem „feindlichen Element“ des Landes geworden, wie das der Staatssicherheitsdienst in seinem Verfolgungswahn formulierte. Ein paar Erinnerungen an den Fotografen Karl Spieß, der mich nachhaltig beeinflusst hat, obwohl ich ihm nie persönlich begegnet bin, wollte ich mitnehmen in den anderen Teil Deutschlands.
Mein Vater, der Fotografenmeister Siegfried Riemann, hatte das „Photo-Spezialhaus Karl Spieß“ von der Witwe seines Vorgängers, Maria Spieß, übernommen. Ab 1951 war er Angestellter und ab 1954 Pächter der „Lichtbildnerei“. Mein Vater führte das Atelier auf Wunsch von Maria Spieß unter dem Namen Karl Spieß weiter.
Siegfried Riemann übernahm einen auf das Modernste ausgestatteten fotografischen Handwerksbetrieb – mit großzügigem Ladengeschäft, mehreren Negativ- und Positivlabors und komfortablem Atelier. Aber auch die nicht auf das Berufliche ausgerichtete Ausstattung des Hauses war sehr fortschrittlich. Spontan fällt mir die Zentralheizung der zwei Gebäude ein – und mein bedauernswerter Vater, der die Anlage im Keller in den frühen Morgenstunden zu bestücken hatte. Der große Kessel war regelmäßig kaputt, weil es in der DDR kein ordentliches Heizmaterial für solch einen Ofen gab – Koks. Selbst die nasse Rohbraunkohle oder die ebenfalls ungeeigneten, zudem noch meistens zerbrochenen, bröseligen Braunkohlebriketts, die vor der Schaufensterfront abgekippt wurden und die Fassade des Hauses nebst Ladeneingang schrecklich verdreckten, waren Zuteilungsware.
Im Sommer 1986 – bis dahin schaffte es mein Vater über viele Hindernisse hinweg, keiner sozialistischen Produktionsgenossenschaft des Handwerks angeschlossen und damit de facto enteignet zu

A Light Artist and His Era

Light artist. Even many years after World War II this was still the proud professional title used for "Fotografen" or rather "Photographen" for these "Light artists" used "ph" at that time, although due to a reform of the German system of spelling a simple "f" had been recommended as early as 1901.
He was not one of the famous photographers of this modern profession. Rather this small essay deals with the exciting and thought-provoking life of a photographer's family from Saxony, from Hartha near Döbeln, more specifically with the life of Karl Spieß, who in the twenties and thirties of the 20th century became a seismograph of his society in this region through his remarkable photos.
In 1986, when I saved an unfortunately much too small portion of the still extensive collection of negatives of the photographer Karl Spieß from imminent transport to the dump and had the large glass plates smuggled over the inner German border to the "other side," I had already filed an application to be released from my citizenship in the German Democratic Republic. This decision made me a "hostile element," as the state security service put it in its paranoid delusion. I wanted to take a few memories of the photographer Karl Spieß—who had a lasting influence on me although I never met him personally—to the other part of Germany.
My father, the master photographer Siegfried Riemann, took over the "Photospezialhaus Karl Spieß" [photography studio] from the widow of his predecessor, Maria Spieß. From 1951 to 1954 he was an employee of and from 1954 on he leased the "Lichtbildnerei" [photography studio]. At the request of Maria Spieß, my father continued to manage the studio under the Karl Spieß name.
Siegfried Riemann took over a photography business containing the most modern equipment with a large retail space, several dark rooms and print rooms and a comfortable studio. The fixtures of the building not devoted to photography were also very modern. Off the top of my head I remember the central heating system of the two buildings and my unfortunate father who had to start up

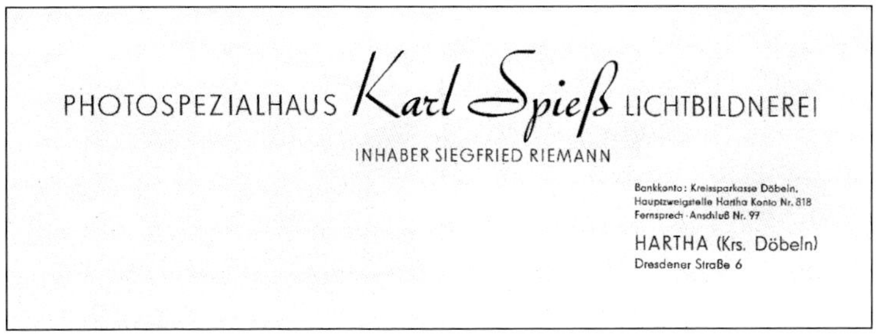
PHOTOSPEZIALHAUS Karl Spieß LICHTBILDNEREI
INHABER SIEGFRIED RIEMANN
Bankkonto: Kreissparkasse Döbeln,
Hauptzweigstelle Hartha Konto Nr. 818
Fernsprech-Anschluß Nr. 97
HARTHA (Krs. Döbeln)
Dresdener Straße 6

Briefkopf Lichtbildnerei Spieß-Riemann, etwa 1935
Letterhead Spieß-Riemann Photography Studio, around 1935

werden – übergab er infolge seiner vorgezogenen Berentung – er hatte sich durch das jahrzehntelange Arbeiten mit bloßen Händen in den gesundheitsschädlichen Fotochemikalien die Haut kaputtgemacht – den Betrieb an einen jungen Fotografen aus Bernau bei Berlin. Der betrieb das Geschäft allerdings nur etwas über ein Jahr und ging wieder zurück. Anschließend übernahm die „Abteilung Foto" des VEB „Dienstleistungskombinat Döbeln-Roßwein" das Atelier. Der sozialistische Großbetrieb fand jedoch niemanden, der nach Hartha wollte. Das stadtbekannte Fotohaus blieb für zweieinhalb Jahre geschlossen – und verkam nach und nach.

Im Zuge der Wiedervereinigung der zwei deutschen Teilstaaten ging die Immobilie an einen in Hartha lebenden entfernten Verwandten der in den frühen fünfziger Jahren nach Kanada geflüchteten Familie Spieß über. Dieser eröffnete am 3. Oktober 1990, am historisch ersten Tag der deutschen Einheit, in den Firmenräumlichkeiten ein anderes Gewerbe, das er jedoch wegen Baumaßnahmen der Stadt an diesem Standort aufgeben musste. Das stolze Haus mit Atelieranbau, das in den über vier Jahrzehnten sowjetischer Besatzungszone und DDR-Existenz von meinem Vater immer in einem guten Zustand gehalten werden konnte – für ostdeutsche Verhältnisse absolut keine Kleinigkeit –, blieb erneut geschlossen und verfiel weiter. 1998 hätte das Fotohaus Spieß sein einhundertjähriges Bestehen gefeiert. Anfang 2013 wurden die Gebäude abgerissen. Vom ehemals renommierten Atelier-, Labor- und Handelsbetrieb ist im Stadtbild nichts erhalten geblieben.

1950 in Hainichen, am Rande des Erzgebirges geboren, wuchs ich nur drei Jahre später, in Hartha angekommen, mit den vielen Hinterlassenschaften von Karl Spieß auf – auch mit seinen Bildern. Die Schaufensterfront der sich an der Hauptverkehrsader Dresden–Leipzig befindlichen Firma erstreckte sich über die gesamte Breite des Hauses. Und die große, grüne Leuchtschrift SPIESS über den Schaufenstern und Schaukästen – sie kam einer großstädtischen Reklamebeleuchtung gleich – nahm nicht nur ich im ansonsten grauen Hartha als auffallend exklusiv wahr. Auch die Freischwinger im geschmackvoll ausgestatteten Verkaufsraum, in dem sich zu DDR-Zeiten freilich kaum noch Waren befanden, empfand ich als etwas Besonderes. Dass die zwei wippenden Sessel echte Bauhaus-Möbel waren, die da für die zu beratende Kundschaft standen, ahnte ich damals nicht. Wo sie abgeblieben sind, frage ich mich heute. Ich nehme an, dass auch sie auf dem Müll landeten. Vor allem beeindruckt hat mich der auf dem neuesten technischen Stand ausgestattete, weiträumige Labor- und Atelieranbau. Das Atelier – wir würden es heute nichtssagend Studio nennen – im oberen Geschoss des Gebäudes, hatte eine etwa zehn Meter lange, hohe Fensterfront nach Norden. Es war, schob man die Vorhänge vor der Verglasung beiseite, von Licht durchflutet und konnte auch für Aufnahmen mit Tageslicht genutzt werden. Den Fußboden der Aufnahmewerkstatt hatten Spießens mit Parkett versehen lassen. Der Kunde erreichte das Atelier vom Vorderhaus über einen klei-

the boiler in the basement in the early hours of the morning. That large boiler broke down on a regular basis because there was no proper fuel (coke) for such a furnace in the GDR (German Democratic Republic). Even wet brown coal and the also unsuitable brown coal briquettes were rationed goods. These briquettes, most of which crumbly or broken in pieces, were dumped in front of the show window dirtying up the front of the building, including the entry to the shop, horribly.

In the summer of 1986 my father handed the business over to a young photographer from Bernau near Berlin. He was facing early retirement due to his having damaged his skin from decades of working barehanded in harmful photography chemicals. Up until then, despite many obstacles, he had managed to avoid joining any socialist tradesmen's cooperative and being de facto expropriated as a consequence. However, this young photographer operated the business for only a little bit over a year and then went back to Bernau. The studio was then taken over by the "Photo Department" of the state-owned enterprise "Dienstleistungskombinat Döbeln-Roßwein" [Döbeln-Roßwein Services Group], but this large socialist enterprise could not find anyone who wanted to live in Hartha. For two years, the photo studio, which was known throughout the city, remained closed and gradually deteriorated.

In the course of the reunification of Germany the property went to a resident of Hartha, a distant relative of the Spieß family, which had fled to Canada in the fifties. On October 3, 1990, the historic first anniversary of the unification of Germany, this relative opened a different business in the premises, which, however, he had to abandon at that location because of municipal building projects. The impressive building with its attached studio which my father was able to always maintain in good condition—in East Germany definitely not a small matter—through four decades of Soviet occupation and GDR rule, was closed again and deteriorated further. The Spieß photo studio would have celebrated its 100th anniversary in 1998. The building was torn down at the beginning of 2013. Today the cityscape contains no visible reminder of this renowned studio, laboratory and retail establishment.

Born in 1950 in Hainichen in the foothills of the Erzgebirge [Ore Mountains], I arrived three years later in Hartha and grew up with the many legacies left by Karl Spieß—also with his photos. The shop window of the business (located on the main traffic artery between Dresden and Leipzig) extended across the entire front of the building. And I was not the only one in an otherwise grey Hartha who perceived the large green SPIESS neon sign above the shop windows and display cases as strikingly exclusive—the equivalent of a neon advertising sign in a large city. I also found the cantilevered chairs in the tastefully outfitted retail premises—which, however, contained hardly any goods during the GDR [German Democratic Republic] period—as something special. At that time, I had no idea that the two springy chairs nen Salon mit Schiebetür. In diesem repräsentativen Empfangszimmer mit Umkleidebereich und einem großen Spiegel standen mehrere Einzelstücke handgefertigter Spezialmöbel zum Zwecke des Fotografierens, auch ein stattlicher Schaukelhahn für Kinder war darunter.

Mir erschien diese Bürgerlichkeit herrschaftlich. Zwei der dunkelrot bezogenen Sitzmöbel und der bunt bemalte, hölzerne Schaukelhahn stehen heute in meinem Haus. Neben zahlreichen Leuchten auf gusseisernen Rollstativen hatte Karl Spieß das Atelier mit einer großen Lichtwanne ausgerüstet, die er mithilfe eines Kranes an der Decke des Raumes in alle Richtungen bewegen konnte. Die Krönung bildete eine riesige 18×24-cm-Atelier-Plattenkamera auf einem fahrbaren Holzstativ, welches durch gedrechselte Zierelemente auffiel. Das muss dem zu Portraitierenden Staunen abgenötigt haben. Zum Wechseln der Platten in den mit Holzrollos versehenen Kassetten gab es innerhalb des Ateliers eine separate Dunkelkammer. Karl Spieß hatte mehrere Angestellte. Ich erinnere mich an eine ganze Reihe von Spinden im Umkleidebereich für die Mitarbeiter.

Gesprochen wurde über den erfolgreichen Fotografen Karl Spieß im Haushalt meiner Eltern auch in meiner Gegenwart – über den

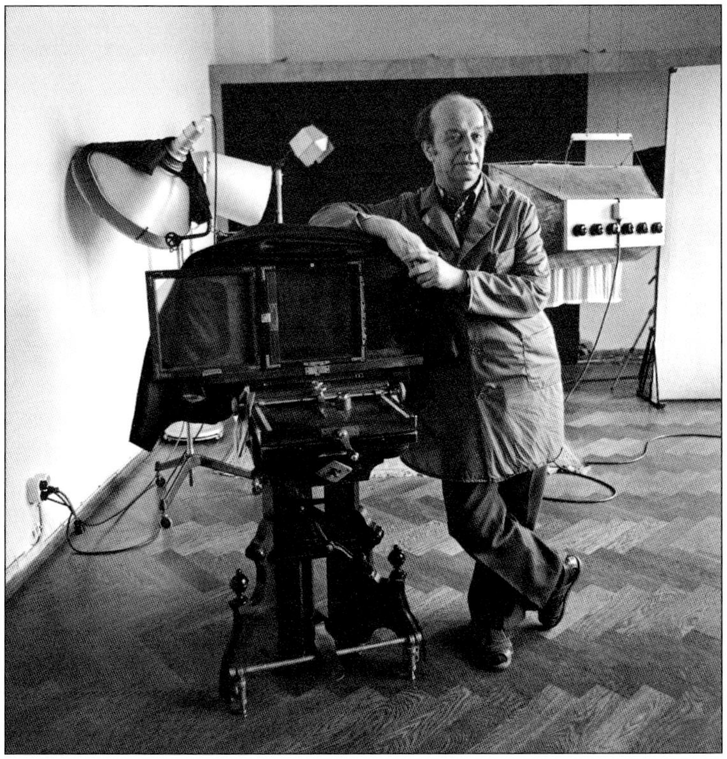

Siegfried Riemann mit der Portrait-Kamera von Karl Spieß im Atelier, etwa 1978
Siegfried Riemann in the studio with Karl Spieß' portrait camera, around 1978

that were there for clients were genuine Bauhaus furniture. I still ask myself today what happened to them. I assume that they ended up in the garbage as well. Above all I was impressed by the attached spacious laboratory and studio, which contained the most modern state-of-the-art equipment. The artist's workshop—today we would describe it meaninglessly as a studio—on the top floor of the building had a high window front, approximately ten meters in length, which faced north. When the drapes covering it were opened, the studio was flooded with light and could also be used for photos requiring natural light. The Spieß family had had hardwood flooring put down in the studio. Clients reached it from the front of the building through a small salon with a sliding door. This luxurious reception room contained a change area with a large mirror and several special hand-made

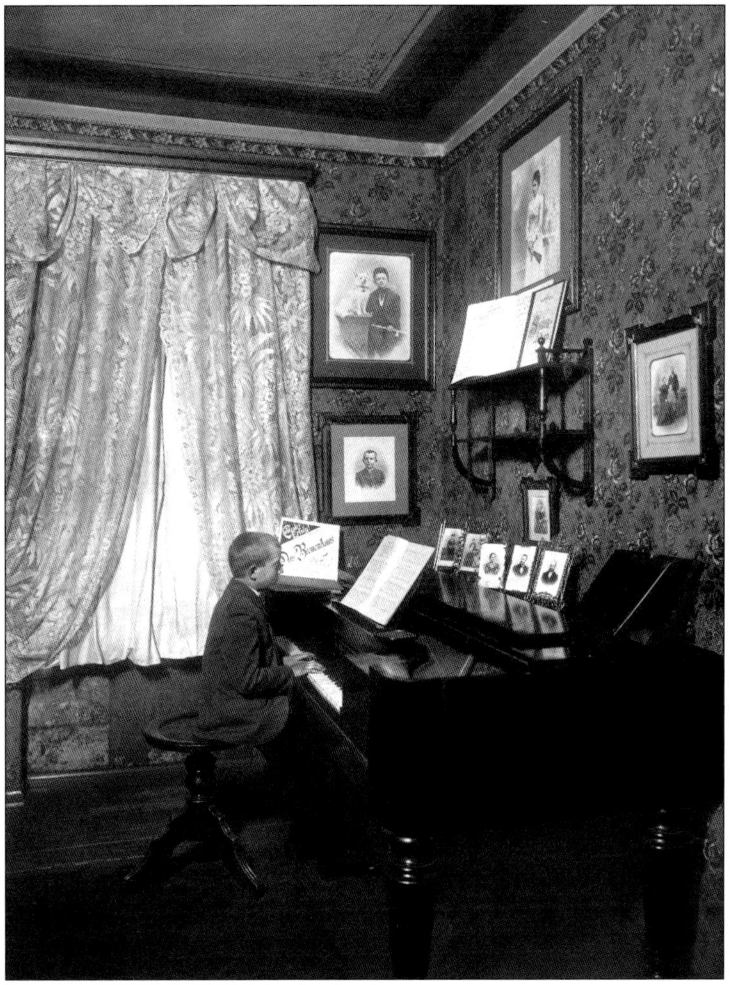

Karl Spieß am Klavier, etwa 1900
Karl Spieß playing the piano, around 1900

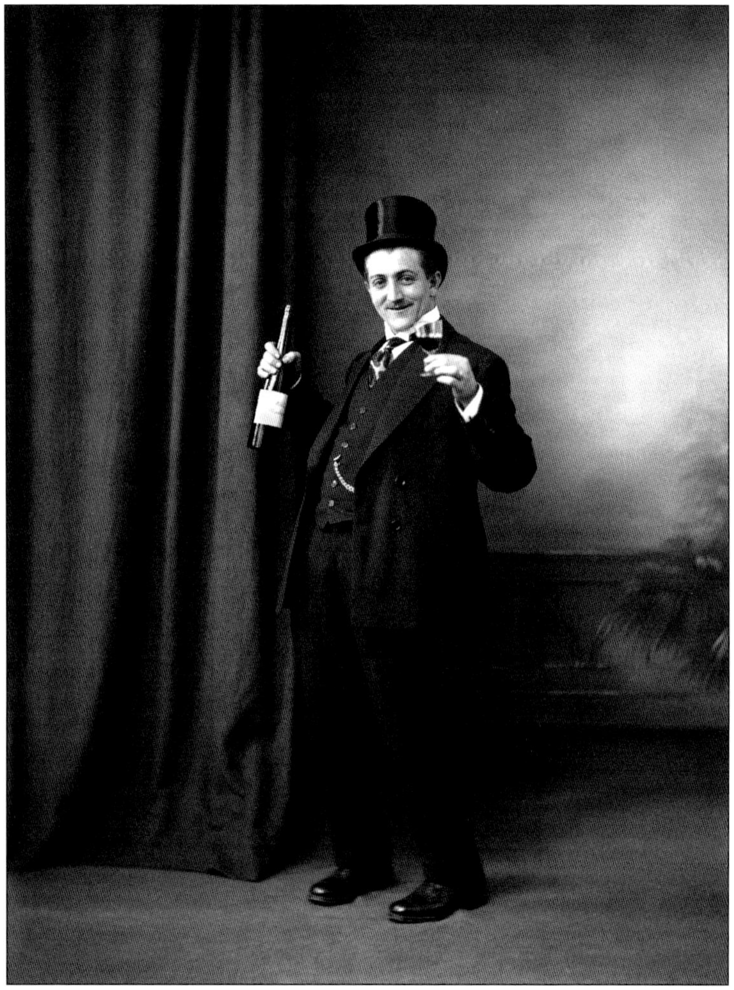

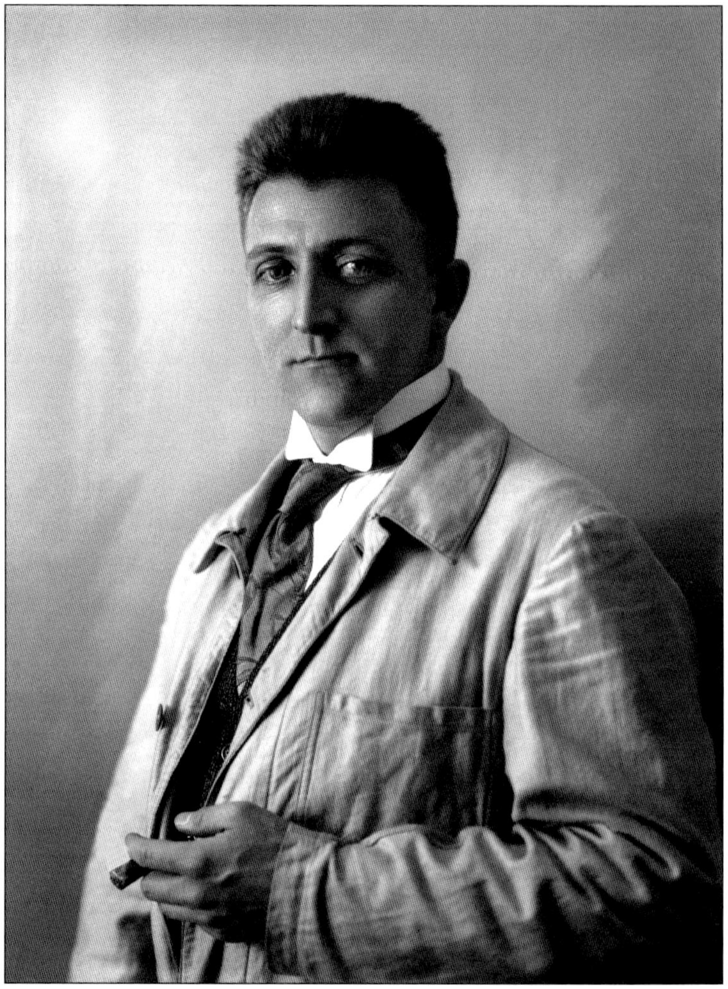

Selbstportraits von Karl Spieß, etwa 1925
Self-portraits by Karl Spieß, around 1925

Mann, der mit Künstlern bis hin nach Chemnitz, Dresden und Leipzig befreundet war und diesen und jenen fotografiert hatte. Ich denke an ein Portrait des im nur unweit von Hartha entfernten Leisnig wirkenden Kirchenmusikers und Schriftstellers Franciscus Nagler (im Tafelteil Seite 46). Und dann spielte Karl Spieß ausgezeichnet Klavier und Geige, erzählte man mir. Ich war sehr beeindruckt.

Der Fotograf muss ein lebensbejahender Mann mit viel Humor gewesen sein. Das schlussfolgere ich nicht nur aus Erzählungen über ihn, sondern auch beim Betrachten zahlreicher Fotos aus seiner Hand. Fröhliches Feiern spielte bei ihm keine untergeordnete Rolle. Mehrfach aufgetauchte Selbstportraits zeugen davon. Karl Spieß lacht nicht nur einmal mit erhobenem Glas in die Kamera, einen Zylinder auf dem Kopf, wie eine Bühnenfigur. Ein anderes

furniture pieces designed specifically for photographic purposes, including a splendid spring-mounted rocking rooster for children.

I found this middle-class lifestyle wonderful. Two of the dark red upholstered sofas and the colorfully painted wooden rocking rooster are part of the décor of my house today. In addition to numerous lamps mounted on cast-iron stands with castors, Karl Spieß had equipped his workshop with a large softbox which he was able to move in all directions using a crane mounted on the ceiling of the room. The crowning feature was a huge 18×24 cm studio plate camera on a mobile wooden stand which was distinguished by its decorative elements. It must have filled people whose portraits were about to be taken with wonder. The studio contained a separate darkroom in which the plates in the magazines, which

Portrait zeigt ihn selbstbewusst in die Kamera blickend, mit einer Zigarre in der Hand. Er trägt unter dem weißen Arbeitskittel Schlips und Kragen.
Der Geist von Karl Spieß hat mich nie verlassen – auch deshalb nicht, weil man uns Riemanns in Hartha nicht etwa mit Riemann ansprach, sondern mit Spieß. Und mich nannte man als Kind und Jugendlichen den „kleinen Spieß". SPIESS stand ja schließlich in Großbuchstaben und in der Dunkelheit hell leuchtend am klinkerroten Haus in der Dresdener Straße – zumindest solange, bis die Neonschrift Anfang der siebziger Jahre „irreparabel" kaputtging, das heißt für ostdeutsche Verhältnisse nicht zu reparieren.
Das Wichtigste für mich aber ist, dass die Fotografien von Karl Spieß eine bis heute nicht nachlassende, eindringliche Wirkung haben. Abgesehen von ihrer gestalterischen Qualität waren sie brillant ausgearbeitet und oft mit Selen- oder Goldtoner veredelt und haltbar gemacht worden. Abzüge des Lichtbildners hängen in meinem Arbeitszimmer und befinden sich in meinem Archiv. Leider sind es keine Originale oder Vintage Prints, wie der Kunstmarkt das formuliert. Und von seinen naturgemäß sehr vielen Atelierportraits, Landschaften, Stadtansichten oder Innenraumaufnahmen, die Karl Spieß in Harthaer Firmen und in den bürgerlichen Haushalten seiner Stadt gemacht hat, habe ich damals nur wenige mitgenommen. Auch besitze ich nur ein paar seiner interessanten Reportagebilder, die er vom Markttreiben, vom Baugeschehen oder von Festlichkeiten anfertigte.
Die Atelieraufnahmen zeigen den formalen Entwicklungsprozess des Fotografen. Am Anfang arbeitete Karl Spieß noch, wie damals üblich und wie bereits sein Vater, mit gemalten Hintergründen. Aber recht bald schon kommt er mit neutralen Flächen aus. Inszenieren wird der Fotograf seine Aufnahmen bis zum Schluss. Jedoch verlieren die Bilder Statik und gewinnen Leichtigkeit. Neben ihrer hohen erzählerischen Kraft, die sie ausstrahlen, sind sie zu wertvollen Dokumenten der Zeit geworden. Zum Schmunzeln sind die visionären Stadtansichten des Fotografen, handwerklich schlichte Montagen, welche die aufstrebende Kleinstadt mit einem Freibad, einem Aussichtsturm, einem figürlichen Brunnen auf dem Marktplatz, ja sogar mit einer Straßenbahn zeigen. So stellte sich der seiner Stadt verbundene Bürger Karl Spieß die Zukunft seiner Heimat vor. Einen figürlichen Brunnen auf dem Marktplatz hat man nach der Wiedervereinigung Deutschlands tatsächlich errichtet.
Vor allem besitze ich eine Reihe seiner mit sogenannten Reisekameras im Ort und der dörflichen Umgebung aufgenommenen Menschenbilder – Fotografien von Bürgern der Stadt und Bauern der Umgebung, die der Lichtbildner in ihrem sozialen Milieu aufnahm. Neben Bildern einzelner Personen spielten damals Fotografien von Gruppen, kleiner und großer Zusammenstellung jeden Alters, eine wichtige Rolle. Selbst Verstorbene auf ihrem geschmückten Totenbett wurden noch von einem Fotografen verewigt – nicht nur die zahlreichen Hochzeitspaare und andere

were equipped with wooden spindles, could be changed. Karl Spieß had several employees. I remember that there was an entire row of lockers for employees in the change area.
Karl Spieß, the successful photographer who was friend with artists in Chemnitz, Dresden, and Leipzig, and who had photographed some of them, was discussed in my parents' home, even in my presence. I remember a portrait of Franciscus Nagler (Page 46 in the photo section) who was a church musician and writer in Leisnig not far from Hartha. In addition, I was told that Karl Spieß played both the piano and the violin well. I was very impressed.
He must have been a positive man with a good sense of humor. I conclude this not only from peoples' accounts of him but also from examining numerous photos he made. Partying played an important role in his life. Several self-portraits testify to this. In them Karl Spieß laughs into the camera with a raised glass in his hand, a top hat on his head, like a stage figure. Another portrait shows him looking self-confidently into the camera with a cigar in his hand. Under his white smock, he is wearing a collar and tie.
Karl Spieß' spirit has never left me—one reason for this is that people in Hartha did not address us with Riemann but rather with Spieß. And as a young child and in my youth, I was called the "little Spieß." Finally, SPIESS was affixed in large capital letters to the red brick building on Dresdner Straße, lighting it up brightly at night—at least until the neon sign broke down "irreparably" at the beginning of the seventies, that is to say it could not be repaired in East Germany.
The most important thing for me is, however, the Karl Spieß' photographs have had a striking impact on me which has not diminished even today. Apart from their artistic quality, they were brilliantly detailed and often decorated and rendered more durable with selenium or gold toner. I have prints from Karl Spieß the light artist hanging in my workroom and filed in my archive. Unfortunately, they are not originals or vintage prints, as the art market calls them. And at that time, I took only a few of the very many portraits, landscapes, cityscapes, or photos of interiors which, of course, Karl Spieß made in the companies and middle-class homes of Hartha. As well, I have only a few of his interesting photos reporting on markets, building projects, or festivals held in the city.
His studio photos show his formal development process. At the beginning, Karl Spieß still worked with painted backgrounds, as was customary at that time and as his father had done. However, very quickly he is making do with neutral surfaces. He stages his photos up to the end. However, his photos gain lightness, losing their static quality. In addition to the high level of creativity which radiates from them, they have become valuable documents of the era. His visionary cityscapes bring a smile to your face. They are technical simple collages which show a small city with aspirations with its outdoor pool, observation tower, a fountain with a statue

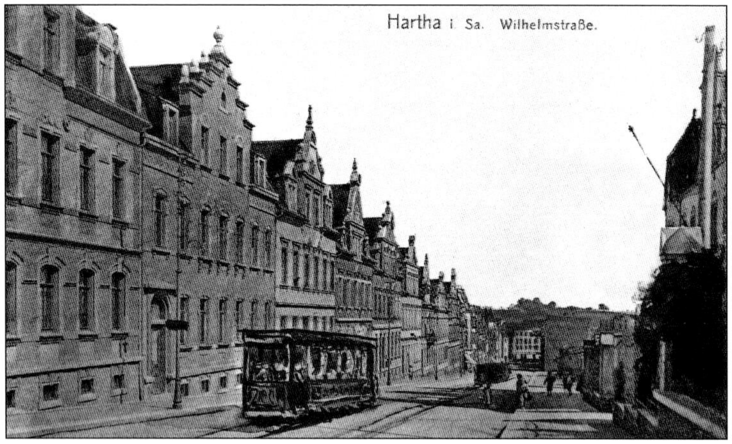

Fotomontage, Hartha mit Straßenbahn
Photo collage, Hartha with a streetcar

sonntäglich angezogene Leute. Auch die Darstellung der Tiere, die das Leben bestimmten, war selbstverständlich. Zur Schlachtung festlich herausgeputzte Rinder waren ein regelmäßig wiederkehrendes, der Kreatur Achtung bezeugendes Thema für die Menschen der Zeit. Und Pferde, immer wieder Pferde. Wer hatte damals schon ein Motorrad oder gar ein Auto? Ein Fahrrad war des Fotografierens wert.
So eine „Reisekamera" war ein mit vielen Messingteilen beschlagener Kasten aus edlen Hölzern. Der Apparat hatte einen schwarzen Kaliko-Balgen, der, ich erinnere mich, bei einer der spießschen Kameras ausnahmsweise wunderschön rot war. Darüber lag das lichtdichte Tuch, unter dem der Kopf des Fotografen verschwand. Auf einer Mattscheibe konnte der Lichtbildner das kopfstehende und seitenverkehrte Bild komponieren. Danach war die Kamera mit einer Kassette zu bestücken, in der sich die lichtempfindliche Glasplatte befand, die im Fall von Karl Spieß in der Regel 13 × 18 cm groß war. Zur Ausrüstung gehörte neben einem zusammenschieb- und klappbaren Holzstativ im Stoffsack ein Koffer, der aus verstärktem Leinen gefertigt war und einige Zubehörfächer besaß. In diesem Koffer steckten die vor Antritt der „Reise" mit Platten befüllten Kassetten.
Nachdem ich Fotograf gelernt hatte und dem Wunsch meines Vaters entsprechend Jahre später einen Meisterabschluss vorlegen konnte, erhielt ich einen der wenigen Studienplätze für Fotografen an der Leipziger Hochschule für Grafik und Buchkunst. Hier kam ich mit dem Werk des deutschen Jahrhundertfotografen August Sander (1876–1964) in Berührung – und wurde infolge dieser Begegnung erneut auf „meinen" Karl Spieß aufmerksam. Später, einige Jahre nach dem Studium, um 1984, und seit vielen Jahren schon in Ost-Berlin lebend, habe ich in der dörflichen Umgebung von Hartha Menschen in ihrem sozialen Milieu fotografiert, im Stil

on the market place, even with a streetcar. This is how Karl Spieß, a citizen with a connection to his city, imagined its future. And indeed, a fountain with a statue was erected on the market place after Germany was reunified.
Above all, I possess several photos of people taken in the city and the rural vicinity with so-called travel cameras—photos of residents of the city and farmers in the vicinity who the light artist captured in their social milieu. In addition to photographs of individuals, photographs of groups, small and large of every age, played a significant role at that time. Even dead people on their decorated death beds were eternalized by a photographer—not solely the numerous wedding couples and other people dressed in their Sunday best. The presentation of animals, which were the basis of life, was obvious. For the people of that era festively decking-out cattle intended for slaughter was a regularly recurring theme expressing their respect for the creatures. And horses, always horses. Who had a motorcycle not to mention an automobile then? A bicycle was worth photographing.
Such a "travel camera" was a box made of precious woods with many brass-plated parts. The apparatus usually had a black calico bellows, but I remember one unusual camera of Karl Spieß' that had a wonderful red bellows. It was covered by a lightproof cloth under which the photographer's head disappeared. The light artist was able to compose the upside-down, inverted image on a groundglass screen. Accordingly, the camera had to have a magazine in which the light-sensitive glass plates were located, which in Karl Spieß' case were usually 13 × 18 cm. In addition to a collapsible wooden tripod in a cloth bag, his equipment included a reinforced linen suitcase with a number of pockets for accessories. The magazines filled with glass plates were placed in this suitcase prior to the "trip."
Some years later, after I had finished my photography apprenticeship and, as my father wished, obtained my master's certificate, I was one of the few photography students accepted by the Leipzig Hochschule für Grafik and Buchkunst [Leipzig Academy of Fine Arts]. It was here that I came into contact with the work of August Sander (1876–1964), the German photographer of the century, and it was as a result of this that my attention was refocused on "my" Karl Spieß. Subsequently, some years after I completed my studies (around 1984) and having already been living in East Berlin for many years, I photographed people in the rural area around Hartha in their social milieu using the style developed by August Sander—or rather just as Karl Spieß had already been doing.
Siegfried Riemann, my father, who until he retired continued to use the cameras, laboratory equipment, and other equipment that had belonged to Karl Spieß—because in the GDR there was almost no photographic equipment that professional photographers could use—was occasionally called upon to photograph in agricultural areas. However, he seldom had to photograph people for

von August Sander – beziehungsweise so, wie das Karl Spieß schon gemacht hatte.
Auch Siegfried Riemann, mein Vater, der die Kameras, Laborgeräte und anderen Apparate von Karl Spieß noch bis zu seiner Rente nutzte, da es in der DDR so gut wie kein brauchbares fotografisches Gerät für Berufsfotografen gab, wurde ab und an aufs Land gerufen. Allerdings hatte er für eine landwirtschaftliche Produktionsgenossenschaft nur noch selten Menschen zu fotografieren, sondern Kühe. Anhand dieser „Portraits“ konnte das nach sowjetrussischem Vorbild in Rinderoffenställen gehaltene volkseigene Fleckvieh auf Karteikarten erfasst- und auseinandergehalten werden.
Selbstverständlich ist Karl Spieß nicht mit August Sander gleichzusetzen. Aber in Teilen seiner Arbeit wird man an den 15 Jahre älteren, legendären Meister der Fotografie erinnert. Sander zeichnet sich durch konzeptionelle Arbeit aus, sein vergleichendes Vorgehen. Das 1929 erschienene Buch „Antlitz der Zeit – sechzig Aufnahmen deutscher Menschen des 20. Jahrhunderts“ gehört zu den einflussreichsten Fotobüchern überhaupt. Der Band zeigt nur einen Ausschnitt aus seinem Hauptwerk, dem Bildatlas „Menschen des 20. Jahrhunderts“, der mehrere Hundert Portraits beinhaltet. Sander wollte ein gültiges Portrait der deutschen Gesellschaft festhalten. Und obwohl es für ihn zweitrangig war, darüber hinaus individuelle Portraits zu schaffen, gelangen ihm Einzelbilder von großer Eindringlichkeit.
Er entwickelte bei seinem Vorgehen eine inszenierende Bildauffassung, in der er die Menschen in der für sie typischen Umgebung zeigte, mit charakteristischer Kleidung und berufsspezifischen Attributen. Der Vertrieb der Restauflage des Buches „Antlitz der Zeit“ wurde von den Nationalsozialisten verboten und die Druckstöcke vernichtet. Die Nazis konnten mit seiner Sicht nichts anfangen, seine Bilder waren für ihre Propaganda nicht tauglich. Karl Spieß dagegen hatte kein Konzept. Er wurde von seinen Kunden gegen Bezahlung an den Ort des Geschehens gerufen. Aber er war sichtbar um perfekte Gestaltung bemüht – und augenscheinlich um eine ihm eigene Bildsprache. Man beachte seine wohlüberlegten Figurenarrangements. Und es gibt eindrückliche Bilder von ihm, die nicht im Auftrag, und damit nicht gegen Bezahlung, entstanden. Eine Fotografie zeigt „Moppeldietze“, ein damals allen Einwohnern Harthas bekanntes Original. Wenn die Kinder der Stadt den alten Vagabunden erblickten und ihn bei seinem Spitznamen riefen, mussten sie Abstand halten, denn der weißbärtige Mann hatte einen Stock dabei, mit dem er sich zu wehren wusste. „Moppeldietze“ schaut auf dem Bild (im Tafelteil Seite 110) verschmitzt, ja vertraut in die Kamera. Zudem kenne ich freie Arbeiten von Karl Spieß – Landschaften und Stillleben. Es sind, in ihre Zeit eingeordnet, moderne Fotografien. In Toronto, im Bestand der Galerie Stephen Bulger, befinden sich Aufnahmen, die das belegen.

agricultural cooperatives anymore but rather cows. Based on these “portraits,” the state-owned spotted cattle which, following the Soviet-Russian example, were kept in open-stall barns, could be recorded on file cards and distinguished from one another.
Obviously, Karl Spieß cannot be regarded as the equal of August Sander. However, some of his photos remind one of the 15-year older legendary master of photography. Sander is distinguished by his conceptual work, his comparative method. His 1929 book “Antlitz der Zeit—sechzig Aufnahmen deutscher Menschen des 20. Jahrhunderts” [Face of Our Time—sixty photos of 20th-century Germans] is one of the most influential photography books ever published. It provides only a cross-section from his magnum opus, the photo atlas “Menschen des 20. Jahrhunderts” [People of the 20th Century,] which contains several hundred portraits. Sander wanted to create a valid portrait of German society. And although within this framework the creation of individual portraits was of secondary importance to him, he succeeded in producing individual images of great poignancy.
With his approach, he developed a staged imagery in which he showed people in their typical surroundings, dressed in their typical clothes, and with occupationally-specific attributes. The National Socialists prohibited the sale of the remaindered stock of “Face of Our Time,” and the printing plates were destroyed. The Nazis had no use for his vision; his images were not suitable for their propaganda. In contrast, Karl Spieß had no concept. His clients requested that he appear, in return for payment, at the place where he was to make his photographs. However, he was obviously interested in achieving a perfect presentation—and manifestly in an imagery that was his alone. Consider his well-thought out figure arrangements. And he produced impressive photos which were not commissioned, i.e. were not created in return for payment. One photograph shows “Moppeldietze,” an original character known at that time to all of the residents of Hartha. If the children of the city saw the old vagabond and called out to him using his nickname, they had to keep their distance, for this white-bearded man carried a cane and knew how to use it to defend himself. In the photo (Page 110 in the photo section) “Moppeldietze” looks into the camera mischievously, even self-confidently. I am also aware of uncommissioned works by Karl Spieß—landscapes and still lifes which are modern photographs for that era. Photos which substantiate this view are on display in Toronto, in the gallery of Stephen Bulger.
As photographers, Sander and Spieß both must be classified as representatives of the Neue Sachlichkeit [new objectivity] Movement as art historians have called it since 1923. This unsentimental art movement differed in its esthetic approach from that of the classical fine arts. For representatives of the New Objectivity documentation was the goal in photography, not making art. This need had developed from the desire to counter the very widely spread

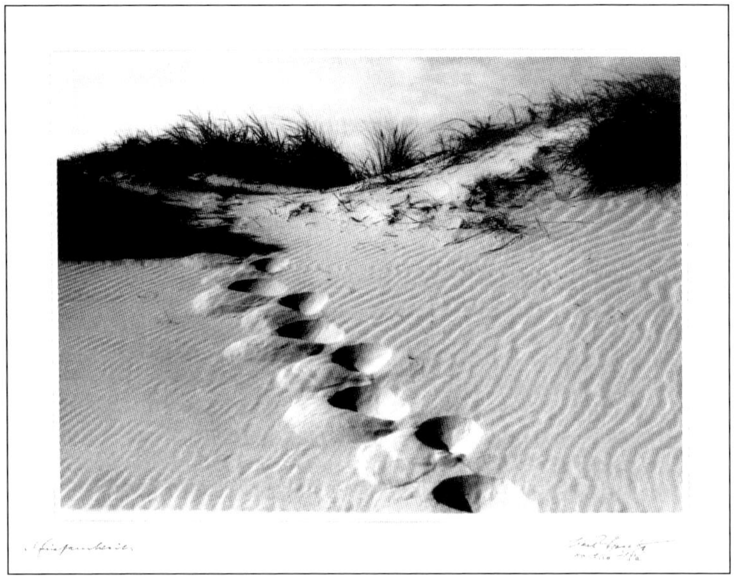

Dünenlandschaft mit dem Titel „Einsamkeit", zwischen 1935 und 1937
Dune landscape entitled "Loneliness," 1935–1937

Die Fotografen Sander und Spieß sind beide als Vertreter der Neuen Sachlichkeit einzuordnen, wie Kunsthistoriker seit 1923 den neuen Stil bezeichnen. Im ästhetischen Ansatz unterscheidet sich die unsentimentale Kunstrichtung in der Fotografie von der in der klassischen bildenden Kunst. In der Fotografie war für die Vertreter der Neuen Sachlichkeit die Dokumentation das Ziel, nicht das Kunst-machen-Wollen. Entwickelt hatte sich dieses Bedürfnis aus dem Wunsch heraus, den stark verbreiteten künstlerischen Tendenzen mit einer stringent objektiven Bildsprache entgegenzutreten. Für die fotografischen Vertreter, die um Anerkennung als „echte" Künstler rangen und deshalb ihre Bilder durch Edeldrucktechniken aufzuwerten versuchten, waren die Anhänger des Sachlichen, die sich um eine Bildsprache ohne Überhöhung des Dargestellten bemühten, auf dem falschen Weg.

Der Fotograf der Neuen Sachlichkeit strebte nach Nüchternheit und hielt Abstand gegenüber seinem Sujet. Es ging um Schönheit durch Einfachheit. Neben genauester Wiedergabe wollte der Fotograf mit handwerklich perfekt ausgearbeiteten Abzügen überzeugen. Wie August Sander überhöhte auch Karl Spieß die Körpersprache und das Antlitz seines Gegenübers nicht – obwohl er sich als Bürger vom einsetzenden Nationalsozialismus vereinnahmen ließ. Zum Vergleich: Ganz anders sah das beispielsweise die von den Nazis hochgeschätzte Fotografin Erna Lendvai-Dircksen. Ich denke an ihr 1932 erschienenes Buch „Das deutsche Volksgesicht" (1942 „Das germanische Volksgesicht") oder an ihre, bezüglich des Habitus der Arbeiter, regelrecht heroisierende Publikation „Reichsautobahn – Mensch und Werk", erschienen 1937 und 1942.

artistic tendencies in vogue at that time with a rigorously objective imagery. For photographers who were struggling to be recognized as "true" artists and who, therefore, tried to enhance the value of their photos through high-quality printing techniques, the adherents of the objectivity movement, who were interested in creating an image without stylizing what was portrayed, were on the wrong path.

Photographers who adhered to the New Objectivity strove for rationality and maintained a certain distance towards their subjects. The goal was beauty through simplicity. In addition to rendering the subject with maximum accuracy, they wanted to impress viewers with the craftsmanship of their perfect, elaborate prints. Like August Sander, Karl Spieß did not embellish the body language and the face of his subjects, although as a citizen he allowed himself to be taken in by the rise of National Socialism. In contrast: for example, the photographer Erna Lendvai-Dircksen, who was highly regarded by the Nazis saw that totally differently. I am thinking of her 1932 book "Das deutsche Volksgesicht" [The Face of the German Nation] (1942, "Das germanische Volksgesicht" [The Face of the Germanic Nation] or her "Reichsautobahn—Mensch und Werk" [Reich Autobahn—People and Work] which appeared in 1937 and 1942 and positively glorified the physicality of workers.

Of course, Karl Spieß must primarily be regarded as following the unpretentious tradition of wandering photographers. At that time the need for portrait photographs in rural areas was met by wandering photographers who offered their services outside of the cities. For a long time these light artists often used a simple cloth as a background—until, after 1900, they increasingly learned to cope with the existing conditions. Portraits were now made in their natural environment. An added factor was that during this period commercial studios appeared in even the smaller cities and their proprietors also photographed rural residents in their glassed-in photography studios—or called on them in the areas in which they lived. Photographers were now commissioned to make portraits and did not just set out haphazardly.

Even today there are photographers without a permanent clientele. They work in tourist areas containing sights that are especially worth seeing and make portraits and group photos which tourists take with them as souvenirs.

Karl Fritz Spieß, the only child of Karl August Spieß (born 1864) and his wife Ida Selma, née Stephan, was born on August 16, 1891 in Flemmingen, a village on the border to the city of Hartha which was incorporated into the city in 1914.

His father, Karl August, came from a farm family in Malter in the eastern Erzgebirge. Where he spent his childhood, there is a dam today. He completed an apprenticeship as a baker and went to Hartha as a journeyman. A complicated illness resulted in a slight paralysis in one of his legs, and he had to give up working as a baker because of the heavy work involved. First, he worked

Natürlich muss man Karl Spieß vor allem aus der Tradition der schlicht arbeitenden Wanderfotografen begreifen. Zunächst wurde der Bedarf an Portraitaufnahmen im ländlichen Raum durch umherziehende Fotografen gedeckt, die ihre Dienste außerhalb der Städte anboten. Die im Freien fotografierenden Lichtbildner verwendeten lange Zeit häufig ein einfaches Tuch als Hintergrund – bis sie nach 1900 zunehmend mit den vorhandenen Bedingungen zurechtkamen. Portraits wurden jetzt in ihrer natürlichen Umgebung angefertigt. Hinzu kommt, dass in dieser Zeit selbst in den kleineren Städten gewerbliche Ateliers entstanden, deren Betreiber in ihren gläsernen Aufnahmewerkstätten auch die Bewohner des Umlandes fotografierten – oder sie vor Ort aufsuchten. Freilich wurde der Fotograf nun bestellt und zog nicht mehr auf gut Glück los.

Wir kennen noch heute Fotografen ohne feste Kundschaft. Sie bieten an touristisch besonders sehenswerten Orten Portrait- und Gruppenbilder an, welche die Durchreisenden als Souvenir mitnehmen können.

Karl Fritz Spieß, das einzige Kind des 1864 geborenen Karl August Spieß und seiner Frau Ida Selma, geborene Stephan, kam am 16. August 1891 in Flemmingen zur Welt, in einem Dorf, das sich an der Gemarkungsgrenze von Hartha der Stadt anschloss und 1914 eingemeindet wurde.

Vater Karl August entstammte einer bäuerlichen Familie in Malter im Osterzgebirge. Seine Kindheit verbrachte er da, wo sich heute eine Talsperre erstreckt. Karl August erlernte das Bäckerhandwerk und ging als Geselle nach Hartha. Durch eine komplizierte Krankheit, welche die leichte Lähmung eines Beines zur Folge hatte, musste er die schwere Arbeit des Bäckers aufgeben. Karl August arbeitete erst als Zigarrenmacher, ein in Hartha üblicher Broterwerb damals, konnte dann aber seine als Amateur erworbenen Kenntnisse in der Fotografie zur Profession machen. Er kaufte ein Haus und versah dieses mit einem Atelieranbau. 1898 meldete Karl August in Hartha sein fotografisches Gewerbe an. Allerdings war der spießsche Betrieb nicht das erste fotografische Atelier in der Kleinstadt, es existierte bereits ein Fotograf. Trotzdem: Wenn man bedenkt, dass das Geburtsjahr der Fotografie auf 1839 datiert wird und die weite Verbreitung des Mediums erst ab 1870 einsetzte, ist das für eine kleine Stadt wie Hartha bemerkenswert. Vater Spieß hatte sein „Photo-Haus zur Anfertigung künstlerischer Portraits und Vergrößerungen, sowie zur fachgemäßen Ausführung aller Photoarbeiten für Amateure und einem reichhaltigen Lager in Apparaten und allen Photo-Bedarfsartikeln“ in der Leipziger Straße Nr. 48. Vater Karl August Spieß verstarb 1915 mit nur 51 Jahren. Sein Sohn Karl Fritz übernahm später den Betrieb. Ida Selma Spieß verstarb 1932.

Ab dem sechsten Lebensjahr besuchte Karl Fritz Spieß die Volksschule in Flemmingen – und übte fleißig auf dem Klavier und spielte Geige. Eigentlich wollte der vielseitig begabte Junge Musiker

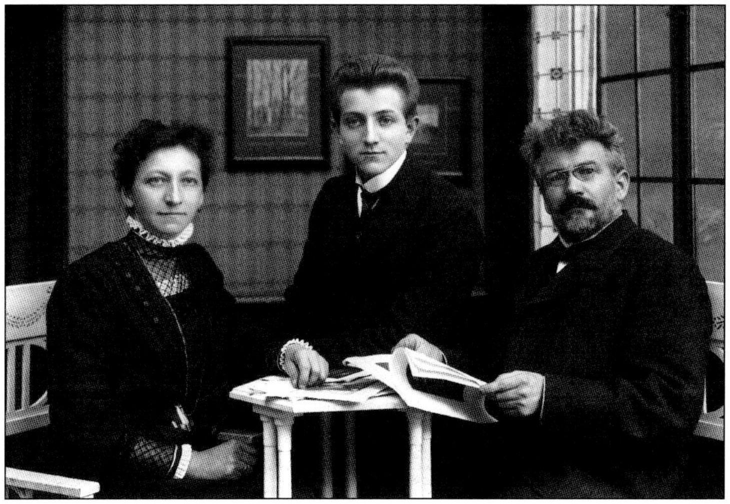

Karl Spieß mit seinen Eltern, etwa 1907
Karl Spieß with his parents, circa 1907

as a cigar maker (a normal way to make a living in Hartha at that time) but then was able to utilize the skills he had acquired as an amateur photographer to establish himself in the profession. He bought a house and added a studio to it. In 1898 he registered his photographic business in Hartha. However, his was not the first photography studio in this small city; there was already a local photographer. Nevertheless, if you consider that 1839 is the date given as the birth of photography, and this medium only began to be widely distributed from 1870 on, this is remarkable for a small city like Hartha. Father Spieß had his “photography studio for the

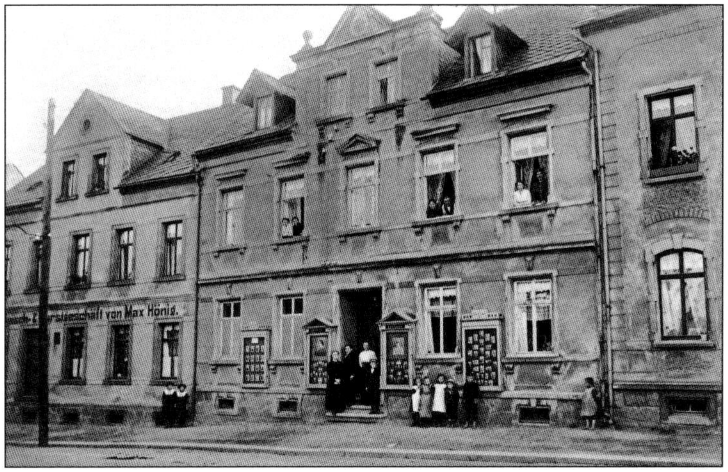

Photo-Haus Spieß in der Leipziger Straße, etwa 1915
Spieß Photo Studio on Leipzig Straße, around 1915

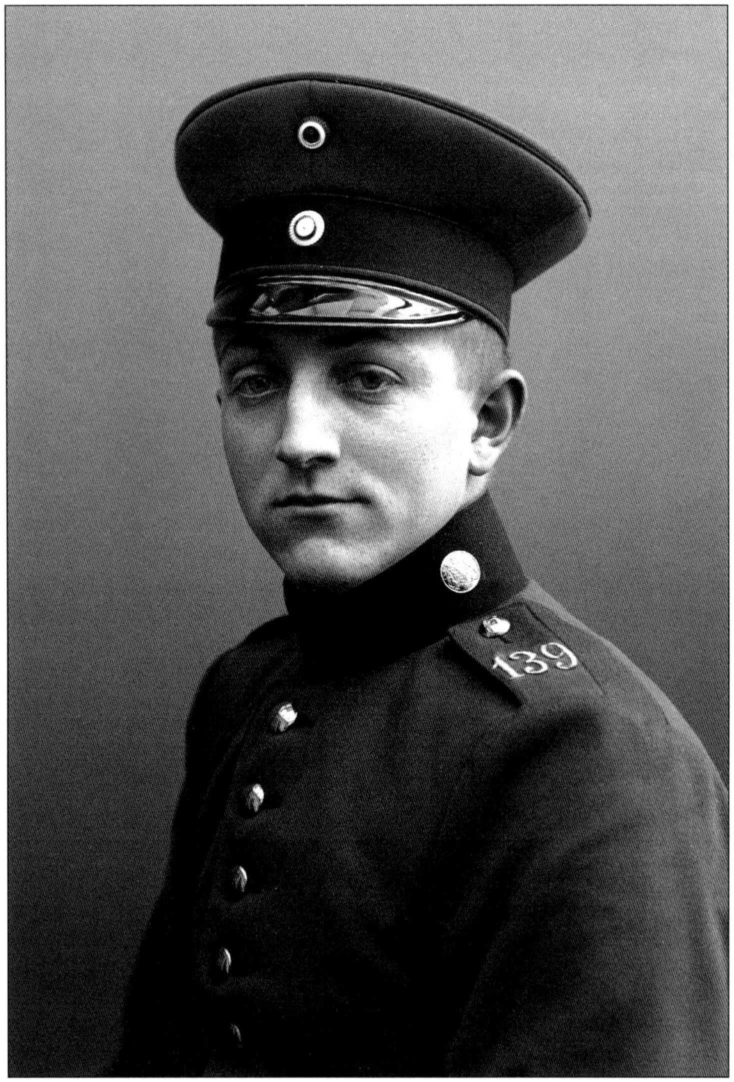

Karl Spieß als Gefreiter, 1911
Karl Spieß as a private, 1911

werden. Aber aufgrund des Gesundheitszustandes seines Vaters Karl August lernte er zwischen 1906 und 1909 im väterlichen Geschäft Fotograf und ging in Hartha zur Städtischen Handelsschule. Im letzten Halbjahr seiner zweieinhalbjährigen Lehrzeit erhielt er eine zusätzliche Ausbildung auf einer privaten Mal- und Zeichenschule in Leipzig. Am 30. März 1909 legte Karl seine Gesellenprüfung vor der Handwerkskammer in Chemnitz ab.
Beim Schreiben dieser Zeilen muss ich daran denken, dass auch ich in Chemnitz, 1968, meine Gesellenprüfung abgelegt habe. In Ostdeutschland hieß dieser handwerkliche Abschluss allerdings Facharbeiter. Und Chemnitz hieß damals Karl-Marx-Stadt, denn

production of artistic portraits and enlargements as well as for professional photo processing for amateurs and an abundant stock of apparatus and photo accessories" at Leipziger Straße No. 18. He died in 1915 at the early age of 51. His son Karl Fritz subsequently took over the business. Ida Selma Spieß died in 1932.
At the age of six Karl Fritz Spieß entered elementary school in Flemmingen. He also practiced piano diligently and played the violin. In fact, this multi-talented boy wanted to be a musician. Because his father Karl August's poor health, from 1906 to 1909 he completed an apprenticeship as photographer in his father's business and attended the Municipal Commercial School in Hartha. In the last half-year of this two-and-half-year apprenticeship he received additional training at a private painting and drawing school in Leipzig. Karl passed his journeyman examination at the Chamber of Crafts in Chemnitz on March 30, 1909.
While writing these lines, I cannot help remembering that I also passed my journeyman examination in Chemnitz in 1968. In East Germany, such craftsmen were called skilled laborers. And Chemnitz was called Karl-Marx-Stadt, for in 1953 the GDR government renamed this Saxon industrial center after the author of the Communist Manifesto. Even today there is a 40-ton bronze statue of the head of this controversial social theorist in this city, which now again bears the name Chemnitz. Residents of Chemnitz always used the derogatory term "the noggin" to describe this monument.
In 1910, in the neighboring city of Döbeln, Karl Fritz Spieß volunteered for his two-year military service. A photograph taken in 1911 shows him in the uniform of a private in the 11th Royal Saxon Infantry Regiment No. 139. In September 1912, he was released to the reserve.
And once again I see him before me, this time in the barracks in Döbeln, because after I completed my photography apprenticeship, I was also put through military drills there during my basic military training—however, not voluntarily.
Following his departure from the military, Karl Spieß worked in various photography studios throughout Germany to acquire experience and to perfect his craft. At that time that was the normal process for journeymen in all trades. Accordingly, in the spring of 1914 he was working in a respected studio in Bremen where he primarily broadened his skills in portrait photography.
When World War I broke out on July 31, 1914, Karl Spieß was 23 years old and was drafted by his Döbeln regiment. His girlfriend, as we would call her today, and subsequent wife, Maria Rudelt, the daughter of a butcher in Hartha, took him to the train station with his hair cut in the prescribed short military style. Maria and Karl had met in the fall of 1913 when her parents commissioned him to make a photo portrait of them. The two lovebirds waved to his father Karl August Spieß as he watched them from a window. Karl Fritz would never see his father again. He died on November 17, 1915.

in der DDR wurde die sächsische Industriemetropole 1953 nach dem Autor des Kommunistischen Manifestes umbenannt. Noch heute steht im nun wieder Chemnitz heißenden Ort eine vierzig Tonnen schwere Bronzeplastik, die den Kopf des umstrittenen Gesellschaftstheoretikers darstellt. Die Chemnitzer bezeichneten dieses Monument schon immer geringschätzig als „Nischel".

1910 trat Karl Fritz Spieß als Freiwilliger im benachbarten Döbeln seinen zweijährigen Militärdienst an. Eine Fotografie aus dem Jahr 1911 zeigt ihn in der Uniform eines Gefreiten des 11. Königlich Sächsischen Infanterie-Regiments Nr. 139. Im September 1912 wurde er zur Reserve entlassen.

Und wieder sehe ich im Geist den Fotografen vor mir, diesmal in der Döbelner Kaserne, da auch ich hier nach abgeschlossener Fotografenlehre während meines Grundwehrdienstes gedrillt wurde – allerdings nicht freiwillig.

Nach seinem Abschied vom Militär arbeitete Karl Spieß in verschiedenen Fotoateliers Deutschlands, um Erfahrungen zu sammeln und sein Handwerk zu perfektionieren. Das war zu dieser Zeit für Gesellen in allen Handwerksberufen üblich. So war er noch im Frühjahr 1914 in Bremen in einem angesehenen Atelier tätig und erweiterte hier seine Kenntnisse vor allem im Bereich Portrait.

Am 31. Juli 1914, mit Ausbruch des Ersten Weltkrieges, Karl Spieß war 23 Jahre alt, wurde er von seinem Döbelner Regiment eingezogen. Seine Freundin, wie wir heute sagen würden, und spätere Ehefrau Maria Rudelt, die Tochter eines Harthaer Fleischermeisters, brachte ihn mit militärisch vorgeschrieben kurz geschnittenem Haar zum Bahnhof. Maria und Karl hatten sich im Zusammenhang mit einem Portraitauftrag der Rudelt-Eltern im Herbst 1913 kennengelernt. Die zwei Verliebten winkten noch dem aus dem Fenster schauenden Vater Karl August Spieß zu. Karl Fritz wird seinen Vater nicht wiedersehen, denn dieser stirbt am 17. November 1915.

Am 6. August 1914 wurde Karls Regiment auf dem Döbelner Bahnhof feierlich verabschiedet und an die Westfront in Marsch gesetzt. Menschenmassen riefen den Transportzügen der mit Blumen geschmückten Waggons – auf denen Sprüche zu lesen waren wie „Auf in den Kampf, mir juckt die Säbelspitze" oder „Ausflug nach Paris" – begeistert hinterher. Auch Maria war darunter – und suchte ihren Karl. Aber in dem Gewühl fand sie ihren Bräutigam nicht. Mit der sechsten Kompanie seines Regiments ging er am 6. August „ins Feld" und wurde am 1. September in Frankreich, oberhalb von Châlons-sur-Marne, zum Unteroffizier befördert. Zwischen dem 5. und 12. September tobte entlang des Flusses Marne die erste von zwei großen Schlachten, welche die Franzosen noch heute als „Wunder an der Marne" feiern – weil hier, auf einer Gesamtlänge von etwa vierhundert Kilometern, der bis dahin erfolgreiche deutsche Vormarsch unerwartet gestoppt wurde. Man muss sich das vorstellen: Paris stand Anfang September 1914 vor

On August 6, 1914. Karl's regiment was given a ceremonious send-off at the train station in Döbeln and sent off to the Western Front. Masses of people enthusiastically ran after the lines of railroad cars decorated with flowers—on which slogans could be read such as: "Off to battle, the tip of my sword is itchy" or "Excursion to Paris." Maria was also there—looking for her fiancé Karl but unable to find him in the crowd. On August 6, he went "to war" with the sixth company of his regiment, on September 1, he was promoted to corporal north of Châlons-sur-Marne in France. From September 5 to 12, the first of two great battles raged along the Marne River which the French celebrate even today as "The Miracle on the Marne" because it was there, across a line of approximately 400 kilometers in total, that the German advance—which up to then had been successful—was unexpectedly stopped. You must imagine the impact: at the beginning of September 1914, Paris was about to fall. The commander of the city prepared to blow up the Eiffel Tower and the bridges across the Seine.

In the morning hours of September 8, Karl Spieß was critically injured by a bullet in the chest which narrowly missed his heart. The retreating members of his company and the German medics, including the army surgeon, could not get him to safety. They informed his family that Karl would probably not survive this extremely severe injury, which was described as having a bullet channel of 52 cm in length "right through his upper torso."

On September 8, the day on which he was seriously wounded, the painter August Macke arrived north of Châlons, where he fell on September 26. On the same day, only a few kilometers away, Hermann Löns, the German "Poet of the Heath," also fell. A war of movement had become a fierce trench war with continued new attacks by both sides. The trenches were often full of water and overrun by rats. On a military postcard, dated September 21, August Macke wrote "Awful, the most gruesome experience that a human being can endure."

Karl Spieß was recovered by French soldiers and put in prison. He was sent to a hospital in Issoudun, in the Department of Indre. The extremely difficult trip to this hospital, an unimaginably long distance of almost 500 kilometers on simple carts, which was carried out in part by ordinary French people, must have been horrible. After waiting anxiously for a seemingly endless period of time, the Spieß family in Hartha finally received a letter, though not from him, but from a nurse in the hospital in Issoudun who could speak a little German because she had spent some time in Riesa in Saxony. This was followed by regular letters through the army postal service from Karl to Hartha and back.

After he had convalesced somewhat, Karl was then billeted in Issoudun. The conditions of his detention were extremely harsh. The prisoners slept on the bare ground in small, dark cells. They covered the walls with drawings and graffiti which is still there today. Their meals consisted mainly of cabbage soup. The men had

dem Fall. Der Stadtkommandant bereitete die Sprengung des Eiffelturms und der Seinebrücken vor.
In den Morgenstunden des 8. September wurde Karl Spieß durch einen Brustdurchschuss, nur knapp am Herzen vorbei, lebensbedrohlich verletzt. Die sich zurückziehenden Kameraden seiner Kompanie und die deutschen Sanitäter nebst Feldarzt konnten ihn nicht in Sicherheit bringen. Sie berichteten seiner Familie, dass Karl diese äußerst schwere Verletzung – die Wunde wird mit einem Schusskanal von 52 cm Länge „quer durch den Oberkörper" beschrieben – wahrscheinlich nicht überleben wird.
Am Tag seiner schlimmen Verwundung, am 8. September, traf oberhalb von Châlons der Maler August Macke ein. August Macke fiel am 26. September nördlich von Châlons. Am selben Tag, nur wenige Kilometer entfernt, fiel auch der deutsche „Heidedichter" Hermann Löns. Der Bewegungskrieg hatte sich zu einem erbitterten Stellungskrieg entwickelt – mit immer neuen Angriffen von beiden Seiten. Oft standen die Schützengräben voll Wasser und es wimmelte von Ratten. August Macke formulierte auf einer Feldpostkarte vom 21. September: „Schrecklich, das Grausigste, was ein Mensch erleben kann."
Karl Spieß wurde von französischen Soldaten geborgen und geriet in Gefangenschaft. Er kam in ein Hospital im Département Indre, nach Issoudun. Der äußerst schwierige Transport dorthin, auf einer unvorstellbar langen Strecke von fast fünfhundert Kilometern, auf einfachen Karren, teils von der Bevölkerung des Landes bewerkstelligt, muss entsetzlich gewesen sein. Nach einer endlos anmutenden Zeit des bangen Wartens bekam die Familie Spieß in Hartha endlich Post, und zwar nicht von ihm, sondern von einer Krankenschwester aus dem Hospital in Issoudun, die ein wenig Deutsch konnte, da sie sich einmal im sächsischen Riesa aufgehalten hatte. Danach folgte regelmäßiger Feldpostverkehr von Karl nach Hartha und zurück.
Als einigermaßen genesener Gefangener wurde Karl anschließend in Issoudun kaserniert. Die Haftbedingungen waren äußerst hart. Die Gefangenen schliefen auf dem nackten Boden, in winzigen, dunklen Zellen. Die Mauern dieser Stätten wurden von ihnen mit Zeichnungen und Graffiti bedeckt, die bis heute erhalten sind. Das Essen bestand größtenteils aus Krautsuppe. Die Männer hatten verschiedene Arbeiten zu verrichten, im Steinbruch, in der Landwirtschaft oder in einer Fabrik. Von Historikern wird aber genauso eine eher leichte Arbeit genannt, nämlich die Anfertigung von Holzschuhen für französische Soldaten. Straffällige Gefangene kerkerte man in einem der Türme von Issoudun ein. Und trotzdem: Zeitzeugen berichteten auch, dass die deutschen Gefangenen verhältnismäßig gut behandelt wurden. Karl konnte während seiner Gefangenschaft, sich vielleicht noch im Hospital befindend, seiner Leidenschaft, dem Zeichnen nachgehen. Körperlich schwere Arbeiten hatte er, wahrscheinlich aufgrund seiner Verwundung, nicht zu verrichten. Er arbeitete

different jobs, in quarries, on farms, or in factories. However, historians also mention a rather light job—making wooden shoes for French soldiers. Prisoners who had committed offences were jailed in one of the towers in Issoudun. And nevertheless: witnesses of the times reported also that the German prisoners were treated relatively well. During his imprisonment, Karl was able—perhaps while still in hospital—to pursue his passion: drawing. Because of his injury, he probably did not have to perform heavy labor. As he himself said, he worked in the tailor's workshop, and later, with a big grin on his face, boasted of having finished buttonholes with especially beautiful stitching. Following his recovery and imprisonment, Karl Spieß remained in French custody for two years.
In December 1916, on account of permanent disability due to cardiac insufficiency, he was transported to a hospital in Switzerland by a combined medical board and interned there. On the first Christmas day of 1916, a card from him arrived in Hartha. He had sent it from Zurich during his transportation from France to Ebnat-Kappel in the Canton of St. Gallen in Switzerland. He wrote: "Finally out of prison and a reunion possible."
In concluding this story, which ended happily for him, it must also be noted that Karl's Döbeln regiment, which served solely on the Western Front, recorded very high casualties by the end of the war. Approximately a third of the men "remained on the field."
World War I, a catastrophe of the 20th century, had a permanent impact on Karl Spieß throughout his life.
But to return to Switzerland once again. During World War I, Switzerland held many prisoners-of-war, for in February 1916, Germany, France, and Switzerland had agreed to intern German and French soldiers in the latter country. These prisoners organized their daily live by themselves on a military pattern. Since under the Geneva Convention the home countries of these prisoners—most of whom were wounded—had agreed to return any escapees to Switzerland, the prisoners were not guarded.
Swiss hotels and guesthouses also profited from the convention concluded by the three countries, for during these years—which were bad ones for them—they had "guests" whose rooms were paid for by the relevant home countries. The soldiers could plant potatoes on a field made available to them and were occasionally used as temporary laborers.
Regarding Karl Spieß, I was told that he had to cut old cotton shirts into cleaning rags. Above all, however, the prisoners were allowed diverse educational opportunities—which the photographer from Hartha took ample advantage of. Things went so well for Karl Spieß in Switzerland that he was not only able to convalesce but to also continue to take photos in preparation for his master examination, which he did in Chur approximately 80 kilometers from Ebnat-Kappel. The prisoners were allowed to attend the German commercial school for internees in Chur free of charge. On May 23, 1918, while he was still in Switzerland, shortly prior to his repa-

nach eigenen Aussagen in der Schneiderstube und rühmte sich später mit grinsendem Gesichtsausdruck, Knopflöcher besonders schön umsäumt zu haben. Karl Spieß blieb nach seiner Bergung und Gefangennahme für über zwei Jahre in französischem Gewahrsam.
Im Dezember 1916 wurde er wegen andauernder Dienstunfähigkeit aufgrund seiner Herzschwäche von einer interalliierten Ärztekommission zur Hospitalisierung in die Schweiz verbracht und dort interniert. Am ersten Weihnachtsfeiertag 1916 kam eine Karte von ihm in Hartha an, die er auf dem Transport von Frankreich in die Schweiz, nach Ebnat-Kappel bei St. Gallen, in Zürich aufgegeben hatte. Er schreibt: „Endlich der Gefangenschaft entronnen und ein Wiedersehen möglich."
Zum Schluss dieser für ihn glücklich ausgegangenen Geschichte ist noch festzuhalten: Karls Döbelner Regiment, das ausschließlich an der Westfront zum Einsatz gekommen war, hatte am Ende des Krieges besonders hohe Verluste zu verzeichnen. Etwa ein Drittel der Männer „blieb im Feld".
Karl Spieß wurde durch diese das 20. Jahrhundert kennzeichnende Katastrophe Erster Weltkrieg für seinen weiteren Lebensweg nachhaltig geprägt.
Aber noch einmal zurück in die Schweiz. Während des Ersten Weltkrieges gab es hier viele Kriegsgefangene, denn im Februar 1916 einigten sich Deutschland, Frankreich und die Schweiz darauf, deutsche und französische Soldaten in der Eidgenossenschaft zu internieren. Die Gefangenen organisierten ihr tägliches Leben nach militärischem Muster selbst. Da die Heimatstaaten dieser zumeist Verwundeten laut Genfer Abkommen die Verpflichtung übernommen hatten, Entflohene in die Schweiz zurückzuschicken, ist von jeder Bewachung abgesehen worden.
Von dem Abkommen zwischen den drei Staaten profitierten auch die Schweizer Hotels und Pensionen, denn sie hatten in diesen für sie schlechten Zeiten „Gäste", für deren Logierkosten die jeweiligen Herkunftsländer aufkamen. Die Soldaten konnten sich auf einem ihnen zur Verfügung gestellten Acker Kartoffeln anpflanzen und wurden gelegentlich als Hilfsarbeiter eingesetzt.
Von Karl Spieß wurde mir berichtet, dass er alte Baumwollhemden in Putzlappen zu zerschneiden hatte. Vor allem aber: Die Gefangenen durften sich vielfältig weiterbilden – was der Fotograf aus Hartha ausgiebig nutzte. Es ging Karl Spieß in der Schweiz so ausgezeichnet, dass er nicht nur weitestgehend genesen konnte, sondern sich auch noch fotografierend auf seine Meisterprüfung vorbereitete, und zwar im von Ebnat-Kappel etwa achtzig Kilometer entfernten Chur. Hier durften die gefangenen Männer kostenlos die deutsche Internierten-Handelsschule besuchen. Noch während seiner Zeit in der Schweiz, am 23. Mai 1918, kurz vor seiner Repatriierung, legte Karl Spieß seine Meisterprüfung nebenan in Deutschland vor der Konstanzer Handwerkskammer ab – mit der Note „sehr gut", und zwar in allen Teilbereichen.

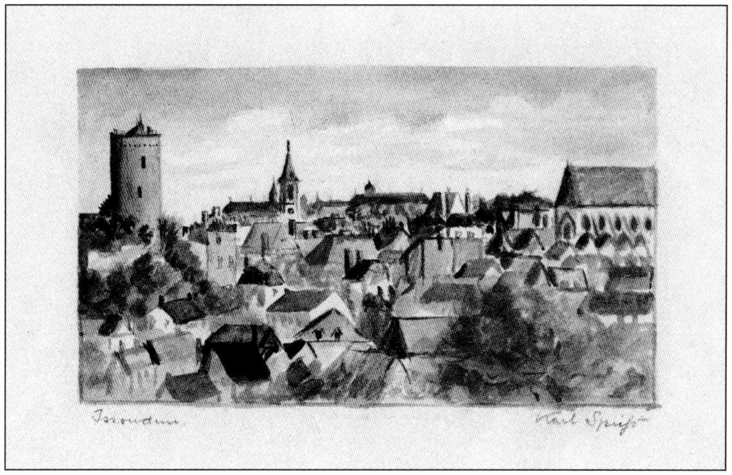

Tuschezeichnung von Karl Spieß in französischer Gefangenschaft, Issoudun, Mai 1915
Ink drawing by Karl Spieß while in French imprisonment, Issoudun, May 1915

triation, Karl Spieß passed his master examination at the Chamber of Crafts in Constance in Germany—getting a first-class degree in all sections of the examination.
I find it especially remarkable that during his internment Karl Spieß was visited by his mother and his girlfriend, whose hand he had asked for in marriage. Ida Selma and Maria Rudelt made this trip during the war together. And master butcher Rudelt, his future father-in-law, also accompanied them. The three visitors arrived unannounced because the letter informing him of their plan to visit him had not yet arrived. On January 19, 1917, in Switzerland, Karl Spieß and Maria Rudelt announced that they were engaged.
And in conclusion a story which is likely to produce grins today: as Maria and Ida Selma crossed the border on their return to Germany—father Rudelt had already made his way back to Hartha through a roundabout route—customs officers seized a piece of soap and an opened bar of chocolate which the two women had in their handbags.
After a year and a half in Switzerland, on Ascension Day 1918, a telegram arrived in Hartha which read: "Going to be exchanged." However, his release was somewhat delayed. On July 1, 1918, Karl Spieß was repatriated to Germany on account of his injuries. He arrived in Döbeln at the beginning of July. His fiancée, Maria Rudelt, met him there. A little later, many astonished residents of Hartha greeted the photographer, who had arrived from Switzerland while the war was still going on.
Following his arrival home the newly minted photography master took over the studio of his deceased father which Ida Selma Spieß, his mother, had painstakingly maintained with the help of a physically challenged journeyman, a young girl, and Maria Rudelt.

Besonders bemerkenswert finde ich, dass der Fotograf in der Zeit seiner Internierung von seiner Mutter und seiner Freundin, um deren Hand er angehalten hatte, besucht wurde. Ida Selma Spieß machte diese Reise während des Krieges zusammen mit Maria Rudelt. Und der Fleischermeister Rudelt, Karls späterer Schwiegervater, war auch dabei. Die drei Besucher kamen unangemeldet, da ihre Post mit der Ankündigung ihrer Besuchsreise noch nicht eingetroffen war. Karl Spieß und Maria Rudelt gaben am 19. Januar 1917 aus der Schweiz heraus ihre Verlobung bekannt.

Und zum Abschluss noch eine Geschichte, die heute eher Schmunzeln hervorruft: Als Maria und Ida Selma die Grenze zurück nach Deutschland überschritten, der Vater Marias war über Umwege schon vorher abgereist, beschlagnahmten Zöllner ein Stück Seife und eine angebrochene Tafel Schokolade, die die zwei Frauen in ihrer Handtasche hatten.

Nach eineinhalb Jahren im Land der Eidgenossen, am Himmelfahrtstag 1918, traf in Hartha ein Telegramm ein, auf dem zu lesen war: „Werde in die Heimat ausgetauscht." Die Entlassung hat sich dann allerdings etwas hingezogen. Am 1. Juli 1918 wurde Karl Spieß wegen seiner Leiden nach Deutschland repatriiert. Anfang des Monats kam er in Döbeln an. Seine Verlobte, Maria Rudelt, holte ihn dort ab. Wenig später begrüßten viele staunende Harthaer den noch während des Krieges aus der Schweiz kommenden Fotografen.

Nach seiner Ankunft zu Hause übernahm der frischgebackene Fotografenmeister das Atelier seines verstorbenen Vaters, welches Ida Selma Spieß, seine Mutter, bis zu seiner Heimkehr mit einem körperbehinderten Gesellen und einem jungen Mädchen, aber auch mithilfe von Maria Rudelt, mühsam aufrechterhalten hatte. Allerdings musste der Fotograf noch einige Zeit als zum Feldwebel Beförderter in der Schreibstube in Döbeln bei seinem Regiment Dienst tun, denn der Krieg war ja noch nicht vorbei. Er war zwar als kriegsuntauglich aus der Schweiz entlassen worden und durfte nicht wieder an der Front eingesetzt werden, aber er war nicht dienstuntauglich. Karl Spieß machte die anstehenden Aufnahmen in seinem Atelier am Sonntag und nahm die entwickelten Platten zur damals üblichen und aufwendigen Negativretusche aus Hartha mit nach Döbeln. Maria holte dann die retuschierten Platten ab, um sie für die Kundschaft kopieren zu können.

Ich erinnere mich: Auch ich musste mich noch, etwa 1974, mit solchen Retuschearbeiten herumplagen, an einem gegen das Fensterlicht gerichteten Pult sitzend, das eine Mattscheibe zum Auflegen der großformatigen Negative hatte und im Fuß einen Spiegel, der das Tageslicht einfing, mit einem Tuch über dem Kopf und mit einem sehr spitzen Bleistift in der Hand – um vor einer Prüfungskommission meine Meisterprüfung bestehen zu können.

Am 19. August 1918 heiratete, standesamtlich und kirchlich an einem Tag, Karl Fritz Spieß die am 4. Februar 1893 geborene Johanna Maria Rudelt. Maria und Karl bekamen zwei Söhne. Der Ältere

However, the photographer (now promoted to sergeant) still had to put in some time in his regiment's office in Döbeln, for the war had not yet ended. Although he had been released from Switzerland as being unfit for active service and could not be used in frontline service, he was not unfit for service. Karl Spieß made the photos clients had commissioned in his studio on Sunday and took the developed plates with him to Döbeln for the complex retouching that was customary then. Maria picked up the retouched plates to copy them for clients.

I remember that in order to pass my master examination before a board of examiners I also had to struggle with such retouching, sitting at a desk facing a window, a desk that had a glass screen on which the large negatives could be laid and at the bottom a mirror which captured the daylight coming through the window, a cloth over my head and a very sharp pencil in my hand.

On August 19, 1918, Karl Fritz Spieß married Johanna Maria Rudelt, born on February 4, 1893, in both civil and church ceremonies on the same day. They had two sons. The older son was born in 1929 and was also named Karl, more precisely Karl Heinrich. The second son was born in 1925 and was baptized Fritz (his father's middle name), more specifically Fritz Hermann.

In the short period—from a historical viewpoint—of the existence of the second German democracy, the Weimar Republic, the photographer was active in a national conservative organization of German disabled veterans. In the course of the National Socialist "Gleichschaltung," i.e. the process by which they gained control of the entire population by destroying all former civil associations and organizations and incorporating them into Nazi organizations, this disabled veterans' organization was taken over as the "Nationalsozialistische Kriegsopferversorgung" [National Socialist War Victim's Care]. This registered association promoted its being taken over in its letterhead with a quote from Rudolf Heß, Hitler's deputy. You read, shaking your head in disbelief: "Do not seek Adolf Hitler with your brain, all of you will find him with the power of your heart."

Because of his activity in this originally meaningful organization, whose sole purpose was to help people, Karl Spieß was compelled to join the NSDAP—or, at least emphatically urged to do so. Like many (too many) of his contemporaries, he too was impressed by the idea of combining nationalism and socialism. On May 1, 1933, only a few months after the so-called "Machtergreifung" [Hitler's seizure of power], he became a member of the National Socialist German Workers' Party. This date was not only the "National Labor Day," as it was called from then on, rather it also shows that Karl Spieß had just "managed" to become part of this community shortly before the NSDAP stopped its intake of new members. The party introduced this hurdle on April 19, 1933; it came into force on May 1. This meant that as of that date no party office could accept any new applications. Those in power had to prevent a mas-

wurde 1920 geboren – und hieß wieder Karl, genauer gesagt Karl Heinrich. Der Zweitgeborene kam 1925 zur Welt und wurde auf den Namen Fritz getauft, auf den zweiten Vornamen seines Vaters, vielmehr auf die Vornamen Fritz Hermann.
In der historisch gesehen kurzen Zeit des Bestehens der ersten deutschen Demokratie, der Weimarer Republik, war der Fotograf in einer nationalkonservativen Organisation deutscher Kriegsversehrter aktiv – welche die Nationalsozialisten im Zuge ihrer Erfassung der gesamten Bevölkerung durch die Zerschlagung aller bisherigen Verbände und Organisationen und deren Zuführung in NS-Organisationen, ihrer „Gleichschaltungen“, später als „National-Sozialistische Kriegsopferversorgung“ vereinnahmten. Der eingetragene Verein warb nach seiner Übernahme in seinem Briefkopf mit einem Spruch von Rudolf Heß, dem Stellvertreter Hitlers. Man liest hier, ungläubig mit dem Kopf schüttelnd: „Sucht Adolf Hitler nicht mit den Hirnen, mit der Kraft Eures Herzens findet Ihr ihn alle!“
Karl Spieß wurde aufgrund seines Engagements in dieser ursprünglich sinnvollen und nur helfen wollenden Vereinigung zum Eintritt in die NSDAP genötigt – zumindest aber nachdrücklich aufgefordert. Aber er war wohl auch von der Idee, Nationalismus und Sozialismus miteinander zu verbinden, beeindruckt – wie viele, zu viele seiner Zeitgenossen. Am 1. Mai 1933, nur wenige Monate nach der sogenannten Machtergreifung, wurde er Mitglied der Nationalsozialistischen Deutschen Arbeiterpartei. Das Datum bezeichnet nicht nur den „Tag der nationalen Arbeit“, so hieß dieser Tag fortan, sondern es lässt auch erkennen, dass Karl Spieß es gerade noch „geschafft“ hatte, kurz vor Inkrafttreten einer Mitglieder-Aufnahmesperre der NSDAP, Teil dieser Gemeinschaft zu werden. Am 19. April 1933 führte die Partei diese Hürde ein, die am 1. Mai in Kraft trat. Das bedeutete, dass ab diesem Zeitpunkt keine braune Amtsstube mehr Neuanmeldungen entgegennehmen durfte. Die Machthaber hatten den massenhaften Ansturm auf ihre Dienststellen abzuwehren. Zwischen Januar und April 1933 war der Mitgliederbestand der „Arbeiterpartei“ von 850.000 auf über 2,5 Millionen angewachsen. Die NSDAP war überfordert – fürchtete aber auch Konjunkturritter.
Obwohl der Fotograf in die Partei eingetreten war, hörte er später heimlich den Londoner Sender BBC, einen „Feindsender“, was strengstens verboten und äußerst gefährlich war. Auf Radioempfängern wurde eine Warnung angebracht, auf der man lesen konnte: „Denke daran. Das Abhören ausländischer Sender ist ein Verbrechen gegen die nationale Sicherheit unseres Volkes. Es wird auf Befehl des Führers mit schweren Zuchthausstrafen geahndet.“ 1934 bat Karl Spieß bei der Kreisleitung der NSDAP um Entbindung aus allen Funktionen innerhalb der Partei. Die Begründung lieferte ihm sein Gesundheitszustand, er wurde in diesem Jahr in Leipzig operiert und bekam eine Kur. Er wollte nicht mehr die Amtswaltertätigkeit eines Leiters des Kriegsopferamtes inne-

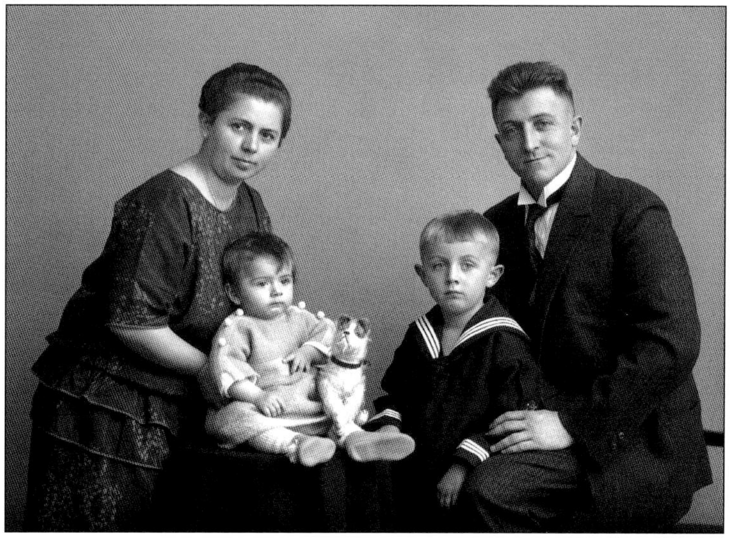

Familie Spieß, etwa 1926
Spieß family, around 1926

sive stampede on their offices. Between January and April 1933, the membership of the “Workers’ Party” grew from 850,000 to over 2.5 million. The NSDAP was overwhelmed—but also feared fellow travelers.
Although the photographer had joined the party, he subsequently listened secretly to the BBC London radio station, an “enemy transmitter.” That was strictly prohibited and extremely dangerous. A warning label was affixed to radios reading: “Warning! Listening to foreign radio stations is a violation of national security. By order of the Führer it will be punished with a severe period of imprisonment.” In 1934, Karl Spieß applied to the district leadership of the NSDAP to be released from all his responsibilities within the party. The reason was his health, for in that year he had an operation in Leipzig and was sent for a cure. He no longer wanted to carry out the administrative duties of a director of the War Victims’ Office, which identified him as a member of the staff of the local Hartha NSDAP chapter. In February 1935, he was actually released from all duties.
However, it must be said that in addition to his occupational obligations in the craftsmen’s association, Karl Spieß was, at least temporarily, a willing member of the “national movement.” It is reported, based on Soviet-Russian documentation unearthed at a later date that he was supposed to have been a “Blockleiter” [block warden] in the local Hartha NSDAP chapter. One must be skeptical, however. It is questionable whether the documentation is credible. It is possible that the claim that he was a block warden was the product of a denunciation. In the NSDAP documentation, available today in the Federal Archives in Berlin, I found merely

haben, die ihn als Mitglied des Stabes der Harthaer Ortsgruppe der NSDAP auswies. Im Februar 1935 wurde er dann auch tatsächlich aus allen Verpflichtungen entlassen.
Dennoch bleibt festzustellen: Zumindest zeitweise, neben seinen beruflichen Verpflichtungen in der Handwerkerschaft, war Karl Spieß ein williges Mitglied der „nationalen Bewegung". Ab 1937, das berichten später aufgefundene sowjetrussische Unterlagen, soll er in der Harthaer Ortsgruppe der NSDAP als Blockleiter tätig gewesen sein. Skepsis ist jedoch angesagt. Es stellt sich die Frage, ob den Dokumenten geglaubt werden kann. Diese ihm zugeschriebene Tätigkeit entspringt möglicherweise einer Denunziation. In den sich heute im Berliner Bundesarchiv befindlichen NSDAP-Unterlagen fand ich lediglich seine Karteikarte als Mitglied der Partei, sonst nichts. Trotzdem: Lassen wir es so stehen.
Der Begriff Blockwart, so nannte der Volksmund den Blockleiter, hat sich bis heute als Schimpfwort erhalten. Man versteht einen Schnüffler darunter. Der Blockwart stand am untersten Ende der parteilichen Hierarchie. Er konnte allerdings auf zahlreiche ehrenamtliche Helfer zurückgreifen – auf die Mitläufer. Seine Aufgabe beschrieb das Hauptschulungsamt der NSDAP 1940 so: „Der Hoheitsträger muss sich um alles kümmern. Er muss alles erfahren. Er muss sich überall einschalten."
Allerdings sollte jetzt kein Leser meiner Zeilen Karl Spieß vorschnell verurteilen, ohne im eigenen Umfeld dieser Zeit nachzuschauen. Meine Großväter beispielsweise, etwa im gleichen Alter wie Karl Spieß, waren auch NSDAP-Mitglieder. Großvater Otto Riemann hatte es ebenfalls noch „rechtzeitig geschafft", Parteimitglied zu werden. Auch er war selbstständiger Fotografenmeister mit Atelier, Labor und Handelsgeschäft, in Hainichen, nicht weit von Hartha gelegen. Karl Spieß und Otto Riemann kannten sich. Und Otto Riemann wurde Blockwart. Carl Schmidt, der Vater meiner Mutter, war sogar schon 1930 NSDAP-Mitglied geworden, also noch in der sogenannten Kampfzeit der Partei. Der gelernte Buchbinder und begeisterte Fotoamateur war ein absolut Überzeugter. Er gab seine schlecht gehende Buchbinderei in Ostrau auf und wurde Kreishandwerkswalter der Deutschen Arbeitsfront in Döbeln. Er kannte Karl Spieß aus dem für ihn zuständigen Hartha schon aus rein dienstlichen Gründen gut. Das war damals alles nichts Außergewöhnliches. Etwas Besonderes war es, nicht mitgemacht zu haben – auch nicht als Mitläufer …
Gleichwohl ging die Geschichte in der nachfolgenden zweiten deutschen Diktatur so weiter, in Hartha wie überall in der sowjetisch besetzten Zone: In der von der Sozialistischen Einheitspartei Deutschland (SED) regierten DDR wurden nach sowjetrussischem Vorbild Straßen- und Hausvertrauensleute eingesetzt. Es musste ein Hausbuch geführt werden, in dem vor allem Gäste umfänglich dokumentiert wurden. Ein sogenannter Hausvertrauensmann war für jeweils ein Haus, beziehungsweise eben einen Block, zuständig. Der zur Meldung beauftragte „Blockwart" der Gemeinschaft einer

his membership card in the party, nothing more. Nevertheless, let us leave it at that.
The term "Blockwart," this is how ordinary people referred to the "Blockleiter," remains a curse word even today. It is understood to mean a snoop. Block warden was the lowest position in the party. However, a block warden could call on numerous honorary helpers—i. e. fellow travelers. In 1940 the Central Education Office of the NSDAP described the position as follows: "The holder of this office has to look after everything. He has to find out everything. He must involve himself in everything."
However, no one reading these lines should be quick to judge Karl Spieß without checking their own family history. For example, my grandfather was also a member of the NSDAP when he was approximately the same age as Karl Spieß. Grandfather Otto Riemann had also "managed just in time" to become a party member. He was also an independent photography master with his own studio, laboratory, and retail store in Hainichen, which was located not far from Hartha. Karl Spieß and Otto Riemann knew each other. And Otto Riemann became a block warden. Carl Schmidt, my mother's father, became a member of the NSDAP as early as 1930, i. e. during the party's so-called period of struggle. This trained bookbinder and enthusiastic amateur photographer was a staunch believer. He gave up his failing book binding business in Ostrau and became the district trades administrator of the Deutsche Arbeitsfront [German Labor Front] in Döbeln. He already knew Karl Spieß well because his position alone (in which he was responsible for Hartha) brought them into contact. That was nothing unusual at that time. It was unusual not to have participated—not even as a fellow traveler …
Nonetheless, history followed the same path in the subsequent second German dictatorship, in Hartha as well as everywhere in the Soviet-occupied zone. Following the Soviet-Russian example, in the GDR governed by the SED [Socialist Unity Party of Germany] street and building wardens—called "Vertrauensleute" [persons of trust] were employed. A building log book had to be kept in which, above all, visitors were extensively documented. A so-called "Hausvertrauensmann" [building warden] was responsible for each building or block respectively. The mandate of a "block warden" responsible for a street or a building was to report on his/her fellow citizens, to point out the correct path to them, and to guide them to think and act in accordance with socialist principles. And, of course, he was supposed to find out everything. He or she was responsible for providing the party "organs," the police and state security, with information and answers—at which point the latter "intervened and took over …"
But back to 1934. During this period, Karl Spieß purchased a building on Dresdner Straße. The main building contained a dry goods store. The building at the back had primarily contained a photography studio which had been turned into a residence shortly

Straße oder eines Hauses hatte seinen Zeitgenossen den rechten Weg zu weisen und sie zu sozialistischen Denk- und Verhaltensweisen zu führen. Und er sollte – natürlich – alles erfahren. Er oder sie war den „Organen" der Partei, der Polizei und Staatssicherheit, Rede und Antwort schuldig – welche sich dann „einschalteten und kümmerten" …

Aber zurück ins Jahr 1934. Karl Spieß kaufte in dieser Zeit ein Haus in der Dresdner Straße. Im Hauptgebäude befand sich ein Kurzwarengeschäft. Im Hintergebäude hatte es vorübergehend schon einmal ein Fotoatelier gegeben, welches aber kurze Zeit später als Wohnung umgebaut wurde, weil der verschuldete Fotograf Hartha in aller Eile klammheimlich verlassen hatte.

Am 28. September 1938 verlegte Karl Spieß sein Ladengeschäft von der Leipziger Straße in die neu entstandenen Geschäftsräume in der Dresdner Straße. Der Umzugstermin wurde in einer großzügigen Zeitungsannonce im „Harthaer Tageblatt" bekanntgegeben.

Interessant in diesem Zusammenhang ist, dass Hartha 1891, also im Jahr der Geburt von Karl Spieß, etwas mehr als 4.000 Einwohner zählte. 1938, im Jahr des Geschäftsumzuges, hatte sich die Einwohnerzahl der Stadt fast verdoppelt. Aus einer bedeutungslosen Kleinstadt war eine über Sachsen hinaus anerkannte Industriestadt geworden. Viele Männer aus den Nachbarorten fanden in Harthas Fabriken Lohn und Brot. In den dreißiger Jahren hatte Hartha sogar einen kleinen Flugplatz. Und im Fußball erkämpfte sich die Stadt 1936/37 und 1937/38 den Sachsenmeistertitel. Die Dresdner Straße, in die Karl Spieß mit seiner Firma umzog, war den Harthaern damals die Hauptstraße schlechthin. Im Telefonbuch der Zeit findet man dort fast fünfzig Geschäfte, kleinere Firmen und Fabriken.

Ein Teil des Betriebes, und zwar das Atelier, verblieb nach dem 28. September 1938 jedoch am alten Standort. Der Atelierneubau, beziehungsweise der umfängliche Rückbau des Hintergebäudes zu einer fotografischen Aufnahmewerkstatt, zu einem hochmodernen Aufnahmeraum, war zu diesem Zeitpunkt noch nicht abgeschlossen.

Die Eröffnung des neuen Fotohauses Spieß war in der Kleinstadt eine Attraktion. Die wichtigsten Fotofirmen Deutschlands, wie beispielsweise Agfa, Kodak, Zeiss-Ikon, Voigtländer, Leica, Ernemann oder Mentor hatten ihre Vertreter geschickt. Die Harthaer Bevölkerung bestaunte noch bis in die späten Abendstunden die mit modernen Neonröhren beleuchteten Verkaufs- und Arbeitsräume, welche den Vorbeigehenden zur Besichtigung offenstanden. Während im unmittelbar benachbarten Stadtcafé die Vertreter der noblen Firmen von Weltruf mit dem Atelierinhaber Karl Spieß und seiner Familie feierten, zog in der anbrechenden Dunkelheit des Spätsommertages eine Kolonne von Panzern und anderen Militärfahrzeugen am Geschäft vorbei ins Sudetenland. Das bedeutete Krieg – und die feingemachten Damen und Herren mit ihren ge-

thereafter because the indebted photographer had quickly snuck out of Hartha.

On September 28, 1938, Karl Spieß moved his business from Leipziger Straße to his new business premises on Dresdner Straße. The date of the move was published in a large newspaper advertisement in the Hartha daily newspaper, the "Hartha Tageblatt."

In this connection, it is interesting that in 1891, i.e. in the year Karl Spieß was born, Hartha had a little over 4,000 residents. By 1938, the year in which he moved his business, this figure had almost doubled. An insignificant small city had become an industrial city known throughout Saxony. Many men from neighboring cities earned a living in Hartha's factories. In the thirties, Hartha even had a small airport. And in 1936/37 and 1937/38 the city won the soccer championship of Saxony. At that time, to the residents of Hartha Dresdner Straße, onto which Karl Spieß had moved his business, was the city's main street plain and simple. The telephone book for that period shows that there were almost 50 businesses, small companies and factories on that street.

However, part of the operation, specifically the studio, remained at the old location after September 28, 1938. The new studio, or rather the extensive reconversion of the rear building into a photography studio to a highly modern photography studio, had not yet being completed by that date.

The opening of this new Spieß photography studio was an attraction in this small city. The most important photography companies in Germany, such as Agfa, Kodak, Zeiss-Ikon, Voigtländer, Leica, Ernemann, or Mentor for example, had sent representatives. Late

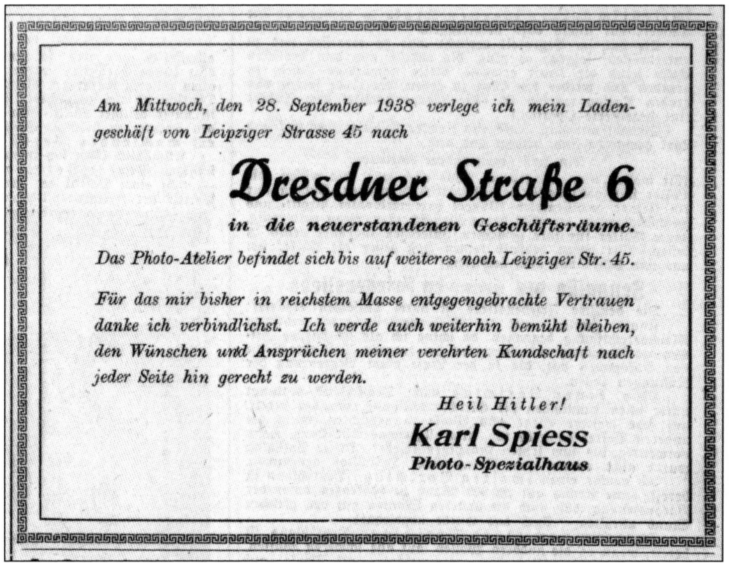
Am Mittwoch, den 28. September 1938 verlege ich mein Ladengeschäft von Leipziger Strasse 45 nach

Dresdner Straße 6

in die neuerstandenen Geschäftsräume.

Das Photo-Atelier befindet sich bis auf weiteres noch Leipziger Str. 45.

Für das mir bisher in reichstem Masse entgegengebrachte Vertrauen danke ich verbindlichst. Ich werde auch weiterhin bemüht bleiben, den Wünschen und Ansprüchen meiner verehrten Kundschaft nach jeder Seite hin gerecht zu werden.

Heil Hitler!

Karl Spiess

Photo-Spezialhaus

Annonce im „Harthaer Tageblatt" vom 27. September 1938
Advertisement in the "Hartha Tageblatt" on September 27, 1938

füllten Gläsern in der Hand ahnten, was sich da ankündigte. Sie waren sichtbar betroffen. Das berichtet Maria Spieß, die Frau von Karl, so in ihren handschriftlichen Lebenserinnerungen.
Ich muss an dieser Stelle zurückdenken. Dreißig Jahre später, im August 1968, stand auch ich vor dem Haus in der Dresdner Straße 6 – und sah zusammen mit meinen Eltern schweigend, die Angst vor einem neuen Krieg im Nacken, die durch die ganze Nacht vorbeirollenden sowjetischen Panzer. Sie fuhren gen Tschechoslowakei. Der „Prager Frühling", der viele Ostdeutsche beeindruckende Liberalisierungs- und Demokratisierungsversuch des Nachbarn, wurde von den Sowjets grausam niedergeschlagen. Und alle Einwohner Harthas wussten, was da vor ihren Augen ablief. Es gab freilich auch Bürger der Stadt, die die Regulierungsposten der Sowjetarmee in dieser Nacht zustimmend mit warmen Getränken versorgten. Am nächsten Morgen, in den ersten Stunden des hereinbrechenden Tages, sah man die von den Panzern aufgewühlten, zerfurchten Straßen der Stadt – nun Feldwegen gleich. Und einem Haus, in einer Kurve stehend, war ein „befreundeter" Panzer ins Wohnzimmer gefahren. Man konnte die Einrichtung der Bewohner sehen, es brannte noch Licht. Aber das Wesentliche für mich an diesem Tag, in dieser Nacht, war: Meine Einberufung zur Nationalen Volksarmee der DDR stand unmittelbar bevor. Auch Truppen der ostdeutschen Streitkräfte standen zum Abmarsch bereit.
Am Vorabend des spießchen Geschäftsumzuges, am Abend des 27. September 1938, fand auf dem Harthaer Marktplatz eine „Treuekundgebung" gegenüber dem „Führer" statt, zu welcher der NSDAP-Ortsgruppenleiter alle Bürger der Stadt nachdrücklich aufgefordert hatte. Die Anwohner des Marktplatzes bekamen Anweisung zu flaggen und zu illuminieren. Aber im Harthaer Lichtspiel-Theater gab es just an diesem Tag das brandneue Liebesdrama „Frau Sylvelin" mit Heinrich George zu sehen. Komisch, denn die Volksgenossen hatten sich doch geschlossen zur „Treuekundgebung" auf dem Marktplatz einzufinden. Am nächsten Tag, am Umzugstag der Firma, fand im Heim der Hitlerjugend die „Pimpfenprobe" statt. Nach Bestehen dieser bekamen die Jungs ihr Fahrtenmesser feierlich überreicht. Und im Laden von Richard Barthel konnten die Harthaer frisch geräucherte Vollheringe kaufen. Und in der Geschäftsstelle des Anzeigenblattes bot sich die Möglichkeit, sich nach einer tragenden Ziege zu erkundigen.
1938 war auch das Jahr, in dem das Fotohaus Spieß sein vierzigjähriges Bestehen feierte. In diesem für Karl Spieß bedeutsamen Jahr erhielt der Fotograf eine Urkunde von Sachsens Gauleiter, Reichsstatthalter und Ministerpräsident Martin Mutschmann, die auswies, dass er einen „Musterbetrieb" führt und das fortschrittlichste Fotohaus des Gaues leitet. Mein Vater hatte mir leise und hinter vorgehaltener Hand von dieser Auszeichnung erzählt. Im Atelieranbau, in den stillgelegten Labor- und Arbeitsräumen unter der Aufnahmewerkstatt, nun Lagerräume, mein Vater brauchte nicht mehr so viel Platz wie sein Vorgänger, habe ich dieses Dokument

into the evening hours, the residents of Hartha marveled at the sales premises and workshops, which were illuminated with modern neon signs and which stood open so that they could be viewed by passersby. While the representatives of the important international firms mentioned celebrated with Karl Spieß and his family in a café directly adjacent to his new business, in the approaching darkness of the late summer day, a column of tanks and other military vehicles passed by the business on its way to the Sudetenland. That meant war and the finely dressed women and men with filled glasses in their hands sensed what was being heralded. As Maria Spieß, Karl's wife, reported in her handwritten memoirs, they were visibly affected.
At this point I must think back. Thirty years later, in August 1968, I also stood in front of Dresdner Straße No. 6 together with my parents and watched silently, the fear of a new war hanging over our heads, as throughout the entire night Soviet tanks rolled by. They were headed for Czechoslovakia. The "Prague Spring," the attempt to liberalize and democratize the Czech nation which had impressed many East Germans, was crushed cruelly by the Soviets. And all of the inhabitants of Hartha knew what it was that was taking place before their eyes. Certainly, there were also citizens of the city who provided warm drinks to the soldiers manning the checkpoints of the Soviet army during that night. On the next morning, in the first hours of the breaking day, you could see the broken-up, furrowed streets of the city—now looking like dirt roads. And a "friendly" tank had crashed into the living room of a house located on a bend in the road. The residents' furniture could be seen; the lights were still on. But the important thing for me on that day, in that night, was that my being called up to serve in the National People's Army of the GDR was imminent, for units of the East German military forces were also ready to move out.
On September 27, 1938, the eve of the move in his new business premises by Karl Spieß, there was a "Treuekundgebung" [demonstration of loyalty] to the Führer on the Hartha market square which the head of the local NSDAP chapter had expressly requested that all citizens attend. Residents living on the market square were instructed to decorate their residences with flags and illuminate them. However, it was just on that day that the brand-new love story "Frau Sylvelin" with Heinrich George was playing in the Hartha cinema. Strange that the "Volksgenossen" [national comrades] had decided to attend the "Treuekundgebung" on the market square. On the next day, the day the business moved, the "Pimpfenprobe" [lad's test] took place in the Hitler Youth facility. Once they had passed this examination, the boys were ceremoniously presented with their "Fahrtenmesser" [sheathed knife]. And residents of Hartha were able to purchase freshly smoked herring in Richard Barthel's store. And the office of the local advertiser offered an opportunity to inquire about a pregnant goat.
1938 was also the year in which the Spieß photography studio cel-

immer und immer wieder gesucht – natürlich ohne sein Wissen. Mein Vater gestand mir eines Tages, dass er diese unheimliche Bescheinigung, aus Angst, man könnte sie bei uns im Haus finden, bereits vor langer Zeit vernichtet hat.
Am Ostersonntag 1939 nahm Karl Spieß das fertiggestellte Atelier in Betrieb. Die ersten Brautpaare wurden empfangen und Hochzeitsaufnahmen gemacht.
Im Januar 1940 – der Zweite Weltkrieg dominierte bereits den Alltag, es erschien in diesem Wintermonat der bescheiden-kulina-

ebrated its fortieth anniversary. In what was a significant year for him Karl Spieß received a certificate from Martin Mutschmann, Gauleiter [District Head], Reichsstatthalter [Reich Governor], and Ministerpräsident [State Premier] of Saxony, which stated that he ran a "Model enterprise" and the most progressive photography studio in the "Gau" [administrative district]. My father had told me about this award, in a hushed voice with his hand over his mouth. Again and again I looked for this document in the attached studio, in the closed laboratories and workshops under the photo-

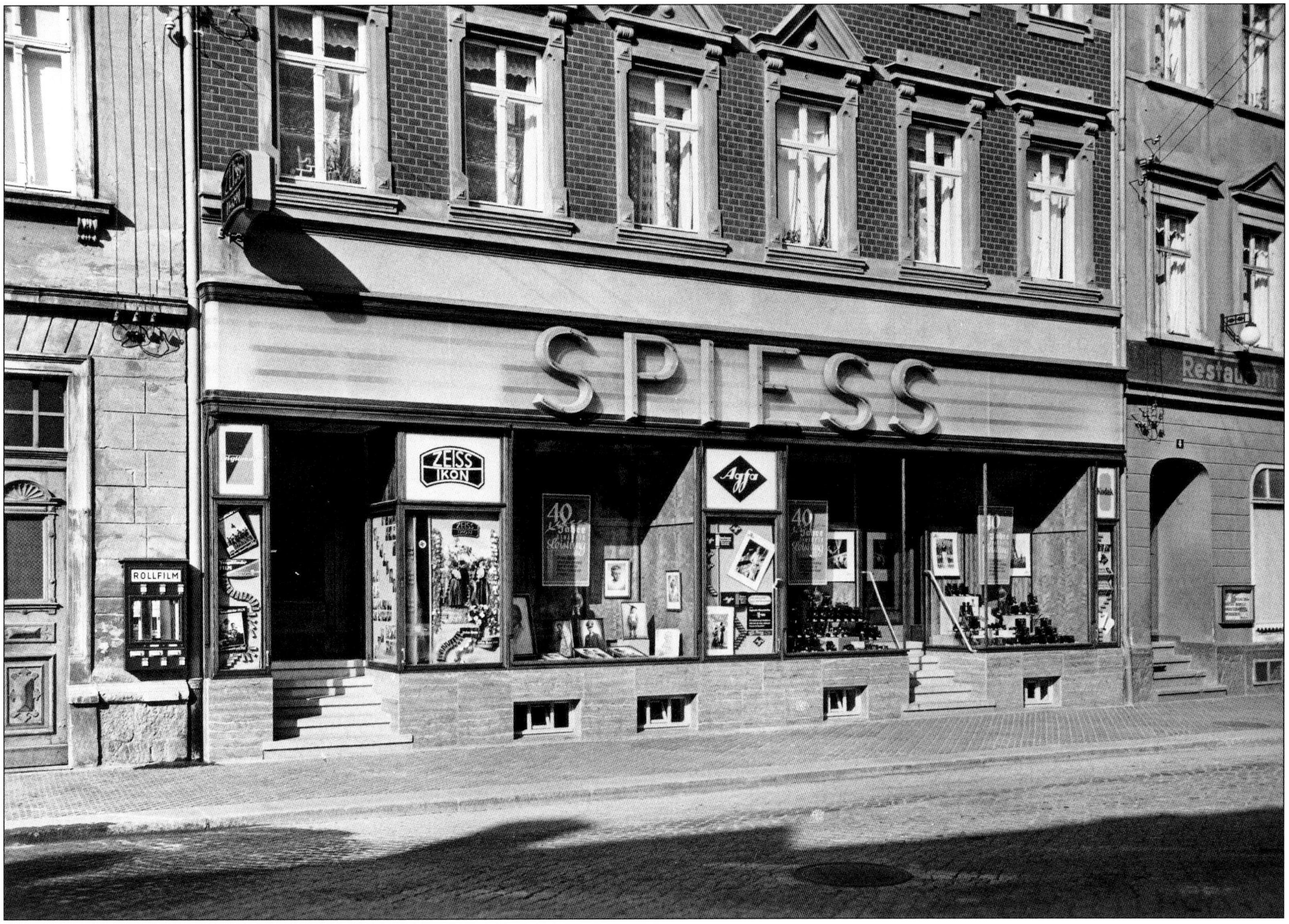

Photo-Spezialhaus Karl Spieß in der Dresdner Straße, 1938
Karl Spieß' Specialty Photo Shop on Dresdner Straße, 1938

rische Lesestoff „Gut gekocht und gern gegessen“ mit Rezepten für die sparsame Küche im Krieg, und das Reichsernährungsministerium erklärte den Arbeitskräftebedarf für die Landwirtschaft für gesichert, der Angriff gegen Frankreich wurde erwartet – zog, nun endlich, auch die Familie Spieß in die neu ausgebauten Räume über dem Ladengeschäft in die Dresdner Straße um. Und auch hier war alles vom Feinsten gerichtet.
Ich erinnere mich an die Räume, in denen wir, die Riemanns, später gewohnt haben, an die große, verglaste Schiebetür zwischen den zwei Wohnzimmern mit Parkettfußboden und das mit Marmor ausgekleidete Badezimmer.
Zum 14. Geburtstag seines Sohnes Karl Heinrich, am 5. April 1934, schenkte Vater Karl seinem „Karlemann“, so nannte er liebevoll und stolz seinen Ältesten, der seit 1930 Mitglied des Leipziger Thomanerchores und Schüler des dazugehörigen Gymnasiums sowie Zögling des Alumnats war, ein großformatiges und auch im übertragenen Sinne schwergewichtiges Buch aus dem Jahr 1920, aus dem Geburtsjahr von „Karlemann“ also. Es trägt den Titel „Deutschlands Gegner im Weltkriege“ – und ist ein dem Zeitgeist geschuldetes, aus heutiger Sicht unerträgliches Machwerk. Dieses unselige Geschenk blieb nach dem Wegzug der Familie Spieß aus Hartha im Haus in der Dresdner Straße zurück und kam in meine Hände.
In dem Buch lagen zwei unverarbeitete Fotopapier-Blätter im Postkartenformat, auf denen Vater Karl seinem Sohn zum Geburtstag gratuliert – und ihm verhängnisvolle Ratschläge auf seinen weiteren Lebensweg mitgibt. Auf ihnen ist zu lesen:
„Mein lieber Karlemann! Heute sind es 14 Jahre, dass Du im Hause Spieß Deinen Einzug hieltest. In dieser kurzen Spanne Zeit, die aber für das deutsche Volk eine unsagbare Leidenszeit war, bist Du herangereift zum jungen Mann. Vieles wird Dir erst später klar, was es geheißen hat, diese Zeit für Volk und Familie an Mut und Kraft und Hingebung zu überstehen. Die Tat war es, die den Krieg vorantrug. Deshalb schenke ich Dir an Deinem heutigen Geburtstage das Werk ‚Deutschlands Gegner im Weltkriege‘. Es soll Dir zeigen, wie in den schwersten Jahren des Krieges das deutsche Volk im Kampf mit allen Völkern der Erde stand. So war es auch für die Tatkraft des gesamten deutschen Volkes der Erfolg, dass fremde Truppen nur als Gefangene bei uns Einzug halten konnten. Wachse heran als deutscher Mann, ausgerüstet mit Mut und Tatkraft. Reiße Dich jederzeit zusammen und schaffe im neuen Deutschland nach Deinem Besten zum Aufbau mit. Das ist mein herzlicher Wunsch zum 14. Geburtstage. Dein Vater.“
Zur historischen Einordnung dieser väterlichen Zeilen an den Sohn muss man nachtragen, welche Schande und welche Reparationskosten Deutschland als Verlierer des Ersten Weltkrieges zu schultern hatte. Deutschland wurde zu dem Eingeständnis gezwungen, allein am Krieg schuld gewesen zu sein. Die Forderungen der Sieger waren maßlos und eine konstante Erinnerung an die Niederla-

graphy studio (now storage rooms, my father no longer needed as much space as his predecessor)—of course, without my father knowing. One day my father admitted to me that he had destroyed this ominous certificate a long time ago because he feared that someone would find it in our home.
On Easter Sunday of 1939, Karl Spieß launched his finished studio. The first bridal couples were welcomed and wedding photos made. In January 1940, World War II was already dominating everyday life and war with France was expected. It was in this winter month that the simple cookbook “Gut gekocht und gern gegessen” [Well Cooked and Happily Eaten] (containing economical recipes for cooking during the war) appeared and the “Reichsernährungsministerium” [Reich Ministry of Food and Agriculture] declared that the agricultural labor supply had been secured, and the Spieß family finally moved into the newly renovated rooms above the retail store on Dresdner Straße. Those rooms were also very finely appointed.
I remember those rooms in which we, the Riemanns, subsequently lived: the large glazed sliding door between the two living rooms with hardwood floors and a bathroom finished in marble.
On April 5, 1934, his son Karl Heinrich’s fourteenth birthday, Father Karl gave his “Karlemann” (that is what he lovingly and proudly called his eldest), who had been a member of the Leipzig St. Thomas Boys Choir and a student at the associated secondary school as well as at the boarding school since 1930, a heavy (also in the figurative sense) book which had been published in 1920, the year in which “Karlemann” was born. The title was “Deutschlands Gegner im Weltkriege” [Germany’s Enemies in the World War], and it is a vile concoction which must be understood in the context of that era of, but which is intolerable from today’s viewpoint. That unfortunate gift remained in the building on Dresdner Straße after the Spieß family left Hartha and came into my possession.
That book contained two postcard-sized unprocessed sheets of photographic paper on which father Karl congratulates his son on his birthday and gives him disastrous advice regarding his future. They read:
“My dear Karlemann! Fourteen years ago today you entered the Spieß household. In this short period of time, which, however, has been a period of unspeakable suffering, you have matured into a young man. Only later will it become clear to you how much courage, strength, and devotion were required from our nation and your family to survive this period. It was deeds that drove the war forward. Therefore, on this your birthday I am giving you as a gift the book ‘Deutschlands Gegner im Weltkriege.’ It should show you how in the most difficult years of the war the German nation was fighting all the peoples of the world. And thus, it was due to the energy and determination of the entire German nation that we succeeded in preventing foreign troops entering Germany—except as prisoners. Grow up to be a German man, armed with courage and

ge. Dazu kommt die mit dem Krieg einsetzende Inflation, die 1923 in einer Hyperinflation gipfelte. Vor allem die Mittelschicht war betroffen. Weil die Reichsregierung 1923 nicht mehr in angemessener Höhe Reparationen zahlen konnte, besetzten französische und belgische Truppen das Ruhrgebiet. Diese Zeit endete erst im Sommer 1925. Und ab 1929 schlug die Weltwirtschaftskrise zu. Heute zieht sich für viele Historiker eine durchgehende Linie von Verdun nach Stalingrad.

Aber zurück zu „Karlemann", oder auch „Karli", wie ihn Maria, seine Mutter nannte. Auch er lernte, nach vorzeitigem Beenden der Leipziger Thomasschule, 1936, aus gesundheitlichen Gründen, man bescheinigte dem Jungen eine „zarte Konstitution", Fotograf – wie schon sein Großvater und sein Vater und später sein Bruder. Ausgebildet wurde er von seinem Vater. Am 14. Februar 1939 legte er seine Gesellenprüfung ab. In der Familie galt es als ausgemacht, dass er, der Erstgeborene, eines Tages das angesehene Fotohaus übernimmt.

Am 29 Juli 1939 wurde Karl Heinrich Spieß zum dem Wehrdienst vorausgehenden Reichsarbeitsdienst eingezogen. „Karli" kam im Vorfeld der späteren Westfront zum Einsatz. Er war nun bei der „Bautruppe der Wehrmacht". Einen Monat später, am 1. September 1939, begann mit dem Einmarsch der Deutschen in Polen der Zweite Weltkrieg. Vater Karl nahm schon aufgrund seines Alters nicht mehr daran teil. Selbst zum „Volkssturm" musste er später, wegen seiner schweren Verletzung aus dem Ersten Weltkrieg und deren Folgen, dem andauernden Herzleiden, nicht mehr, denn er galt als Invalide. „Karlemann" jedoch trat an – „als deutscher Mann, ausgerüstet mit Mut und Tatkraft" – und erhielt Ende 1940, Anfang 1941 in Dresden seine militärische Grundausbildung, beziehungsweise seine Schulung zu einem Soldaten der Nachrichtentruppe. Jetzt wurde er mit „Funker" angesprochen, ohne unbedingt Funker sein zu müssen.

Beim Schreiben dieser Zeilen zucke ich zusammen, weil auch ich, als „Genosse Funker" angeredet, aber nie ein Parteigenosse gewesen, strammstehend, in einem Nachrichtenregiment gedient habe, viel später natürlich, in der Nationalen Volksarmee der DDR. Alle einfachen Soldaten der Nachrichtentruppen wurden, bei den Nazis, wie in der NVA der DDR, als „Funker", beziehungsweise eben als „Genosse Funker" bezeichnet, ohne tatsächlich Funker zu sein. Ich zum Beispiel war Filmvorführer und Kraftfahrer eines Rundfunk- und Kinowagens, und hatte der Aufmunterung im möglicherweise anstehenden Gefecht zu dienen. Ich sehe „Karli" vor mir, mit seinen zitronengelb umfassten Schulterklappen. So sah auch ich im „Ehrenkleid" der Nationalen Volksarmee aus – welches dem der Wehrmacht zum Verwechseln ähnlich war.

Danach wurde „Karlemann" ins inzwischen besetzte Frankreich abkommandiert. Aber gleich im ersten harten Winter des Krieges, 1941 auf 1942, finden wir ihn im sogenannten Russlandfeldzug wieder, im Kampf um Moskau. In sibirischer Kälte – „Die Knie

determination. Always stay strong and do your best to help build a new Germany. This is my sincere wish on your fourteenth birthday. Your father."

In order to put these lines from a father to his son in a historical context, you have to explain what Germany, as the loser of World War I, had to bear in terms of shame and reparations. Germany was forced to concede that it alone had been responsible for the war. The demands of the victors were exorbitant and a constant reminder of the defeat. Added to this was inflation, which had started with the war and culminated with hyperinflation in 1923. This affected primarily the middle class. Since in 1923 the German government could no longer pay a reasonable amount in reparations, French and Belgian troops occupied the Ruhr area. That only ended in the summer of 1925. And from 1929 on, the Great Depression hit hard. Today, many historians see a direct line from Verdun to Stalingrad.

But back to "Karlemann," or "Karli" as Maria, his mother, called him. Following his prematurely leaving the St. Thomas School in Leipzig in 1936 for health reasons (he was certified as having a "delicate constitution"), he also completed an apprenticeship as a photographer, like his grandfather, father, and later his brother. He was trained by his father. On February 14, 1939, he completed his journeyman's examination. It was understood in the family that he, as the firstborn, would take over the respected photography business one day.

On July 29, 1939, Karl Heinrich Spieß was conscripted into the "Reichsarbeitsdienst" [Reich Labor Service], a precursor to military service. "Karli" was deployed in the forefront of preparations for the subsequent Western Front. He was now in the "Bautruppe der Wehrmacht" [Engineering Corps of the German Armed Forces]. A month later, on September 1, 1939, World War II began with the German invasion of Poland. Father Karl did not participate because of his age. As a result of his severe injury in World War I and its consequences (his continuing heart problems), he subsequently did not even have to join the "Volkssturm" [Home Guard], for he was regarded as an invalid. However, "Karlemann," "as a German man, armed with courage and determination," reported for duty and received his basic training, or rather his training as a soldier in the signal corps, at the end of 1940/beginning of 1941 in Dresden. Now he was addressed with the title "Funker" [radio operator] without necessarily having to be a radio operator.

I cringe while writing these lines because I too was addressed as "Genosse [Comrade] Funker," although I was never a party member, and served—standing at attention—in a signals regiment, of course, much later in the National People's Army of the GDR. All of the ordinary soldiers of the signals corps were addressed by the Nazis, as was subsequently in the army in the GDR, as "Funker," respectively as "Comrade Funker" without actually being radio operators. I, for example, was the projectionist and driver of a radio froren uns am Boden fest", berichtete ein deutscher Soldat – musste die Wehrmacht, schon kurz vor der sowjetischen Hauptstadt angekommen, den Rückzug antreten. Die wahnwitzige Führung der Nazis hatte den Sturm auf die russische Metropole als Schnellschuss befohlen – ohne Winterausrüstung. Zuletzt war Karl Heinrich in Polen unterwegs, denn die Ostfront verschob sich seit Sommer 1943 unaufhaltsam zurück nach Deutschland. Ab dem Frühjahr 1944 hatte auch im besetzten Polen, wegen der Misserfolge der Wehrmacht und der näher rückenden Roten Armee, die Partisanentätigkeit stark zugenommen.

Vor meinem geistigen Auge sehe ich „Karli" eher in einem Feldkabelbautrupp denn als Funker in der Deckung. Die Soldaten mit ihren Kabeltrommeln hatten im Gelände Verbindungen über größte Entfernungen sicherzustellen. Das war gefährlicher, als im Schützengraben zu hocken oder in einem Fahrzeug als Funker zu sitzen. Kennzeichneten die Kabeltrassen einstmals die Richtungen des Vormarsches, so wiesen sie jetzt den rückwärts flutenden Truppen den Weg. Am 2. Oktober 1944 ist der Obergefreite, oder besser Oberfunker, Karl Heinrich Spieß im Raum Krakau bei Gefechten mit Untergrundkämpfern so schwer verwundet worden, dass er einen Tag später im Luftwaffen-Ortslazarett der Stadt verstarb. Karl Heinrich Spieß wurde in Krakau beerdigt.

Der ehemalige Thomaskantor Karl Straube, unter dem „Karlemann" Thomaner war, schrieb der Familie Spieß ein zweiseitiges, sehr warmherziges Kondolenzschreiben. Er formulierte unter anderem: „Die Nachricht vom Dahinscheiden meines lieben Karl Spieß hat mich tief bewegt. In ihm verliere ich einen Sänger, der im Thomanerchor einer meiner befähigsten, treuesten, immer hilfsbereiten Mitarbeiter gewesen ist. Aber er war vor allem ein gütiger Mensch von seiner Gesinnung, dessen Tod alle, die ihm nahestanden, tief beklagen werden." Anders als das offizielle Schreiben der Staatsmacht verzichtete der namhafte und beliebte Professor auf nationalsozialistische Floskeln und beendete sein Schreiben nicht mit dem „deutschen Gruß".

Am 22. April 1945, an dem Tag, als Hitler im Führerbunker in Berlin infolge einer Befehlsverweigerung eines SS-Obergruppenführers einen Nervenzusammenbruch erlitt, genauer gesagt wegen eines von ihm verlangten, aber vom Schutzstaffel-General für undurchführbar gehaltenen Entsatzangriffs in der Schlacht um Berlin, hielten in Hartha die US-Amerikaner Einzug. Aber bereits am 7. Mai, also am Tag der bedingungslosen Kapitulation der deutschen Wehrmacht in Reims, übernahmen die Sowjets die sächsische Kleinstadt.

Am 27. Juni 1945 wurde Karl Spieß von einer regionalen Operativgruppe des sowjetischen Geheimdienstes NKWD gefangen genommen. Verhaftungsgrund: Blockleiter der NSDAP.

An genau diesem Tag holte man in Hartha und seiner dörflichen Umgebung mindestens weitere 16 „Verdächtige" ab. Darunter war auch der Großvater eines Klassenkameraden von mir, ein Bauer aus

and cinema vehicle with the mission of raising morale where combat was possible. I see "Karli" in front of me with his epaulettes with lemon-yellow stitching. I looked the same in the "Dress Uniform" of the National People's Army, which was confusingly similar in style to that of the Wehrmacht [German Armed Forces]. "Karlemann" was then posted to France, which had been occupied in the meantime, but as early as the first hard winter of the war (1941 to 1942) we find him in the so-called Russian campaign again, in the battle for Moscow. The Wehrmacht, which had reached the Soviet capital only a short time earlier, had to retreat because of the Siberian cold ("Our knees froze us solid to the ground," reported a German soldier.). The insane Nazi leadership had ordered, as a snap decision, that the Russian metropolis be stormed—without the German troops being equipped for the winter. Karl Heinrich was last underway in Poland, for since the summer of 1943 the Eastern Front had been moving inexorably back toward Germany. As of spring 1944, partisan activity had increased greatly, even in occupied Poland, as a result of the failures of the Wehrmacht and of the approach of the Red Army.

In my mind's eye, I see "Karli" as more likely with a military cable laying unit than as a radio operator in hiding in a trench. These soldiers with their cable drums were responsible for maintaining the cable connections over great distances. That was more dangerous than hunkering down in a trench or sitting in a vehicle as a radio operator. Where the cable lines had once identified the direction of the advance, they now showed the retreating troops the way. On October 2, 1944, Private First Class, or better Radio Operator First Class, Karl Heinrich Spieß was so severely wounded in combat with partisans in the Cracow area that he died one day later in an air force field hospital in that city. Karl Heinrich Spieß was buried in Cracow.

The former Choirmaster of St. Thomas Church Karl Straube under whom "Karlemann" sang in the choir wrote the Spieß family a two-page, very warm-hearted letter of condolence. He wrote, among other things: "The report of the passing of my dear Karl Spieß moved me deeply. In him I lost a singer who was one of the most capable, loyal, and always helpful members of the St. Thomas Choir. And, above all, he was a person with a kind-hearted disposition whose death will deeply affect all who were close to him." In contrast to the official letter from the government, this well-known, popular professor waived any national socialist verbiage and did not end his letter with the "deutschen Gruß" [i. e. Heil Hitler].

On April 22, 1945, the Americans entered Hartha. On that same day, Hitler had a nervous breakdown in his Führer's bunker in Berlin as a result of an SS lieutenant general refusing to obey a Führer's order—more precisely that SS general refused to carry out an operation demanded by Hitler to relieve the siege of Berlin because he considered it infeasible. However, as early as May 7, the

Aschershain. Der Mann überlebte den kommunistischen Terror in verschiedenen Lagern. Er wurde 1948 entlassen, aus dem Lager Mühlberg. Auch der Großonkel eines Kindheitsfreundes von mir war unter den Abtransportierten. Er kam in Jamlitz um, in dem Lager, auf das ich noch zu sprechen komme. Jamlitz stand sogar, offensichtlich ohne Verdacht zu erwecken, auf seinem ihm zum Gedenken errichteten Grabstein auf dem Harthaer Friedhof.
Insgesamt wurden in Hartha etwa achtzig Menschen, darunter circa zwanzig Jugendliche, zum Verhör einbestellt und dann viele von ihnen „dabehalten". Unter den Jugendlichen war auch ein Nachbar aus der Dresdner Straße Nr. 8. Ich sehe den älteren Mann vor mir, mit dem ich als Kind ab und an kleine Auseinandersetzungen hatte, weil ich beispielsweise wieder einmal über den Zaun zwischen unseren Gärten geklettert war oder seine Hühner gejagt hatte. Und den Sattler aus dem schräg gegenüber dem spießchen Haus stehenden Laden hatte man ebenfalls mitgenommen.
Natürlich wusste ich in meiner Kindheit und Jugend von alledem nichts. Keiner erzählte solche Sachen, alle schwiegen. Für mich ist das ganze Ausmaß des damaligen Geschehens erst durch die Recherchen zu Karl Spieß deutlich geworden. Die heimlich geführten Listen aus dem Nachlass von Maria Spieß – sie können nur von einem sehr gut informierten Harthaer, vielleicht von einem Überlebenden der Lager, angefertigt worden sein –, denen ich das mich zutiefst Bewegende entnehmen konnte, sind mit dreißig schwarzen Kreuzen versehen. Von diesen Kreuzen sind drei den genannten Jugendlichen zuzuordnen. Diese Kennzeichnungen stehen für die Weggesperrten, die den Tod fanden.
Wer und wie viele von den Verhafteten des 27. Juni 1945, oder der später Weggeschleppten, tatsächlich umkamen, in Jamlitz, oder auch schon vorher in Frankfurt an der Oder, oder später in einem anderen Lager, weiß ich dennoch nicht. Meistens erfolgte die Abholung von zu Hause durch einen oder zwei NKWD-Männer und einen oder auch mehrere deutsche Helfer. Manche der Verhafteten wurden auch „nur" einbestellt.
Die NKWD-Leute waren an ihren von der normalen Roten Armee abweichenden Uniformen gut zu erkennen, vor allem an ihren blauen Schirmmützen. Wie das Ganze konkret in Hartha abgelaufen ist, konnte ich nicht herausfinden. Jedenfalls ist festzustellen: Ohne zahlreiche deutsche Helfer, Harthaer Bürger also, ging das nicht. Denunziationen, oft aus niederen Beweggründen, dürften eine maßgebliche Rolle gespielt haben. In Hartha ging zu der Zeit der zynische Spruch um, dass die Russen an einem Tag mehr verhaftet hätten als die Nazis in den über zwölf Jahren ihrer Herrschaft insgesamt. Diese scharfzüngige Volksformulierung ist für einen Nachgeborenen wie mich hochnotpeinlich – und natürlich möchte ich sie heute lieber ausklammern.
Die Verhöre fanden in Hartha im „Flemminger Hof" statt. Man hatte den stadtbekannten Gasthof dafür in Beschlag genommen. Das entnahm ich einem kleinen Kärtchen, einer eilig geschriebe-

date on which the German Wehrmacht capitulated unconditionally in Reims, the Soviets took over the small Saxon city.
On June 27, 1945 Karl Spieß was arrested by a regional operations unit of the NKVD (People's Commissariat for Internal Affairs), the Soviet secret service. The reason for his arrest: block warden of the NSDAP (National Socialist German Workers' Party).
On this same date, at least 16 more "suspects" were picked up in Hartha and the surrounding area. Among them was the grandfather of a classmate of mine, a farmer from Ascherhain. This man survived the terror of imprisonment by the Communists in several camps. In 1948, he was released from the Mühlberg camp. Those taken away also included the great uncle of a childhood friend of mine. He died in Jamlitz, a camp which I will discuss later. Jamiltz was even engraved on the gravestone erected in his memory in the Hartha cemetery, apparently without giving rise to any suspicion.
Approximately eighty people, including about twenty young people, were rounded up for questioning and then many of them were "kept." These young people also included a neighbor from Dresdner Straße No. 8. I can see this older man before me, a man with whom I had small disputes once in a while as a child because, for example, I had climbed over the fence between our gardens once again or had chased his hens. And the saddle maker from the shop diagonally opposite from the Spieß business was also picked up.
Of course, as a child and an adolescent I knew nothing about all this. Nobody said anything about such matters, everybody kept silent. It was solely through my research on Karl Spieß that I became aware of the extent of those activities at that time. The secret lists from the estate of Maria Spieß—they could have been completed only by a very well-informed resident of Hartha, perhaps by a survivor of the camp—which moved me so deeply contained thirty black crosses. These identifying marks refer to those among the people locked up who had died. Three of these crosses can be assigned to the young people mentioned.
However, I do not know who or how many of those arrested on June 27, 1945, or of those subsequently locked up actually died in Jamlitz or even earlier in Frankfurt on the Oder or later in another camp. Usually they were picked up at home by one or two NKVD agents and one or more German helpers. Also, some of those arrested were "only" summoned to appear.
It was easy to recognize the NKVD agents from their uniforms (mainly from their blue peaked hats), which differed from the normal Red Army uniform. I was unable to determine how the entire process was carried out in Hartha. In any case, it must be stated: without numerous German helpers (residents of Hartha), it could not have been done. Denunciations, often basely motivated, must have played a large role. In Hartha during this time it was said cynically that the Russians had arrested more people in one day than the Nazis had in total during the more than twelve years they were

nen Mitteilung des Enkels eines Verhafteten. Die neuen Herren im Land brauchten offenbar viel Platz. Nach den Verhören brachte man die Gefangenen in die Kellerräume der dem Gasthof gegenüberliegenden Schuhfabrik Feller.

In meinen Erinnerungen, die beim Schreiben dieser Zeilen zunehmend aufflackern, taucht der große Saal des Gasthofes „Flemminger Hof" auf. Als Jugendlicher habe ich hier viele Tanzveranstaltungen erlebt – auch mit Musik aus der westlichen Welt, die von der sozialistischen Parteidiktatur nur widerwillig und äußerst eingeschränkt zugelassen war. Auch das Gebäude der Schuhfabrik Feller, zu DDR-Zeiten ein volkseigener Betrieb, taucht in meinen Erinnerungen vor mir auf. Hier hing an einer Wand mit abbröckelndem Putz zur Hauptverkehrsader Dresden–Leipzig hin ein großes rotes Transparent. Auf dem Spruchband stand in krakeliger weißer Schreibschrift: „Je stärker der Sozialismus – um so sicherer der Frieden." Ich hatte die Parole an der Mauer 1988 für mein heimlich geschriebenes Ausreise-Tagebuch fotografiert – obwohl das doch nur eine ganz normale Wand unter vielen Wänden in der DDR war.

Nach zwei Nächten in den feuchten Kellern des aus der Wende vom 19. zum 20. Jahrhundert stammenden Schuhfabrikgebäudes ging die „Reise" für Karl Spieß und die anderen Gefangenen nach Döbeln weiter – ins dortige örtliche Gefängnis, in die Fronfeste, eine ehemalige Mädchenschule. Auch hier gab es Vernehmungen. Meinem Zeitzeugenbericht, dem genannten kleinen Kärtchen, ist zu entnehmen, dass man in Döbeln in einem „nicht so großen Raum" verhört wurde. Nach einem weiteren Tag und einer Nacht, am 1. Juli, wurden die Gefangenen nach Dresden transportiert, in eine NKWD-Lokalität in der Bautzener Straße.

Heute befindet sich hier eine Gedenkstätte, denn der den Sowjets nachfolgende Staatssicherheitsdienst der DDR hatte den Gebäudekomplex von seinen „Freunden" übernommen. Die Besonderheiten des Hauses, das darin geltende brutale Haftregime und die menschenverachtenden Verhörmethoden, erschließen sich bei einem Rundgang – und erzeugen Gänsehaut. Das Gelände mit dem Hotelrestaurant „Heidehof" diente den Geheimdienstlern der Sowjetunion als Hauptquartier für Sachsen. Es befand sich bis zum Ende des Zweiten Weltkrieges in Privatbesitz und wurde enteignet.

Karl Spieß hielt man hier etwa drei Wochen fest. Mein mir unbekannter eiliger Zeitzeuge schreibt, dass man die Gefangenen in Einzelzellen eingesperrt hatte. Diese Wochen in Dresden zwischen Verhaftung und Internierung waren eine relativ lange Zeit, denn in der Regel ging der Transport von einem Verhörort in ein Internierungslager schneller vonstatten. Aber über das noch zu DDR-Zeiten berüchtigte Bautzener Zuchthaus, das „Gelbe Elend", damals NKWD-Lager Nr. 4, ist Karl Spieß, im Gegensatz zu vielen anderen in Sachsen Verhafteten, nicht gegangen. Das konnte ich den Transportlisten entnehmen.

in power. This sharp-tongued popular saying is highly embarrassing for someone born later like me—and, of course, I would prefer to leave it out today.

The interrogations took place in the "Flemminger Hof." This well-known restaurant in Hartha had been requisitioned for this purpose. I learned this from a small card, a hastily written notification from the grandson of one of the people arrested. Apparently, the new rulers of the country needed a lot of space. Following the interrogations, the prisoners were moved to the basement of the Feller shoe factory located across from the restaurant.

In my memories, which are increasingly brought to light by the writing of these lines, the large hall of the "Flemminger Hof" restaurant appears before me. I attended many dances in that hall in my youth—also with Western music, which the socialist party dictatorship allowed only reluctantly and with extreme restrictions. The Feller shoe factory, a state-owned company during the GDR era, also appears before me as I remember it. A large red banner facing the main Dresden-Leipzig traffic corridor hung from a wall of this factory, a wall from which the plaster was crumbling. "The stronger the socialism, the more secure the peace" was written on this banner in a spidery white cursive script. In 1988, I took a photo of this slogan on the wall for a diary I wrote in secret prior to my departure—although it was only a very normal wall among many in the GDR.

After two nights in the wet basement of the shoe factory, a building from the turn of the 20th century, the "journey" for Karl Spieß and the other prisoners continued to Döbeln, to the local prison in that city, the Fronfeste, a former girls' school. Interrogations were also conducted in that location. According to the report by my contemporary witness, the small card mentioned, the interrogations in Döbeln took place in a "room that was not very large." Following another day and night, on July 1, the prisoners were transported to Dresden, to an NKVD facility on Bautzener Straße.

Today, there is a memorial at this location, for following its use by the Soviets the GDR State Security Service took over the building complex from their "friends." The special features of this building, the brutal imprisonment practices, the inhumane interrogation methods, become evident during a tour—and produce goose bumps. The compound, including the hotel restaurant "Heidehof," was the headquarters of the Soviet secret service in Saxony. Up to the end of the World War II, until it was expropriated, the property was privately owned.

Karl Spieß was held there for approximately three weeks. My unknown (to me) hurried contemporary witness wrote that the prisoners were imprisoned in single cells. Those weeks in Dresden between their arrest and internment were a relatively long period, for usually prisoners were transported more quickly from an interrogation site to an internment camp. However, in contrast to many of the others arrested in Saxony, Karl Spieß did not pass through

Am 2. Juli 1945 formulierte Maria Spieß ein Unterstützungsgesuch, das sie für den NKWD auch in die russische Sprache übersetzen und handschriftlich schreiben ließ. Allein diese Tatsache ist sehr bemerkenswert. Sie flehte in ihrem Schreiben um die Freilassung ihres Mannes. Es könne sich nur um einen Irrtum handeln, erklärte sie. Am 21. Juli reichte sie das Schriftstück mit einem ausführlichen Lebenslauf ihres Mannes und Unterlagen zu ihm, wie beispielsweise Krankenakten, beim Harthaer Bürgermeister ein – mit der dringenden Bitte um Weiterleitung und Hilfe. Sie bekam nie eine Antwort. Stattdessen erhielt sie am 14. November – bezeichnenderweise nicht sie, sondern ihr Mann, der aber war schon längst verhaftet, abtransportiert und interniert worden – ein Schreiben vom Bürgermeister, dass das Vermögen der Familie enteignet sei.

Ja, ich kenne diese Vorgänge aus den Unterlagen zu meinen zwei Großvätern. Auch sie wurden aufgrund ihrer Vergangenheit enteignet. Otto Riemann bekam geraume Zeit später sein Eigentum zurück, als nur „geringfügig belasteter" Nazi. Verhaftet oder gar interniert wurde er nie. Großvater Schmidt verlor genauso alles. Aber auch er bekam sein Eigentum anfangs zurück – Grundstück, Haus, Mobiliar und Geld. Bis er 1947, in „Abwesenheit", er war schon längst Lagerinsasse, ein zweites Mal enteignet wurde – und zwar endgültig. Er floh später als mittelloser und gesundheitlich schwer geschädigter ehemaliger Häftling, eingesessen bis 1948 im NKWD-Lager Nr. 2 in Mühlberg an der Elbe, in den Westen Deutschlands – um mit über sechzig Jahren neu anzufangen.

Die Enteignung der Familie Spieß machte man wegen „geringfügiger nationalsozialistischer Belastung" gleichfalls rückgängig.

Am 23. Juli wurde der Fotograf, sowie mindestens 17 weitere Harthaer Bürger, von der Abteilung SMERSCH der 8. Garde-Armee der Sowjetunion in einer Zugangsliste für das Speziallager Nr. 6 in Frankfurt (Oder) verzeichnet. Dieses „Spezlager", wie die Sowjets intern und verächtlich ihre Internierungslager verkürzt bezeichneten, gab es seit Mitte Mai 1945. Das Lager wurde wenig später nach Jamlitz verlegt.

Bevor ich weiter über Karl Spieß berichte, muss ich ein paar unverzichtbare Erklärungen zum NKWD und seinen Lagern machen. Die Abkürzung NKWD stand bis 1946 für Volkskommissariat des Innern der Sowjetunion. Später wurde es in MWD umbenannt – das heißt, es wurde ein Ministerium daraus. In diesem Machtapparat, NKWD oder MWD, waren Inneres und Staatssicherheit vereinigt. Dem NKWD/MWD unterstand also auch der Geheimdienst, der im Verlauf der Zeit viele Ableger und viele Namen hatte.

In die Zuständigkeit des NKWD gehörten die Speziallager der Sowjets. Der SMERSCH, übersetzt „Tod den Spionen", war ein militärischer Nachrichtendienst der Sowjetunion während des Zweiten Weltkrieges. Er war eine Gründung des NKWD von 1943 und diente vornehmlich der Spionageabwehr. 1946 wurde er aufgelöst. Die Speziallager, zehn an der Zahl, waren Internierungslager, die

the Bautzen jail, at that time NKVD Camp No. 4, which was infamous even during the GDR era and known as the "Yellow Misery" because of the color of its façade. I was able to learn this from the transport lists.

On July 2, 1945, Maria Spieß wrote a letter of support which she also had translated into (and handwritten in) Russian. This fact alone is very remarkable. In her letter, she pleaded for her husband's release. It had to be a mistake, she explained. On July 21, she submitted her letter along with a detailed curriculum vitae for her husband and documents pertaining to him, such as, for example, medical files, to the mayor of Hartha with an urgent request that he forward them to the proper authorities and for his assistance. She never received an answer. Instead, on November 14, she—significantly, not her but rather her husband, who had already been arrested, transported, and interned a long time ago—received a letter from the mayor stating that her family's property had been expropriated.

Indeed, I am familiar with this process from the documentation pertaining to my two grandfathers. Their property was also seized because of their pasts. A short time later, Otto Riemann's property was returned to him because his Nazi past "incriminated him to a minor degree." He was never arrested or even interned. Grandfather Schmidt lost everything in exactly the same manner. However, at first his property was also returned to him—land, house, furniture, and money. Until, in 1947, his property was seized for a second (and final) time while he was "in absentia" (he had been interned in a camp for a long time). He subsequently fled to West Germany, a penniless, former detainee of NKVD Camp No. 2 in Mühlberg on the Elbe until 1948 who had severe health problems and who now had to start all over again at over sixty years of age.

The property of the Spieß family was also returned on the grounds that his "incrimination due to his national socialist involvement was minor."

On July 23, the photographer and at least 17 other residents of Hartha were recorded in the entry list for Special Camp No. 6 in Frankfurt on the Oder by the SMERSCH Department of the Soviet 8th Guards Army. This "Spezlager" [Spec. Camp], as the Russian referred to it in abbreviated form internally and as a sign of their contempt for their internment camp, had existed since mid-May 1945. A bit later, this camp was moved to Jamlitz.

Before I report further on Karl Spieß, I have to make a couple of unavoidable statements regarding the NKVD and its camps. Up to 1946, the abbreviation NKVD stood for People's Commissariat for Internal Affairs of the Soviet Union. It was subsequently renamed the MVD [Interior Ministry of the Soviet Union], i.e. it was turned into a ministry. Interior affairs and state security were combined in these power apparatuses, NKVD or MVD. The NKVD/MVD controlled the secret service, which had many branches and names over the course of time.

nach der Niederlage Deutschlands in der sowjetischen Besatzungszone eingerichtet wurden. Zwei dieser Lager, Sachsenhausen und Buchenwald, waren ehemalige Konzentrationslager der Nazis, welche die Sowjets ab August 1945 wieder aktivierten und weiter nutzten. Drei der zehn „Schweigelager", so nenne ich diese Haftstätten, bestanden in der DDR noch bis 1950. Die Speziallager waren aufgrund eines NKWD-Befehls vom 18. April 1945 errichtet worden, mit dem Ziel der „Säuberung des Hinterlandes der kämpfenden Truppen der Roten Armee von feindlichen Elementen". In ihnen sollten alle als gefährlich eingestuften Personen „festgehalten" werden.

Die Sowjets nutzten ihre Lager aber auch zur Unterdrückung politischer oder vermeintlich politischer Gegner. Die sowjetische Besatzungsmacht arretierte in ihren Lagern einen wesentlich umfangreicheren Personenkreis als die westlichen Siegermächte – und das auch noch viel länger und vor allem unter todbringenden Bedingungen. Das Schlimmste jedoch war: Das Ganze geschah ohne juristische Überprüfung der Schuldvorwürfe, die man den Verhafteten bei den Verhören vor der Einlieferung in die Lager machte. Ohne Urteil saßen die Gefangenen ein, manche ein halbes Jahrzehnt. Und keiner der Entrechteten wusste, wie lange er ums nackte Überleben zu kämpfen hatte. Bemerkenswerterweise sprachen die Sowjets schon bald nicht mehr von Internierten, sondern von „Angehaltenen". Das bedeutet, dass die Besatzer – in der DDR hießen sie „Freunde" – wussten, dass sie diese Menschen unrechtmäßig eingesperrt hatten, zumindest in der übergroßen Mehrzahl.

Und Umschulungen, was immer man darunter verstehen mag, gab es in diesen Isolationslagern auch nicht. Es gab in keiner der Haftstätten einen ernst zu nehmenden Versuch, die Insassen mit den neuen gesellschaftlichen Verhältnissen vertraut zu machen. Unterricht in Sachen neue staatstragende Ideologie gab es nicht. Die Verhaftungspraxis wurde von Anfang an durch die von der sowjetischen Führung eingesetzten deutschen Behörden unterstützt. Denunziationen haben selbstverständlich eine große Rolle gespielt. Nach der Verhaftung folgten tage- oder wochenlange Verhöre beim örtlichen NKWD, sehr oft unter Folter. Die nachfolgend zu unterzeichnenden Protokolle waren meistens auf Russisch verfasst und enthielten Geständnisse, die von den Betroffenen nicht gemacht worden waren. In den allermeisten Fällen reichten die Vorwürfe nicht für ein Gerichtsverfahren.

Die nur gering belasteten „feindlichen Elemente" – so bezeichnete man bemerkenswerterweise auch in der DDR bis zum Ende ihres Bestehens die Unangepassten, die Bürgerrechtler und Ausreisewilligen des Staates – wurden aber nicht nach Hause entlassen, sondern kamen in eines der Speziallager. Historiker gehen heute davon aus, dass es 160.000 bis 180.000 Menschen gewesen sind. Etwa 65.000 der Lagerinsassen, über ein Drittel also, kamen ums Leben. Unter den Verhafteten waren viele „kleine Nazis", aber

The NKVD was responsible for the Soviet special camps. SMERSH, translation "Death to Spies," was a Soviet Union military intelligence service during World War II. It was founded by the NKVD in 1943 with its main mission being counterintelligence. It was liquidated in 1946. The special camps, ten in total were internment camps which were established in the Soviet occupation zone after Germany was defeated. Two of them, Sachsenhausen and Buchenwald, were former Nazi concentration camps which the Soviets reactivated and used from August 1945 on. Three of the ten "Schweigelager" [Silent camps], that is what I call these prisons, continued to exist in the GDR until 1950. The special camps were set up on the basis of an NKVD order of April 18, 1945. Their goal was "cleansing the rear area of the fighting troops of the Red Army of hostile elements." They were supposed to "hold" all individuals classified as dangerous.

However, the Soviets also used them to suppress political, or alleged political, enemies. The Soviet occupations force locked up a significantly larger number of people in its camps than the victorious Western powers—and also for much longer and, above all, under lethal conditions. The worst thing, however, was that all of this took place without any legal review of the accusations made against those arrested during the interrogations conducted prior to their being interned in a camp. Prisoners remained in the camps, some for half a decade, without any verdicts being rendered in their cases. And none of those deprived of their rights knew how long they would have to struggle just to survive. Remarkably, very soon the Soviets were no longer using the term "internees" but rather "detainees." That meant that the occupiers—in the GDR they were called "friends"—knew that they had imprisoned these people illegally, at least the majority of them.

And there were no re-education programs in these isolation camps, whatever that term was supposed to mean. In none of the camps were there any serious attempts to familiarize the inmates with the new social circumstances. In Saxony, there was no instruction regarding the new state ideology. From the beginning, this imprisonment practice was supported by the German authorities appointed by the Soviet leadership. Of course, denunciations played a large role. Arrest was followed by days or weeks of interrogation by the local NKVD, very often including torture. The transcripts which then had to be signed were usually written in Russian and contained confessions which the persons involved had not made. In most cases the accusations did not justify court proceedings.

The only slightly incriminated "hostile elements"—remarkably, this is how the maladjusted, human-rights advocates, and those who wanted to leave were referred to in the GDR up to its demise—were not sent home but to one of the special camps. Today, historians estimate their number at 160,000 to 180,000. Approximately 65,000 of the inmates of these camps died. These not only included many "minor Nazis," but also thousands of young people

auch Tausende Jugendliche zwischen 12 und 18 Jahren, denen man „Werwolf-Widerstand“ vorgeworfen hatte, die jedoch keinerlei Anschläge verübt hatten. Es reichte, wie bei allen Speziallager-Häftlingen, allein der Vorwurf.
Es wurden auch Personen von der Straße weg verhaftet, einfach so, nur um das stalinistische Plansoll an Verhaftungen zu erfüllen. Das Gros der Internierten waren Männer im Alter von vierzig bis sechzig Jahren. Die Zustände in den Lagern, in denen sogar Kinder geboren wurden, waren extrem menschenverachtend. Es herrschten nicht nur ständiger Hunger und im Winter große Kälte, sondern auch die medizinische Versorgung war katastrophal, im Grunde genommen war sie nicht vorhanden. Man starb, und das zeitweise massenhaft, durch Aushungern und an verschiedenen lagertypischen Krankheiten wie Dystrophie, Ruhr, Tuberkulose und Typhus. Die täglichen, manchmal stundenlangen Appelle bei jedem Wetter zu jeder Jahreszeit und oft in zerschlissener Sommerkleidung sind unvorstellbar. Neben dem Hunger und der Kälte zermürbte die Gefangenen das grausame Verbot fast jeder Tätigkeit. Und es gab keinen Kontakt nach außen. Die sehr wenigen Kassiber, die aus den Lagern gelangten, sind eine große Ausnahme. Die völlige Isolation der „Angehaltenen“ führte bei manchem dieser Erbarmungswürdigen zum Irrsinn.
Mitte September 1945 wurde das sich inzwischen auf polnischer Seite der Stadt Frankfurt befindliche Lager Nr. 6 – der Fluss war nun die neue Ost-Grenze Deutschlands – aufgelöst und nach Jamlitz verlegt. Das kleine Lausitzdorf bei Lieberose liegt am Rand des Spreewaldes. Frankfurt an der Oder ist etwa fünfzig Kilometer entfernt. Die Häftlinge bezogen in Jamlitz ein ehemaliges Nebenlager des NS-Konzentrationslagers Sachsenhausen. An diesem Ort waren nur wenig vorher insgesamt schätzungsweise 8.000 Menschen inhaftiert gewesen, vor allem Juden aus Polen und Ungarn – von denen keine vierhundert das Morden und die „Vernichtung durch Arbeit“ überlebten.
Das neue Lager erhielt wieder die Nr. 6. Im April 1947 wurde es aufgelöst und seine Insassen – das heißt die, die überlebt hatten – in andere Lager, auch in Arbeitslager in die Sowjetunion überführt. Das „Vernichtungslager“ Jamlitz, so wird diese furchtbare Stätte in einer Quelle einmal bezeichnet, gehörte zu den schlimmsten Isolationslagern des NKWD. Jamlitz hatte eine der höchsten Sterberaten. Die etwa 3.400 erschöpften Gefangenen aus Frankfurt mussten die Verlegung in das neue Lager zu Fuß bewältigen. Auch Karl Spieß durchlitt diesen Marsch. In Jamlitz begrüßten den Harthaer Fotografen ein roter Stern und ein Bildnis Stalins über dem Lagertor. Dazu kommt, dass das vormalige NS-Lager inzwischen von der Bevölkerung des Umlandes teilweise geplündert worden war.
Am 22. November 1945 starb Karl Fritz Spieß in Jamlitz. Das hält eine sowjetrussische Karteikarte fest. Die Todesursache hat man nicht vermerkt. Der unter Herzschwäche leidende Fotograf hatte

between the 12 to 18 years of age who were accused of “werewolf resistance,” but who had never carried out any kind of attack. As with all special camp prisoners, an accusation was sufficient.
People were also swept up off the street simply to fulfill a Stalinist arrest target. The majority of the internees were men aged forty to sixty. The conditions in the camps, in which children were even born, were extremely inhumane. Hunger prevailed year-round and also, extreme cold in winter. As for medical care, it was a catastrophe—basically there was none. People died, sometimes in large numbers, as a result of starvation and various diseases like dystrophy, dysentery, tuberculosis, and typhus, which typically occur in such camps. The daily rolls calls, sometimes hours long, in any weather and to any season and often in tattered summer clothing were, and are, unimaginable. In addition to the hunger and the cold, the awful ban on almost any activity ground the prisoners down. And there was no contact with the outside world. The few secret messages which made it out of the camps are a great exception. This complete isolation of the “detainees” drove some of these pitiful souls crazy.
In mid-September 1945, Camp No. 6—which was located on the Polish side of the City of Frankfurt on the Oder by then (the river Oder was now the new Eastern border of Germany)—was liquidated and moved to Jamlitz. This small village in the Lausitz area near Lieberose is situated on the edge of the Spreewald [Spree Forest]. Frankfurt on the Oder is around fifty kilometers distant. In Jamlitz the prisoners occupied a former satellite camp of the Nazi concentration camp Sachsenhausen. Only a little earlier, an estimated total of 8,000 people were imprisoned at this location, primarily Jews from Poland and Hungary. Less than four hundred survived being murdered or the program of “Extermination through Work.”
No. 6 was once again the name of the new camp. In April 1947, it was liquidated and its inmates, i.e. those who had survived, were transported to other camps as well as labor camps in the Soviet Union. The “extermination camp” Jamlitz—this is how this horrible facility was once referred to in a source—was one of the worst of the NKVD isolation camps. Jamlitz had one of the highest mortality rates. The approximately 3,400 exhausted prisoners from Frankfurt had to make the move to the new camp on foot. Karl Spieß also suffered through this march. In Jamlitz the photographer from Hartha was greeted by a red star and a portrait of Stalin above the entry to the camp. In addition, this former Nazi concentration camp had been partially plundered by the surrounding population in the meantime.
Karl Spieß died in Jamlitz on November 22, 1945. This is recorded on a Soviet-Russian index card. The cause of death was not noted. With his weak heart, the photographer had no chance of survival. He was 54 years of age. Files located in Russia, which could provide more details, continue to remain closed to German historians.

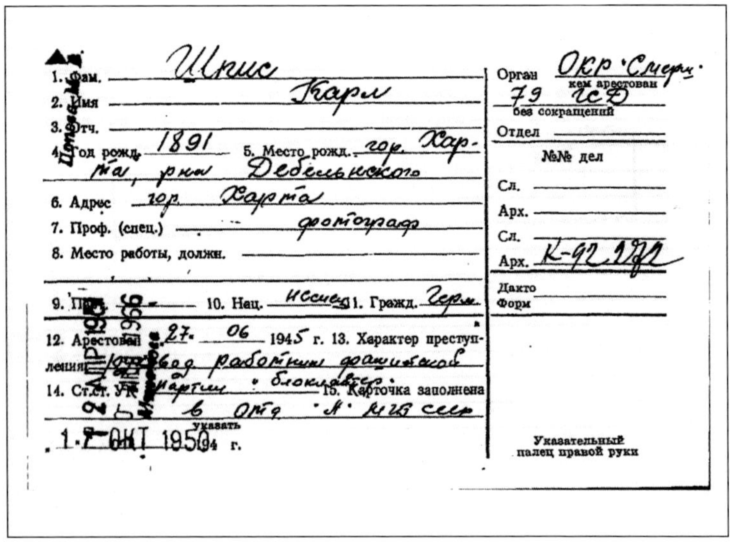

1. Фам. Шпис
2. Имя Карл
3. Отч.
4. Год рожд. 1891 5. Место рожд. гор. Харта, р-на Дебельнского
6. Адрес гор. Харта
7. Проф. (спец.) фотограф
8. Место работы, должн.
9. Парт. 10. Нац. немец 11. Гражд. Герм.
12. Арестован 27. 06 1945 г. 13. Характер преступления
14. Ст.ст. УК 15. Карточка заполнена
указать
1 OKT 1950 г.

Орган кем арестован Окр „Смерш" 79 СД
без сокращений
Отдел
№№ дел
Сл.
Арх.
Сл.
Арх. К-92.
Дакто Форм
Указательный палец правой руки

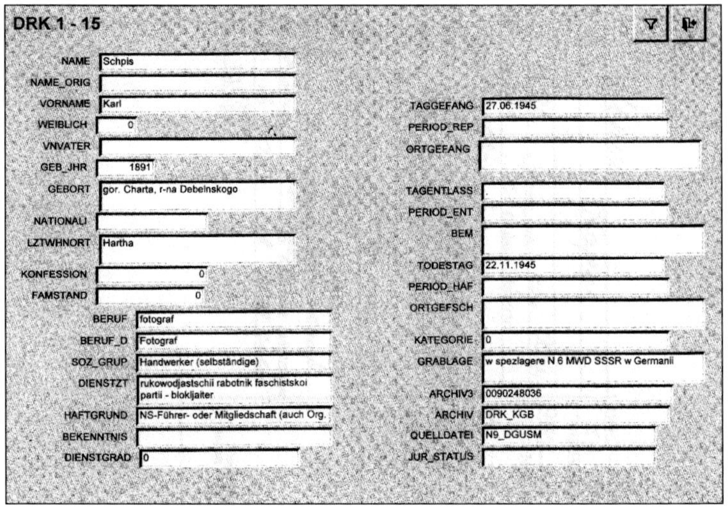

DRK 1 - 15

NAME	Schpis
NAME_ORIG	
VORNAME	Karl
WEIBLICH	0
VNVATER	
GEB_JHR	1891
GEBORT	gor. Charta, r-na Debelnskogo
NATIONALI	
LZTWHNORT	Hartha
KONFESSION	0
FAMSTAND	0
BERUF	fotograf
BERUF_D	Fotograf
SOZ_GRUP	Handwerker (selbständige)
DIENSTZT	rukowodjastschii rabotnik faschistskoi partii - blokljaiter
HAFTGRUND	NS-Führer- oder Mitgliedschaft (auch Org.
BEKENNTNIS	
DIENSTGRAD	0
TAGGEFANG	27.06.1945
PERIOD_REP	
ORTGEFANG	
TAGENTLASS	
PERIOD_ENT	
BEM	
TODESTAG	22.11.1945
PERIOD_HAF	
ORTGEFSCH	
KATEGORIE	0
GRABLAGE	w spezlagere N 6 MWD SSSR w Germanii
ARCHIV3	0090248036
ARCHIV	DRK_KGB
QUELLDATEI	N9_DGUSM
JUR_STATUS	

Karteikarten zu Karl Spieß
Index cards referring to Karl Spieß

keine Chance zu überleben. Er wurde 54 Jahre und drei Monate alt. Sich in Russland befindliche Akten, die auch zu ihm nähere Aussagen treffen könnten, sind für deutsche Historiker nach wie vor nicht einsehbar.
Von den insgesamt etwa 10.300 Insassen des „Schweigelagers Nr. 6" kamen nach Aussage der von den russischen Behörden übergebenen Totenlisten in den knapp zwei Jahren des Bestehens (1945–1947) dieser zwei stalinistischen Stätten des Grauens (Nr. 6/1 und Nr. 6/2) etwa 3.400 ums Leben. Die Leichen wurden verscharrt. Ohne jedes Ritual. Beistand, auch nach dem Tod, war verboten. Gräber gab und gibt es nicht. Um alles zu verwischen, deportierte man die meisten Totengräber nach Russland.
Der prominenteste Gefangene des Lagers Nr. 6 war der Schauspieler Gustaf Gründgens. In den Lagern befanden sich aber auch Menschen, die den Nazis getrotzt hatten. Im Lager Nr. 6 könnte Karl Spieß außer seinen Harthaer Mitbürgern dem Verwaltungsjuristen und Offizier Justus Delbrück begegnet sein, der 1933 seinen Eintritt in die NSDAP verweigerte und später zum Widerstandskreis um das missglückte Attentat auf Hitler am 20. Juli 1944 gehörte und seiner Hinrichtung durch die Nazis nur durch die Eroberung von Berlin entkam. Trotzdem wurde Delbrück noch im Mai 1945 durch das NKWD verhaftet und kam einen Monat später ins Lager nach Frankfurt (Oder). Am 23. Oktober, einen Monat vor dem Tod von Karl Spieß, starb Justus Delbrück in Jamlitz.
Zu Zeiten der sowjetischen Besatzungszone und in den nachfolgenden vier Jahrzehnten DDR-Diktatur durfte über die Speziallager – bei Strafandrohung – nicht gesprochen werden. Die Spuren, die diese Todeslager hinterließen, hat man fast vollständig besei-

According to the death lists handed over by the Russian authorities, in the just under two years (1945–1947) that these two Stalinist sites of horror (No. 6/1 and No. 6/2) existed about 3,400 inmates of "Silence Camp No. 6" survived out of an approximate total of 10,300. Their corpses were buried hastily without any ceremony. Support was prohibited, even after death. There were no graves then and there are none now. In order to erase everything, most of the gravediggers were deported to Russia.
The most prominent prisoner of Camp No. 6 was the actor Gustaf Gründgens, but the camps also contained people who had defied the Nazis. Apart from other residents of Hartha, Karl Spieß might have met the administrative judge and army officer Justus Delbrück in Camp No. 6. In 1933, Delbrück had refused to join the NSDAP. He subsequently became a member of the resistance group responsible for the failed assassination attempt on Hitler on July 20, 1944, and only escaped being executed by the Nazis due to Berlin being conquered. Nevertheless, Delbrück was arrested by the NKVD in May 1945, and a month later was interned in a camp in Frankfurt on the Oder. Justus Delbrück died in Jamlitz on October 23, a month before Karl Spieß died.
During the Soviet occupation and in the following four decades of GDR dictatorship, talking about the special camps was prohibited under threat of punishment. The traces left by these death camps were almost all eliminated. The barracks on the site of the former Jamlitz camp were torn down and replaced by a residential development. The first privately owned homes were built there in 1950. Historians suspect that these houses are sitting on mass graves from these camps of the second German dictatorship. Karl Spieß'

tigt. Auf dem ehemaligen Lagergelände von Jamlitz riss man die Baracken ab und errichtete eine Wohnsiedlung. Ab 1950 entstanden hier die ersten Eigenheime. Unter den Häusern vermuten Historiker die Massengräber der zwei Lager zweier deutscher Diktaturen. Hier wären auch die Gebeine von Karl Spieß zu finden. Am 14. März 1990 wurde in Fünfeichen bei Neubrandenburg die erste Grube mit Opfern eines NKWD-Lagers entdeckt, eine des Lagers mit der Nr. 9. Erst jetzt, nach dem Zusammenbruch der DDR und der nachfolgenden deutschen Wiedervereinigung, schwanden die Ängste der Überlebenden und Hinterbliebenen, bildeten sich Initiativgruppen und wurden Gedenkstätten errichtet.

Im Westen Deutschlands machte man nach dem Zweiten Weltkrieg, im Gegensatz zum Ende des Ersten Weltkrieges, vieles anders. Statt den Besiegten das Ausmaß der Niederlage durch die Erzwingung von Demutsgesten vor Augen zu halten, führten vor allem die USA das in jeder Hinsicht zerstörte Land vorsichtig in die Völkerfamilie zurück. Nachsichtig verfuhren die westlichen Sieger bei der juristischen Aufarbeitung, denn sie beschränkten sich auf die Verfolgung einiger weniger Großtäter. Die Mehrheit kam mit einer formalen Befragung davon, womit der Entnazifizierung Genüge getan war. Der Fotograf Karl Spieß wäre in den westlichen Besatzungszonen noch nicht einmal verhaftet worden.

Fast am Ende meiner kleinen Geschichte angekommen, möchte ich mich dem zweiten Sohn des Ehepaares Maria und Karl Spieß zuwenden, dem am 2. Februar 1925 geborenen Fritz, der schon im Alter von sechs Jahren seinen ersten Fotoapparat bekam, eine Box. Zum 16. Geburtstag, also 1941, schenkte ihm sein Vater ebenfalls ein Buch – und zwar ein Fachbuch über das Erstellen von Filmen. Ich kenne den Band nicht, jedoch erwies sich auch dieses Buchgeschenk, wie das schon beschriebene für den älteren Bruder Karl, als folgenschwer. Noch im gleichen Jahr drehte Fritz, der wie sein älterer Bruder Karl St.-Thomas-Chorknabe und Internatsschüler war, einen 45 Minuten langen Film über den Tagesablauf der Gymnasiasten im Leipziger Thomasalumnat. Der Film wurde ein wertvolles, bis in unsere Zeit beachtetes und zitiertes Zeitdokument.

Ich erinnere mich: Unter den spießchen Gerätschaften, die mein Vater übernahm, war eine 8-mm-Filmkamera der Firma Agfa, eine „Movex 8" mit einem Federwerkmotor, der von einer einklappbaren Kurbel aufgezogen wurde, statt wie üblich mit einem Schlüssel. Das war ein raffinierter Apparat. Und er war teuer. Dazu gehörten ein Projektor zum Abspielen der Filme und eine Schneidevorrichtung. Rückblickend sehe ich diese Ausrüstung, mit der Siegfried Riemann, mein Vater, später erinnerungswürdiges Geschehen der Familie drehte, in einem neuen Licht.

Nach seinem Abitur, Ende März 1943, begann Fritz eine Fotografenlehre bei seinem Vater, immer den Einberufungsbefehl zum Arbeitsdienst im Nacken. Der aber kam nicht, denn Fritz war, was er nicht wusste, durch den Thomanerchor freigestellt. Seine Lehre

bones would also be found here. The first pit containing victims of an NKVD camp (Camp No. 9) were discovered on March 14, 1990, in Fünfeichen near Neubrandenburg. It is only now following the collapse of the GDR and the subsequent reunification of Germany that the fears of the survivors and relatives faded away and action groups were formed and memorials erected.

In contrast to the end of World War I, many things were done differently in West Germany after World War II. Instead of impressing upon the defeated parties the extent of their defeat by forcing them to demonstrate their humility, the USA, in particular, guided this country, which had been destroyed in every sense, back into the family of nations. The Western victors proceeded cautiously in using judicial proceedings: they restricted themselves to prosecuting a few significant offenders. The majority were subjected solely to a formal questioning, which satisfied the denazification process. In the occupied Western zone, the photographer Karl Spieß would not even have been arrested.

Now that I have almost arrived at the end of my little story, I would like to turn to the second son of Maria and Karl Spieß. Fritz, who was born on February 2, 1925, received his first camera, a box camera, at the young age of six. In 1941, for his sixteenth birthday, his father also gave him a book as a present—specifically a textbook on making films. I do not know the title of the book, but this present of a book proved to be just as momentous for him as that already described was for his older brother Karl. In that same year, Fritz, who like his older brother Karl was a member of the St. Thomas Boys' Choir and a student at the boarding school, shot a 45-minute long film on the daily routine of the secondary school students in the St. Thomas Boarding School in Leipzig. This film was a valuable contemporary document which is still respected and cited today.

I remember that the equipment which my father took over from Karl Spieß included an Agfa 8-mm film camera, "Movex 8," with a spring driven motor which you wound up with a folding crank, instead of with the usual key. It was a sophisticated piece of equipment. And it was expensive. It included a projector to play the films and an editing device. Looking back, I see this equipment, which my father Siegfried Riemann subsequently used to film memorable family events, in a new light.

Following completion of secondary school at the end of March 1943, Fritz began a photography apprenticeship with his father with the possibility of being drafted into the Labor Service always looming in the background. That did not happen, however, for Fritz, as a member of the St. Thomas Choir, was exempted from the draft, something he did not know. Nonetheless, he was unable to finish his apprenticeship. He was immediately drafted into the Wehrmacht without spending time in the Labor Service. He was sent to Chemnitz and trained for service in the artillery. (In 2015 his wife told me that the reason that he was trained for the artillery was that he had done so well in mathematics in school.) After he konnte er trotzdem nicht beenden. Es folgte gleich, ohne Arbeitsdienst-Zwischenspiel, die Einberufung zur Wehrmacht. Fritz kam nach Chemnitz und wurde für die Artillerie ausgebildet – seine Frau erzählte mir 2015, dass er in der Schule so gut im Fach Mathematik gewesen sei und man ihn deshalb zu den Geschützen holte. Nach seiner militärischen Ausbildung kam er an die Ostfront. In der Endphase des Zweiten Weltkrieges fand man den Thomaner und angehenden Fotografen ab Herbst 1944 in der Schlacht um Budapest wieder, die bis Februar 1945 dauerte.

Der sogenannte Kampf um Ungarn, die Gefechte, die weitestgehend mit dem Rückzug der deutschen Ostfront aus der Ukraine begannen, endete Anfang April. Die Wehrmacht versuchte hier zusammen mit Verbänden der Königlich Ungarischen Armee Erdölquellen und Treibstofflager zu sichern, die für die Einsatzbereitschaft der Truppen von höchster strategischer Wichtigkeit waren. Das Ende dieser Kämpfe erlebte Fritz Spieß nicht mehr, denn er erkrankte so schwer, dass er operiert werden musste. So kam er zurück in seine sächsische Heimat, zum Stützpunkt seines Regiments nach Chemnitz, beziehungsweise ins dortige Standortlazarett. Die Industriemetropole Chemnitz erlebte zwischen dem 6. Februar und dem 11. April 1945 insgesamt zehn schwere Luftangriffe. In der Nacht vom 5. auf den 6. März versank die Innenstadt fast vollständig im Flammeninferno eines Flächenbombardements. Im April rückten US-Einheiten gegen Chemnitz vor und nahmen es unter schweren Artilleriebeschuss. Da die Besetzung der Stadt laut alliierter Vereinbarungen durch die Sowjets erfolgen sollte, marschierte in Chemnitz am 8. Mai die Rote Armee ein. In den letzten Zügen des Krieges kommandierte man Fritz Spieß an die sich nun ganz in der Nähe befindende Westfront. Diese Kampfzone war aber nicht mehr zu erreichen.

Fritz lernte nach seiner Wehrmachtszeit weiter Fotograf. Er ging nach Rochlitz, um seine Ausbildung fortzusetzen. Das sächsische Rochlitz war zu der Zeit noch amerikanisch besetztes Gebiet. Auf der anderen Seite der Zwicker Mulde, an deren Ufer die Stadt liegt, stand die Rote Armee. Der Fluss bildete die Demarkationslinie zwischen den zwei Besatzungsgebieten. Nachdem die Amerikaner am 30. Juni laut Potsdamer Abkommen vereinbarungsgemäß in Richtung Hessen abzogen, besetzten die Sowjets Rochlitz. Fritz meldete sich in der Stadt am 2. Juli ab und brach nach Hartha auf – um vielleicht doch noch bei seinem Vater weiterlernen zu können – aber auch, um seine Mutter zu unterstützen.

Angekommen in seiner Heimatstadt, erfährt er von der Verhaftung seines Vaters nur wenige Tage vorher. Freunde rieten ihm dringend, Hartha wieder zu verlassen, nicht in der von der Roten Armee besetzten Stadt zu bleiben. Es ging die berechtigte Befürchtung um, dass junge, arbeitsfähige Männer von den Sowjets gefangen genommen und nach Russland deportiert werden, verschleppt zur Zwangsarbeit. Für den ehemaligen Wehrmachtssoldaten und Sohn eines vom NKWD bereits Inhaftierten war diese Warnung

completed his military training, he was sent to the Eastern Front. In the final phase of World War II, from the fall of 1944 on, this member of the St. Thomas Choir and prospective photographer took part in the battle for Budapest, which lasted until February 1945.

The so-called battle for Hungary, the combat which had mainly begun with the retreat of the German Eastern Front from the Ukraine, ended at the beginning of April. The Wehrmacht, together with units of the Royal Hungarian Army, tried to secure crude oil sources and fuel depots which were of the highest strategic importance for the operations of their troops. Fritz Spieß did not experience the end of this combat because he became so seriously ill that he had to be operated on. As a result, he was sent back to Saxony, to Chemnitz, his regiment's base, or rather into the local military hospital. Between February 6 and April 11, 1945, the industrial city of Chemnitz experienced a total of ten heavy air attacks. In the night from March 5 to 6, the interior of the city was almost totally destroyed in an inferno caused by carpet bombing. In April, US-units advanced on Chemnitz and subjected it to heavy artillery fire. Since, according to the agreements reached by the allies, the Soviets were supposed to occupy the city, the Red Army marched into Chemnitz on May 8. In the last days of the war, Fritz Spieß was ordered to the Western Front, which was now very close. However, it was no longer possible to reach that combat zone.

After serving in the Wehrmacht, Fritz continued with his photography apprenticeship. He moved to Rochlitz in order to continue his training. At that time, the Saxon city of Rochlitz was still in the American occupied zone. The Red Army was on the other side of the Zwickauer Mulde, the river on whose bank the city is located. That river was the demarcation line between the two occupation zones. After, in accordance with the Potsdam Agreement, the Americans moved out of this zone in the direction of Hesse on June 30, the Soviets occupied Rochlitz. On July 2, Fritz notified the authorities that he was leaving the city and departed for Hartha—perhaps to still be able to train with his father but also in order to support his mother.

When he arrived in his hometown, he learned that his father had been arrested only a few days earlier. Friends strongly advised him to leave Hartha again and not to remain in the city, which had been occupied by the Red Army. There was a justified apprehension that young men capable of working would be arrested by the Soviets and deported to Russia, abducted to carry out forced labor. A former Wehrmacht soldier and the son of a man already interned by the NKVD definitely had to treat this warning seriously. On October 30, Fritz Spieß escaped from Hartha hidden in the coal box of a locomotive. He got off in Varel in Friesland, in the British occupied zone, in order to continue his apprenticeship with a former apprentice of his father's. However, as the trainer himself did not have his master's certificate and, thus, was not able to train apprentices,

durchaus ernst zu nehmen. Am 30. Oktober floh Fritz Spieß aus Hartha, versteckt im Kohlenkasten einer Lokomotive. Er brach ins friesische Varel auf, in die britische Besatzungszone, um bei einem ehemaligen Lehrling seines Vaters seine Ausbildung wiederaufzunehmen. Da der Lehrmeister aber keinen Meistertitel hatte, also nicht ausbildungsberechtigt war, zog er erneut weiter – nach Heidelberg, in den amerikanisch besetzten Sektor Deutschlands. Hier nahm er die Fortsetzung seiner Lehre bei Tita Binz auf.
Tita Binz war eine sehr bekannte, exklusive Portraitfotografin, die gleich nach Kriegsende aus dem zerstörten Berlin in die vom Krieg unbeschädigte Stadt am Neckar umgezogen war. Privat kam Fritz in Heidelberg bei den Eltern eines ehemaligen Leipziger Alumnen unter, bei den Eltern seiner späteren Frau Gunild Dörr. 1948 ging Fritz Spieß nach München an die renommierte „Bayerische Staatslehranstalt für Lichtbildwesen", um dort 1949 mit dem Meister abzuschließen.
In der gleichen Zeit machte Siegfried Riemann, mein Vater, seinen Meisterabschluss in Weimar – an der damals nicht weniger bekannten „Staatsschule für Handwerk und angewandte Kunst". 1926 hatte hier schon Walter Peterhans seinen Meisterbrief erhalten, der später berühmte Werkstattleiter für Fotografie am Bauhaus in Dessau. Mein aus Hainichen stammender Vater blieb in seiner sächsischen Heimat.
Fritz Spieß betrieb, aus München zurückgekehrt nach Heidelberg, ab 1949 ein eigenes Fotostudio – und Gunild Dörr, die gelernte Schneiderin, eine eigene Schneiderei. Das Paar war sehr erfolgreich. Fritz hatte zeitweise fünf Angestellte. Trotzdem entschlossen sich die zwei, Deutschland zu verlassen. Sie wanderten 1951 nach Kanada aus – für immer. Kanada war das erste Land, das nach dem Krieg wieder Deutsche aufnahm. Im September 1951 trafen sie, mit dem Schiff aus Genua kommend, mit leeren Taschen in diesem für sie unbekannten Land ein. Toronto wurde ihr neues Zuhause. 1952 heirateten Gunild und Fritz. 1957 wurden sie kanadische Staatsbürger.
In der neuen Heimat arbeitete Fritz Spieß erst als Standfotograf beim Film, um dann selbst hinter der Kamera mit beweglichen Bildern zu stehen. Er wurde einer der bedeutendsten Kameramänner Kanadas. Er arbeitete als Werbefilmer, auch als Regisseur, und erreichte mit seinen ungewöhnlichen Spezialeffekten, unter anderem mit besonderem Licht, große Bekanntheit. Fritz Spieß wurde Mitbegründer der kanadischen Vereinigung der Kameramänner und erhielt zahlreiche, international renommierte Preise, so in Cannes und Venedig. Am 12. März 1998 starb Fritz Spieß hoch geehrt in Toronto. Sein Nachlass befindet sich im Fritz-Spieß-Archiv an der Universität von Toronto. Heute vergibt man Preise, die seinen Namen tragen. Mir geht durch den Kopf, wie stolz wohl sein Vater auf diesen Sohn gewesen wäre …
Obwohl ich Fritz Spieß nie begegnet bin, wie ja auch seinem Vater nicht, verbindet mich mit ihm etwas Besonderes – wie mich mit den

Fritz travelled further once again—to Heidelberg in the American occupied sector of Germany where he continued his apprenticeship with Tita Binz.
Tita Binz was a very well-know, exclusive portrait photographer who immediately after the end of the war had moved out of the destroyed city of Berlin to Heidelberg on the Neckar, which had been left undamaged by the war. In Heidelberg Fritz found accommodation with the parents of a former Leipzig boarding school student, with the parents of Gunild Dörr, who he would later marry. In 1948, Fritz Spieß traveled to Munich to the renowned "Bayerische Staatslehranstalt für Lichtbildwesen" [Bavarian State Academy of Photography] where he completed his master's examination in 1949.
During this same period, my father Siegfried Riemann completed his master's training in Weimar at the "Staatsschule für Handwerk und angewandte Kunst" [State Academy of Crafts and Applied Art], which was just as well-known at that time. Walter Peterhans, who subsequently became famous as director of the photography workshop at the Bauhaus in Dessau, had already obtained his master's certificate there in 1926. My father, who came from Hainchen, remained in his home state of Saxony.
Fritz Spieß returned to Heidelberg from Munich and from 1949 on operated his own photography studio, and Gunild Dörr, a master seamstress, her own dressmaking salon. The couple was very successful. At times, Fritz had five employees. Nevertheless, they decided to leave Germany. In 1951, they immigrated to Canada—forever. Canada was the first country to accept Germans again after the war. In September of that year, they arrived in that country—about which they knew nothing—on a ship from Genoa with no money in their pockets. Toronto was their new home. In 1952, Gunild and Fritz married. In 1957, they became Canadian citizens.
In their new homeland, Fritz Spieß first worked as a still-image photographer, before he was making moving pictures by himself. He became one of the most important cameramen in Canada. He worked making commercials and as a director, too, and became well-known for his unusual special effects using special lighting. Fritz Spieß was a founding member of the Canadian Society of Cinematographers and received numerous renowned international prizes, for example in Cannes and Venice. On March 12, 1998, the highly-honored Fritz Spieß died in Toronto. His work-related documents and commercial reels are kept in the Fritz Spiess Archive at the University of Toronto. Today, prizes are awarded which bear his name. I cannot help but think how proud his father would have been of him.
Although I never met Fritz Spieß, or his father either, we are linked by something special, as I am with his father's photos to some extent. Only a few years after arriving in Canada, Fritz Spieß shot a documentary about children with cerebral palsy, while at the same

Bildern seines Vaters Karl etwas vereint. Fritz Spieß drehte nur wenige Jahre nach seiner Ankunft in Kanada einen Dokumentarfilm über zerebral gelähmte Kinder, während ich in diesem Alter – in der DDR, gegen Widerstände – einen damals aufsehenerregenden Bildband über geistig behinderte Menschen veröffentlichte.
Abschließend will ich einen letzten Blick zurückwerfen. Anfang des Jahres 1954, ich war gerade vier Jahre alt geworden, besuchte meine Mutter von Hainichen aus zusammen mit mir meinen Vater in Hartha an seinem Arbeitsplatz im Fotohaus Karl Spieß. Bei dieser Stippvisite fotografierte mich mein Vater mit Maria Spieß. Ich saß auf dem großen Tisch des Hauptarbeitsraumes, den ich, wenn ich die Augen schließe, noch heute vor mir sehe. Hier wurden die mit einer mannsgroßen elektrischen Hochglanztrommel getrockneten und anschließend mit einer Bütten-Schneidemaschine mit Zacken veredelten Chamois-Bilder der Amateurkunden sortiert und in Auslieferungstaschen gesteckt. Maria Spieß in ihrem weißen Arbeitskittel hält mich im Arm. Im Gedächtnis geblieben ist mir ihre freundliche Erscheinung. Ich erinnere mich auch, dass ich von ihr einen großen Kasten Holzbausteine bekam, mit denen schon ihre Söhne Karl und Fritz gespielt hatten.
Nachdem mein Vater das Atelier Spieß übernommen hatte und meine Eltern mit mir von Hainichen nach Hartha umgezogen waren, folgte Maria Spieß im März 1954 ihrem Sohn über Heidelberg nach Kanada. In der Sowjetunion war 1953, nach Josef Stalins Tod, Nikita Sergejewitsch Chruschtschow neuer Chef der Kommunistischen Partei geworden. Sein Machtantritt ermöglichte es Maria, offiziell und mit einem richtigen Umzugswagen von Hartha, aus der 1949 gegründeten DDR nach Heidelberg, also in die Bundesrepublik, überzusiedeln. Das ging später bekanntermaßen nicht mehr so einfach … Allerdings wusste in Hartha kein Mensch, dass Maria Spieß bald nach diesem Umzug von Heidelberg weiter nach Kanada aufbrechen wird. Das behielt die Familie für sich.
Im Dezember 1954 ging auch sie, wie geplant, auf diese große Reise über den Ozean, ins für sie Unbekannte. In ihrem Umzugsgut befand sich der heute legendäre Film ihres Sohnes Fritz über das Leipziger Thomasalumnat, den sie über die Kriegs- und Nachkriegswirren im Keller versteckt hatte. Am 9. Januar 1992 ist Maria Spieß in Toronto gestorben. Laut Aussage ihrer Familie hat sie vor ihrem Weggang aus Ostdeutschland nie erfahren, dass ihr Mann nicht mehr am Leben war. Erneut ist ein Brief des ehemaligen Thomaskantors Karl Straube interessant, ein gutherziges Schriftstück vom 31. August 1948 an Maria Spieß. Es lässt die Schlussfolgerung zu, dass Maria Spieß selbst zu diesem Zeitpunkt nichts vom Tod ihres Mannes wusste, obwohl dieser schon vor fast drei Jahren verstorben war. Karl Straube bedauert, dass sich Karl Spieß noch in Gefangenschaft befindet, spricht aber auch die Hoffnung aus, dass der Fotograf eines Tages ganz sicher zurückkehren und vor seiner Familie stehen wird.
Die meisten NKWD-Lager wurden 1948 aufgelöst, wobei nicht

age—in the GDR and despite resistance—I published a volume of photos about mentally challenged people. That book caused a sensation at the time.
In conclusion, I want to take a last look back. At the beginning of 1954, I had just turned four and my mother and I travelled from Hainichen to Hartha to visit my father at his place of employment, the Spieß photography studio. During that whirlwind trip, my father took a picture of me with Maria Spieß. I sat on the large table in the main workroom, which I can still see before me today when I close my eyes. It was there that the Chamois-tinted photos of amateur clients were printed on hand-made paper, dried in a man-sized electrical high-gloss drum, then decorated with deckle edges using a cutting machine, sorted, and placed in delivery bags. Maria Spieß held me in her arms dressed in her white work coat. I remember her friendly appearance. I also remember that she gave me a large box of wooden blocks that her sons Karl and Fritz had played with.
After my father had taken over the studio and my parents and I had moved from Hainichen to Hartha, Maria Spieß followed her son to Canada via Heidelberg in March 1954. Following the death of Joseph Stalin in 1953, Nikita Sergeyevich Khrushchev became the new head of the Communist Party in the Soviet Union. His taking power allowed Maria to officially relocate from Hartha in the GDR, which had been founded in 1949, to Heidelberg, i. e. to the Federal Republic, with a proper moving van. As is known, this was no longer so easy later … However, not one person in Hartha knew that soon after Maria Spieß moved to Heidelberg she would leave for Canada. Her family kept that to themselves.
In December 1954, as planned, she also travelled across the big ocean into what for her was the unknown. Among the possessions, she brought with her the film on the St. Thomas Boarding School in Leipzig made by her son Fritz, which she had kept hidden in her basement throughout the chaos of the war and postwar periods, and which is legendary today. According to her family, she never learned before she left East Germany that her husband was no longer alive. Once again, a letter from Karl Straube, the former choirmaster of the St. Thomas Choir, a warm-hearted document dated August 31, 1948, to Maria Spieß is interesting. From it you can conclude that even at that date Maria Spieß did not know that her husband was dead although he had died almost three years earlier. Karl Straube regretted that Karl Spieß was still imprisoned but talked about the hope that one day the photographer would return to his family.
Most of the NKVD camps were liquidated in 1948, which does not mean that every inmate was released. Those capable of working were still being transported to the Soviet Union, to Siberia. And many prisoners were placed in the special camps still on German soil. The last three camps were evacuated only in 1950. But even then, not all of the survivors could go home. Maybe one of those

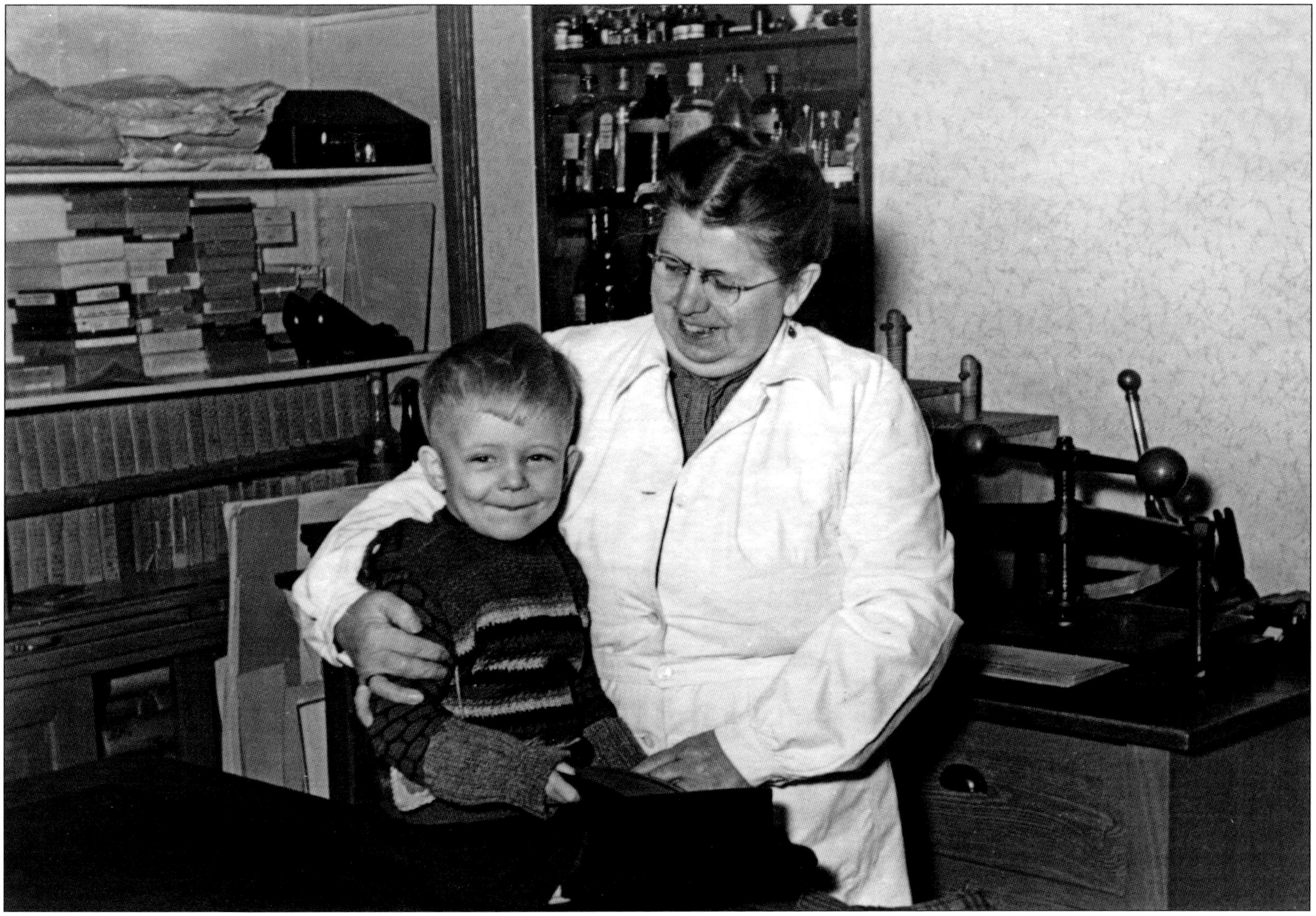

Maria Spieß mit Dietmar Riemann im großen Arbeitszimmer des Fotohauses Spieß, 1954
Maria Spieß with Dieter Riemann in the large workroom of the Spieß Photography Shop, 1954

jeder ihrer Insassen freikam. Es gingen immer noch Transporte von Arbeitsfähigen in die Sowjetunion, nach Sibirien. Und viele Häftlinge wurden in die noch verbliebenen Speziallager auf deutschen Boden gebracht. Die letzten drei Lager wurden erst 1950 geräumt. Aber selbst jetzt konnten nicht alle Überlebenden nach Hause gehen. Vielleicht hat einer der tatsächlich Entlassenen aus dem Speziallager Nr. 6 Maria Spieß vom Tod ihres Mannes berichtet? Solche Fälle gab es – inoffiziell und illegal natürlich. Von amtlicher Seite hat sie jedenfalls keine Mitteilung erhalten. Niemand der Angehörigen der Toten der sowjetischen Speziallager

actually released from Special Camp No. 6 told Maria Spieß that her husband was dead? There were such cases—unofficial and illegal, of course. In any case, she received no official notification. None of the relatives of those who died in the Soviet special camps received such a notification although the NKVD knew their addresses. It is also possible that Maria Spieß declared her husband missing. As of November 1951, those who had died in the camps, i. e. relatives who had been missing for more than five years, could also be officially certified as dead. Naturally, the death certificate could not contain the words "special camp." The date of death was

bekam eine solche Nachricht, obwohl der NKWD die Anschriften vorliegen hatte. Möglich ist auch, dass Maria Spieß ihren Mann als vermisst gemeldet hat. Ab November 1951 konnten auch Tote der Speziallager, das heißt Angehörige, die seit mehr als fünf Jahren verschollen waren, amtlich beglaubigt für tot erklärt werden. Die Sterbeurkunde durfte das Wort Speziallager natürlich nicht enthalten. Das Todesdatum wurde meistens frei erfunden. Eine Nachfrage von Fritz Spieß beim Suchdienst des Deutschen Roten Kreuzes in der Bundesrepublik 1953 wurde 1965 mit der Antwort beschieden, dass Karl Spieß 1947 – nur das Jahr, nichts Näheres wurde genannt, und natürlich keine Todesursache – im Lager Jamlitz gestorben sei. Diese Auskunft, auf die die Familie ganze zwölf Jahre warten musste, ist falsch, wie wir heute wissen. Wahrscheinlich wurde sie so ungenügend erteilt, weil nach der Auflösung des Lagers Jamlitz, 1947, kein Karl Spieß zurückkam.
Fritz Spieß hat Hartha nach dem Zusammenbruch der DDR noch einmal besucht – und sich auch mit Siegfried Riemann, meinem Vater, getroffen.
Mein Vater, der 1923 geborene Nachfolger von Karl Spieß, starb im August 2005 in Hartha.
Ob der von seiner Profession und dem Medium Fotografie tief durchdrungene Lichtbildner Karl Spieß das erwähnte Buch August Sanders „Antlitz der Zeit – sechzig Aufnahmen deutscher Menschen des 20. Jahrhunderts“ kannte? Fest steht: Was von Karl Spieß bleibt, sind ein paar außergewöhnliche Bilder.

Mein Dank gilt Historikern und Mitarbeitern von Archiven, Gedenkstätten, Stiftungen und privaten Initiativgruppen, die mich bei meinen Recherchen unterstützt haben. Vor allem jedoch möchte ich Gunild Spiess, der in Kanada lebenden Schwiegertochter von Karl Spieß, herzlich danken, die mir in vielen Gesprächen weitergeholfen hat und mir wertvolle Dokumente und Lebenserinnerungen aus dem Nachlass von Maria Spieß vertrauensvoll überließ. Auch die Galerie Stephen Bulger in Toronto hat mir mit Bildern des Fotografen uneigennützig weitergeholfen.

usually totally fictitious. An application for information filed by Fritz Spieß with the Tracing Service of the German Red Cross in 1953 was answered in 1965 with the information that Karl Spieß had died in Jamlitz in 1947—solely the year was given, no other details and, of course, no cause of death. This information, which the family had to wait an entire twelve years for, is false as we now know. Maybe it was provided in such an unsatisfactory way because Karl Spieß did not return after the Jamlitz camp was liquidated in 1947.
Following the collapse of the GDR, Fritz Spieß visited Hartha once again and also met with Siegfried Riemann, my father.
My father, Karl Spieß' successor, was born in 1923 and died in Hartha in August 2005.
Whether the light artist Karl Spieß, for who his profession and photography was part of his being, was aware of the mentioned book "Face of the Time—sixty photos of German people of the 20th century" by August Sanders? One thing is certain: What Karl Spieß left are some extraordinary photos.

My thanks to the historians and employees of archives, memorial, foundations, and private action groups who supported my research. Above all, however, I would sincerely like to thank Gunild Spiess, Karl Spieß' daughter-in-law, who lives in Canada and helped to further my research through the many discussions we had and who entrusted many documents and memoirs from Maria Spieß' estate to me. Also, the Stephen Bulger Gallery in Toronto has selflessly helped me with pictures of the photographer.

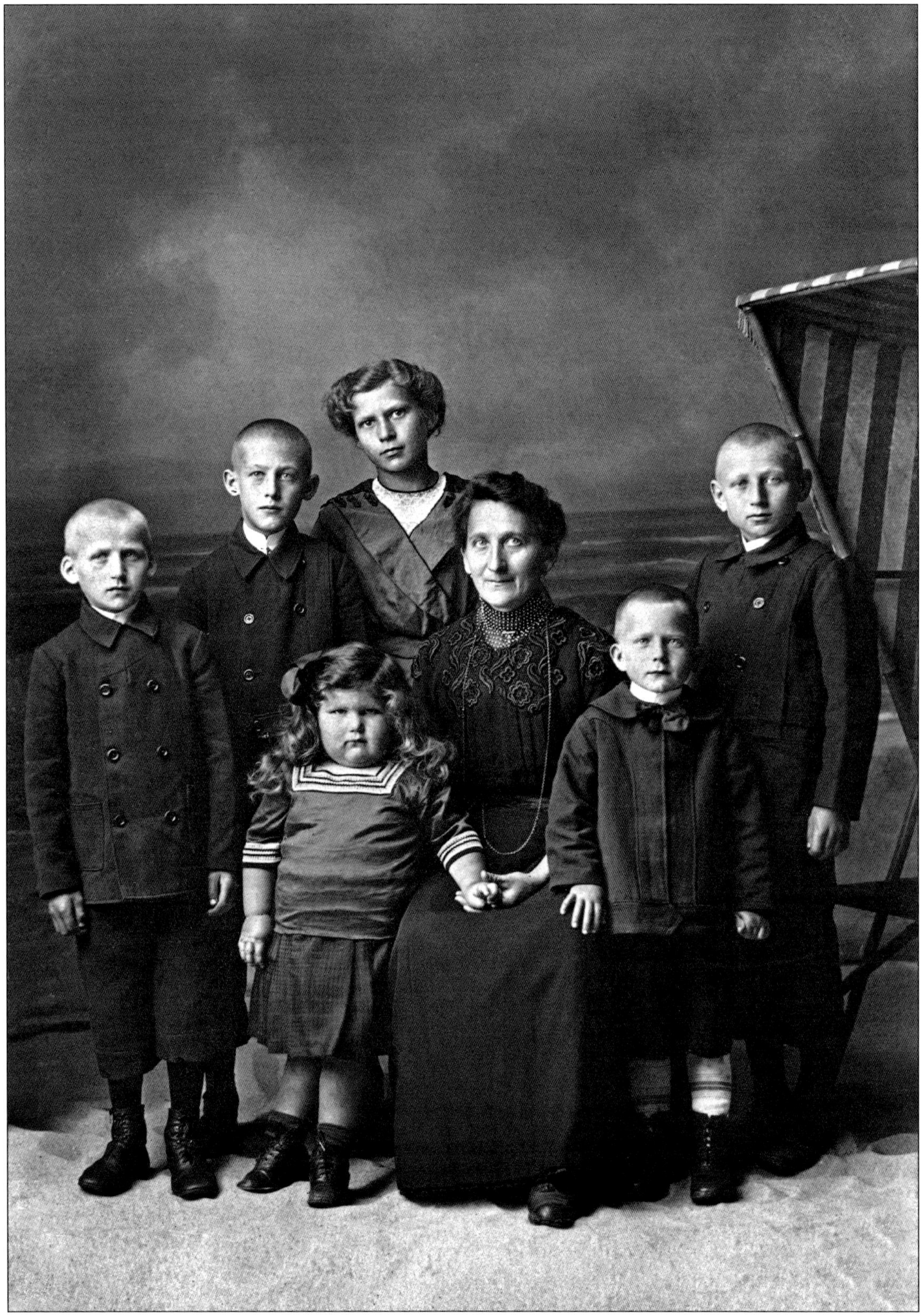

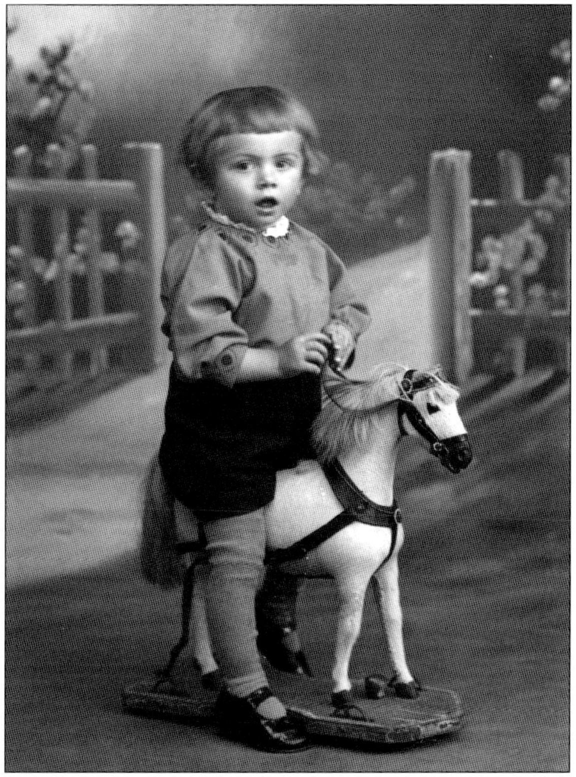
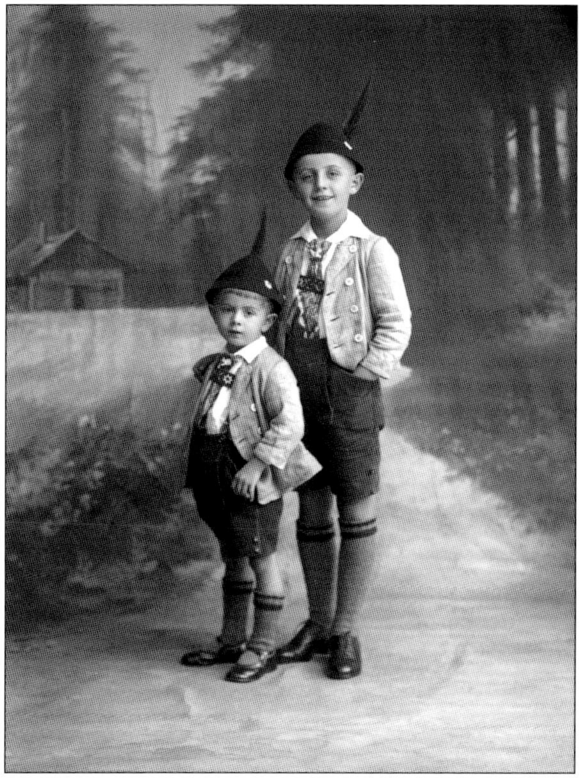
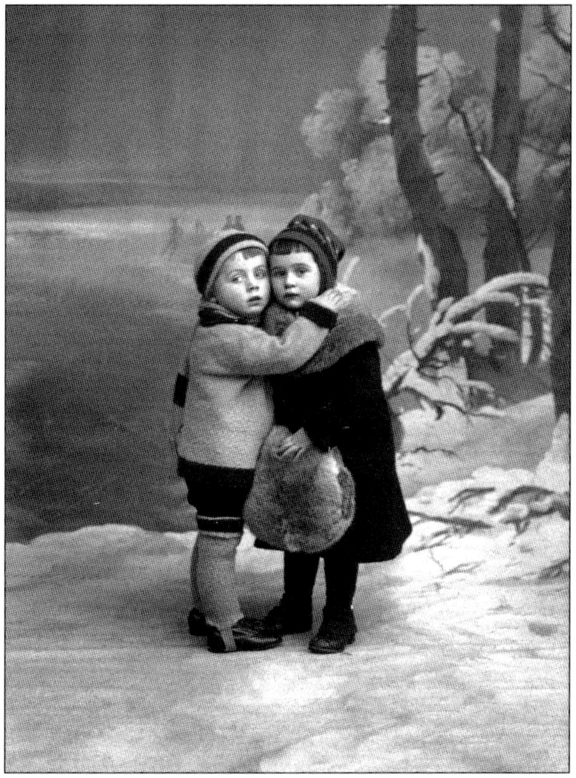
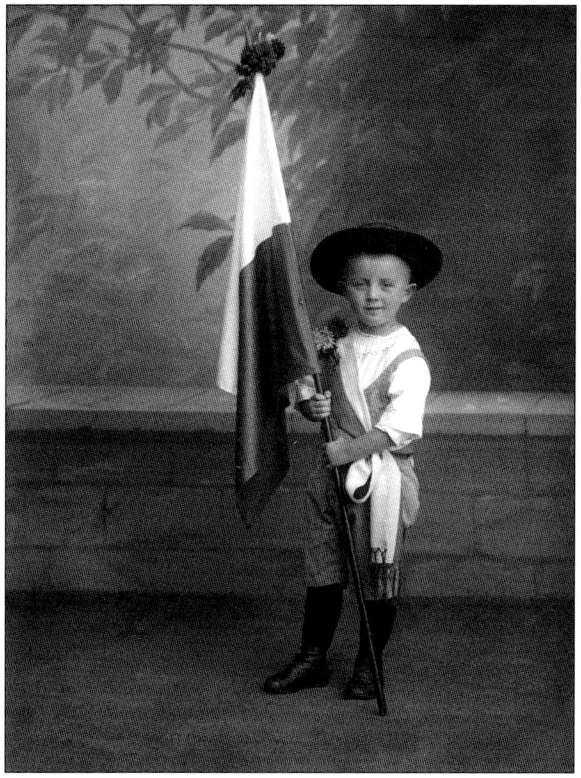

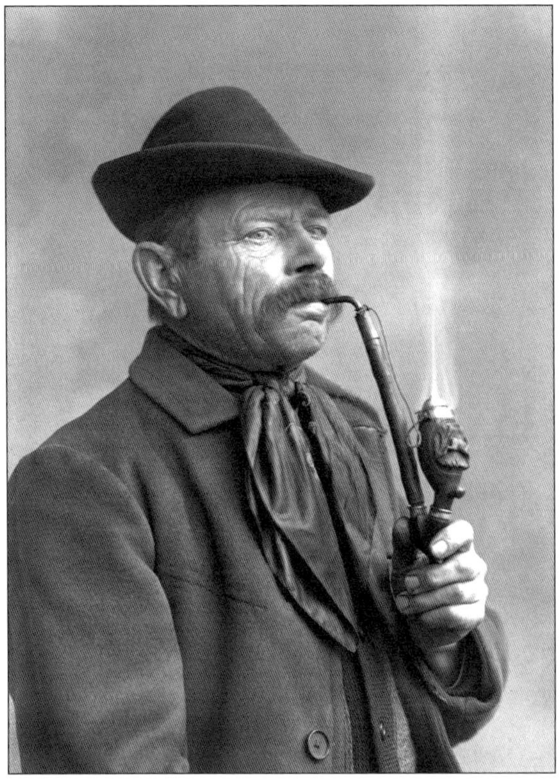

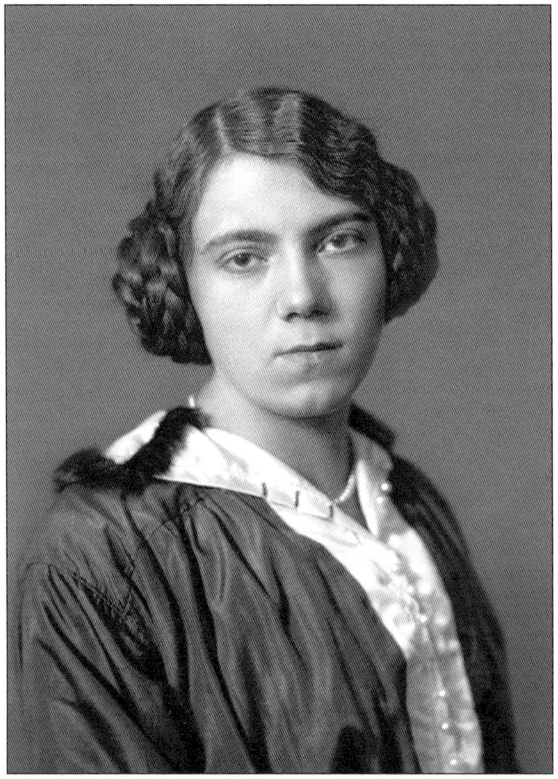

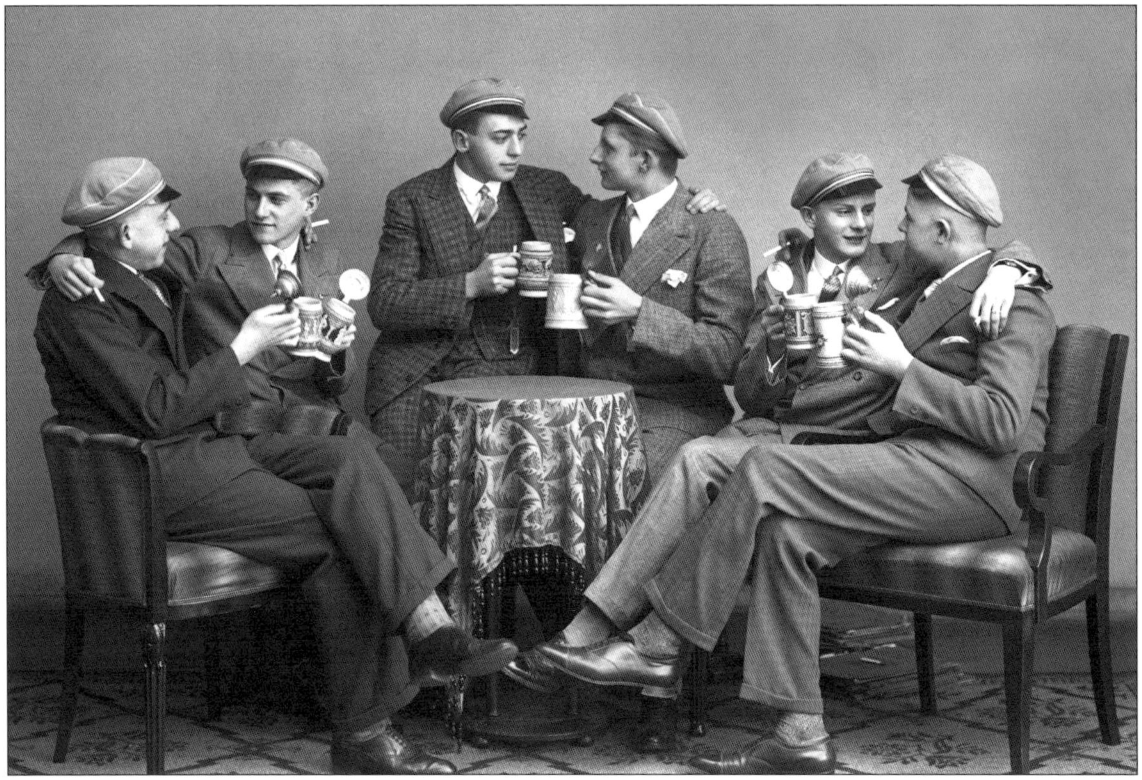

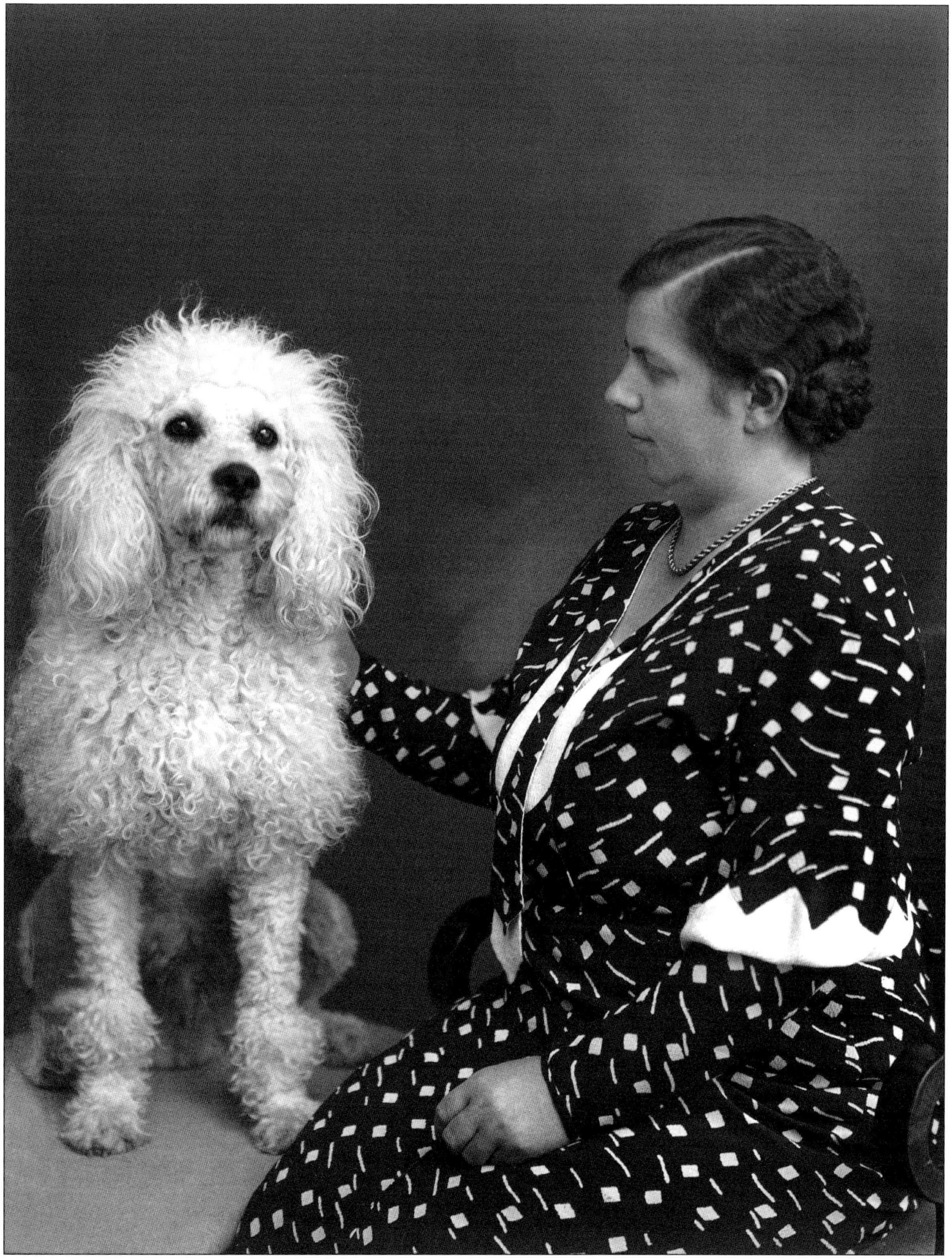

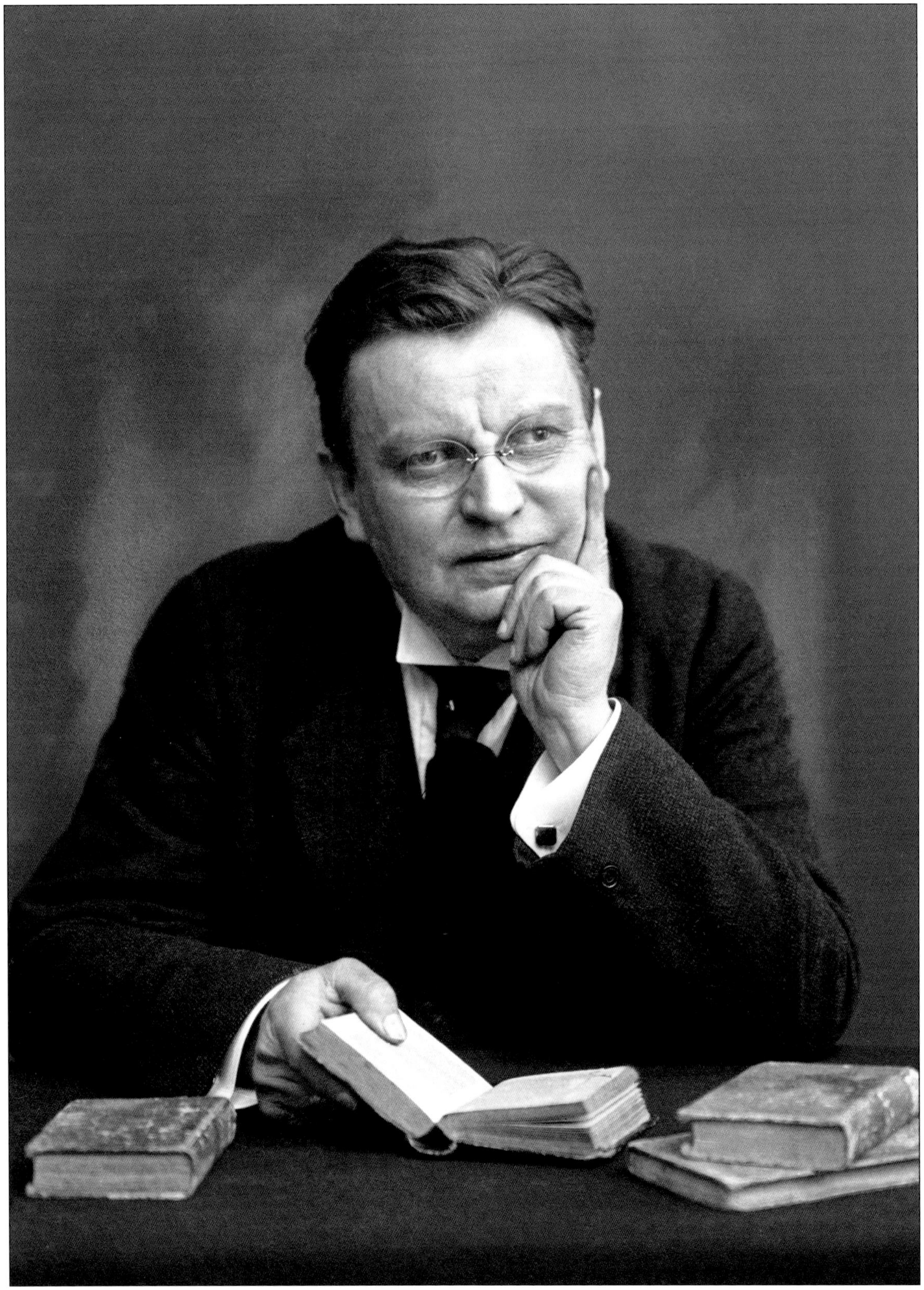

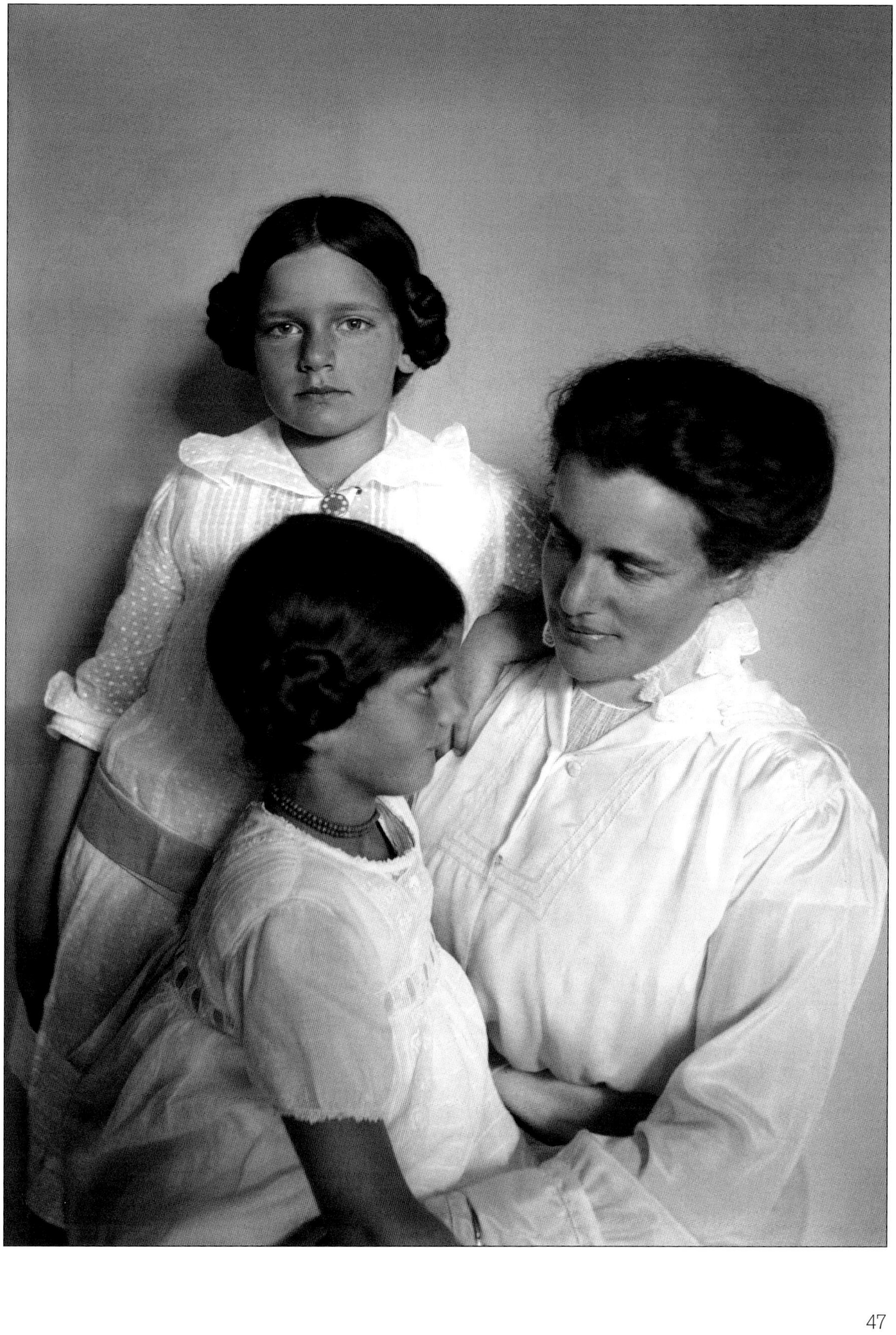

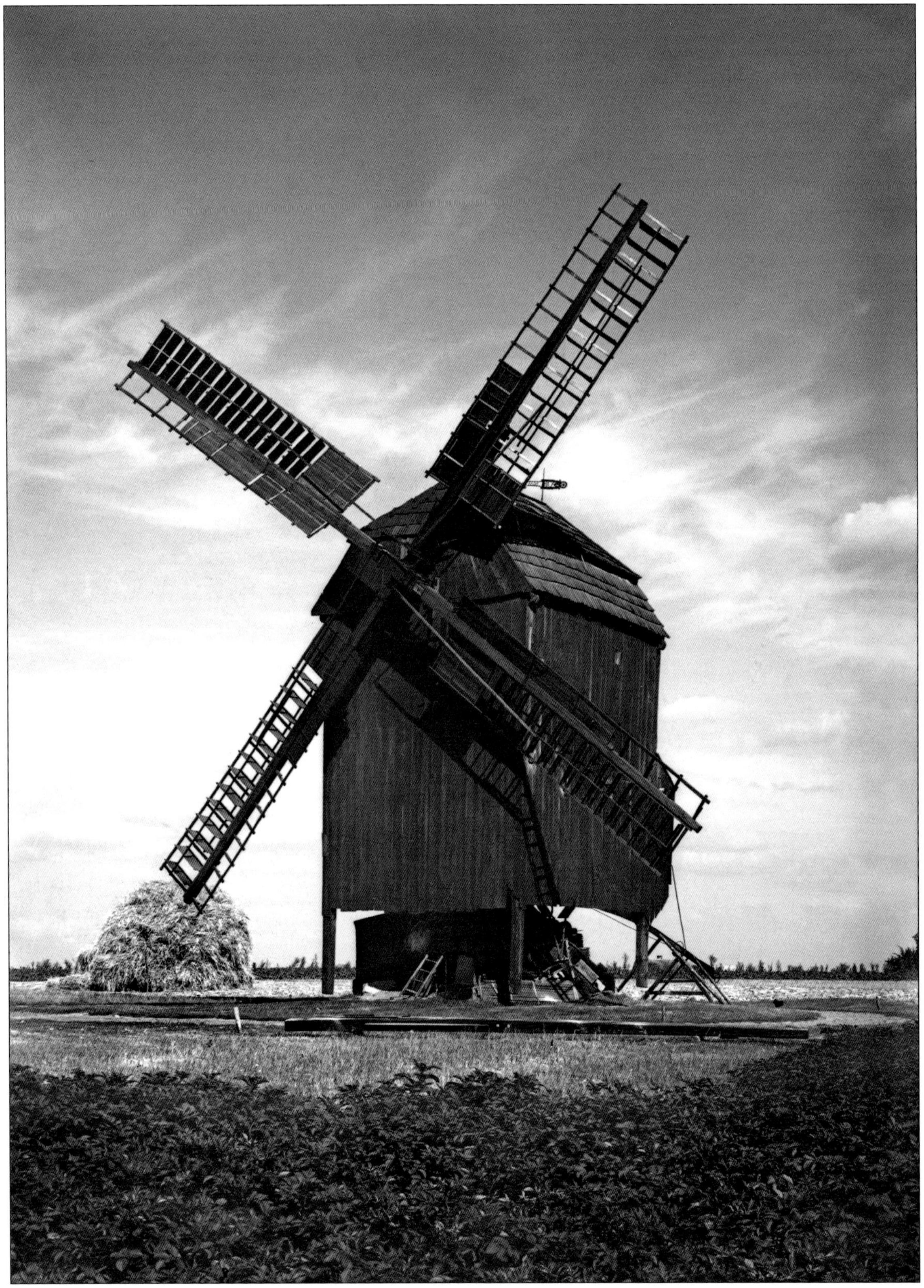

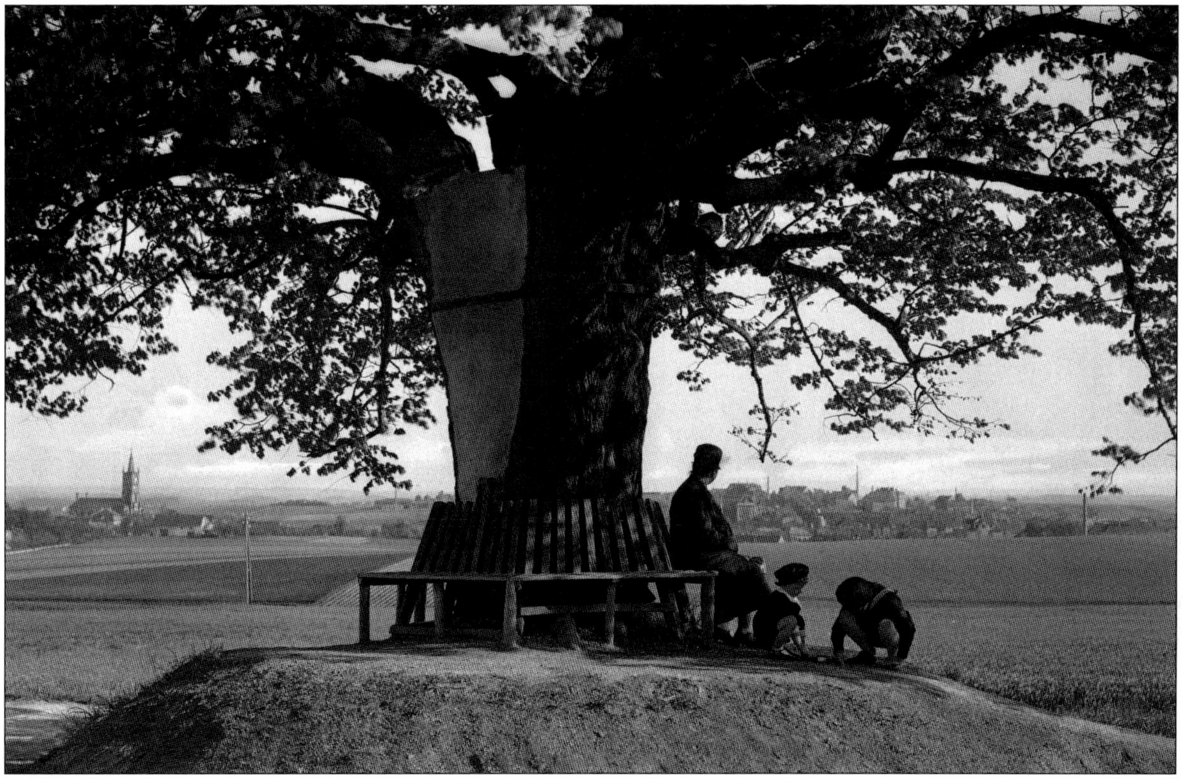

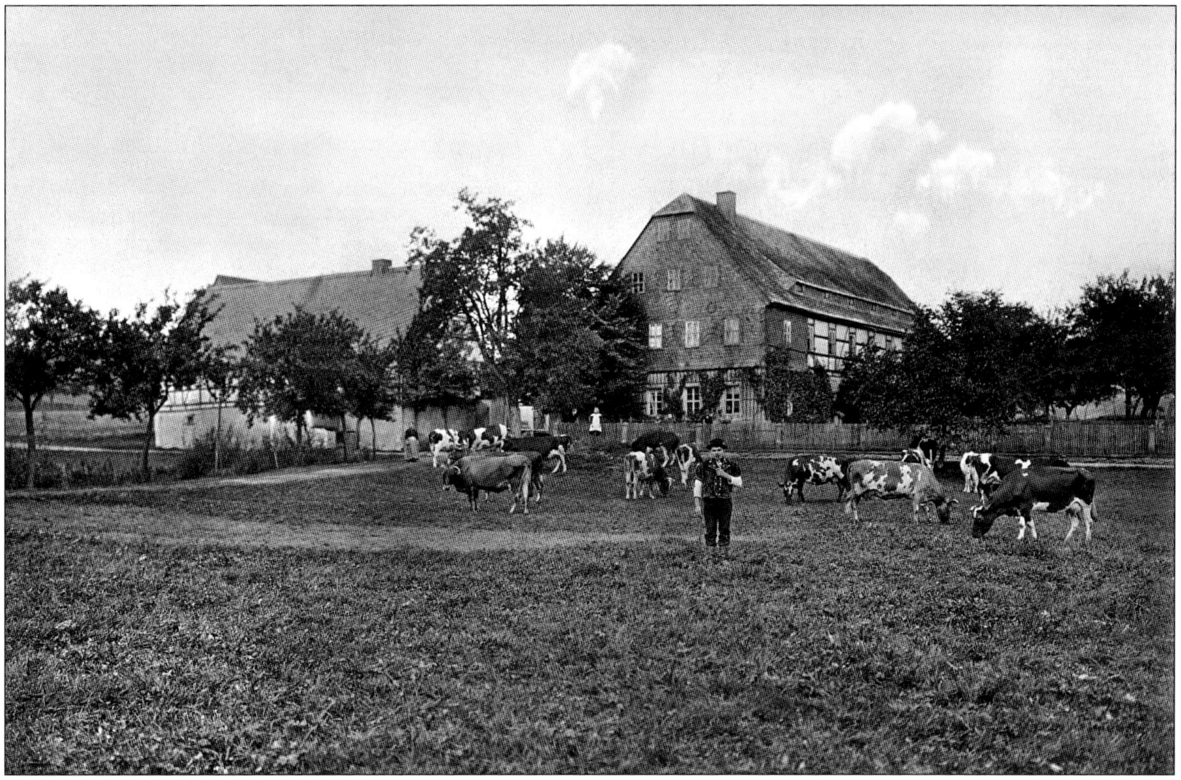

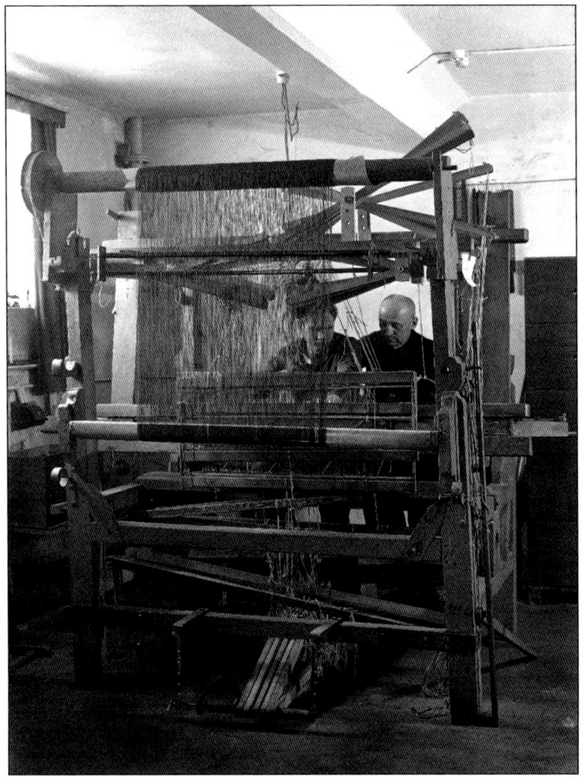

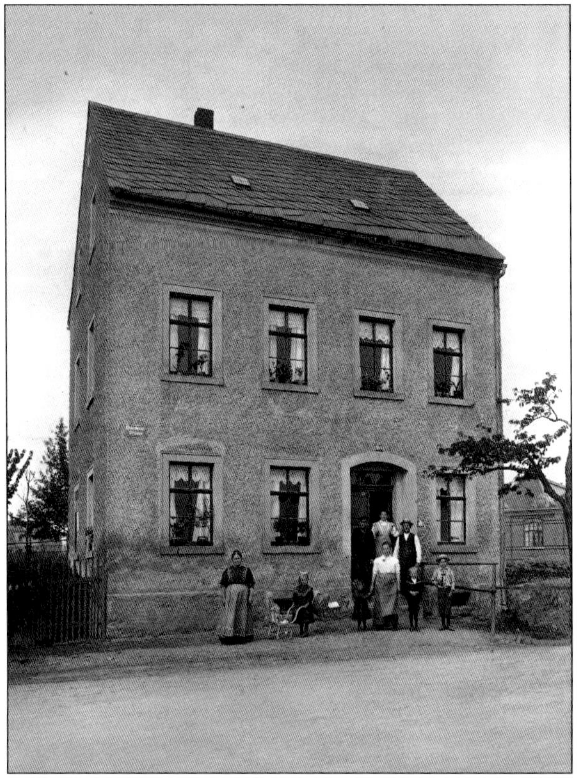

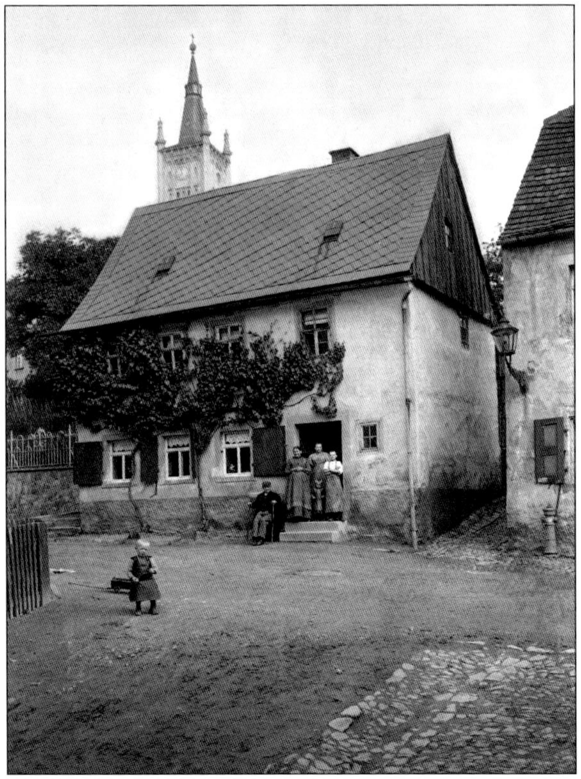

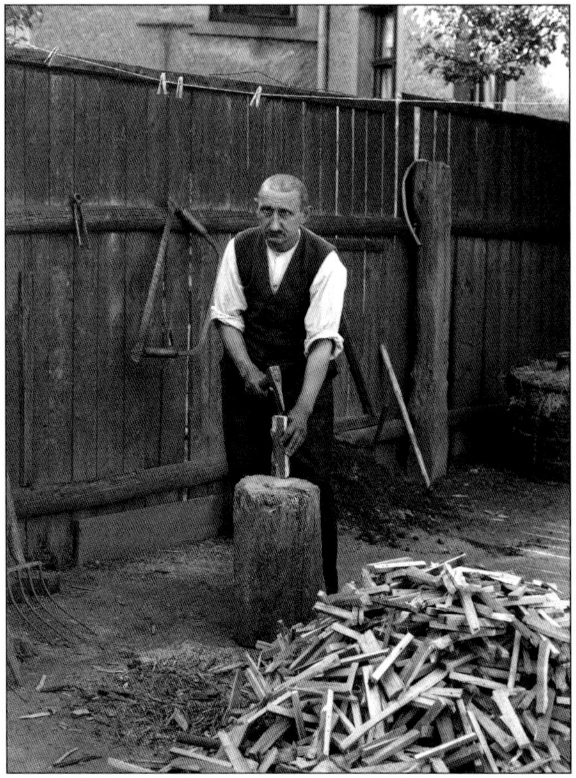

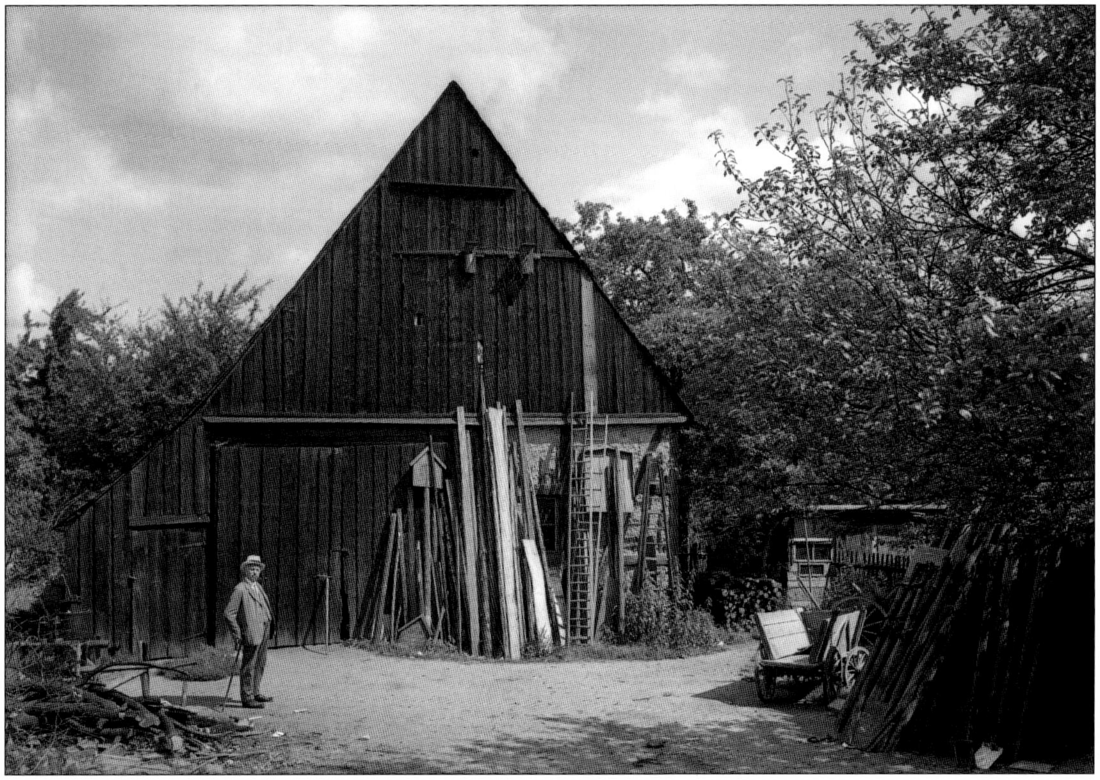

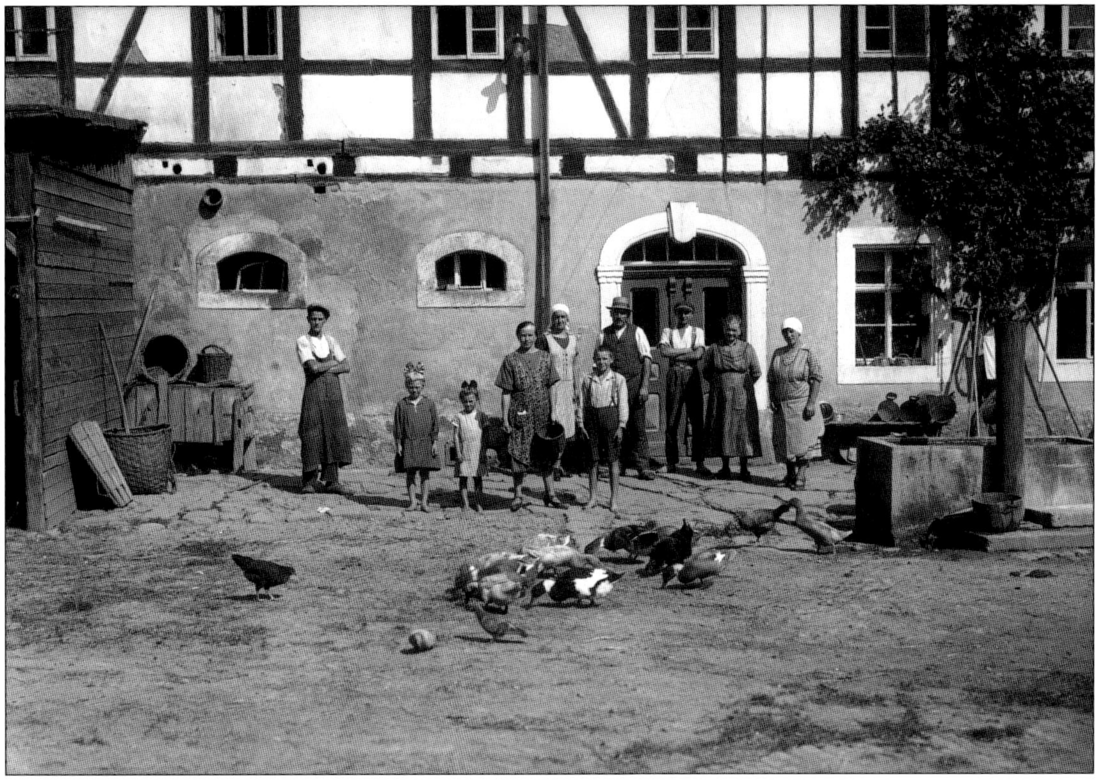

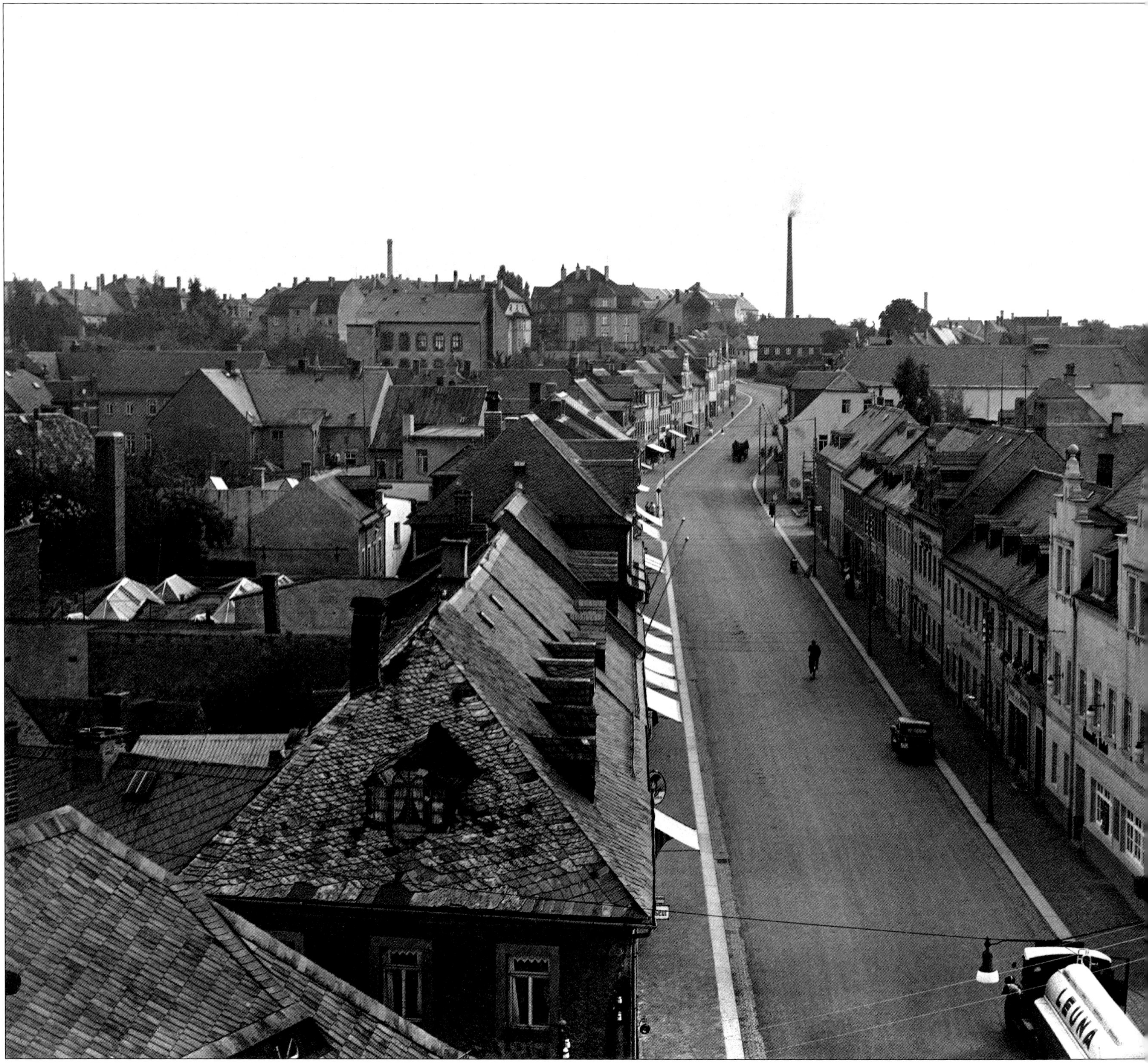
LEUNA

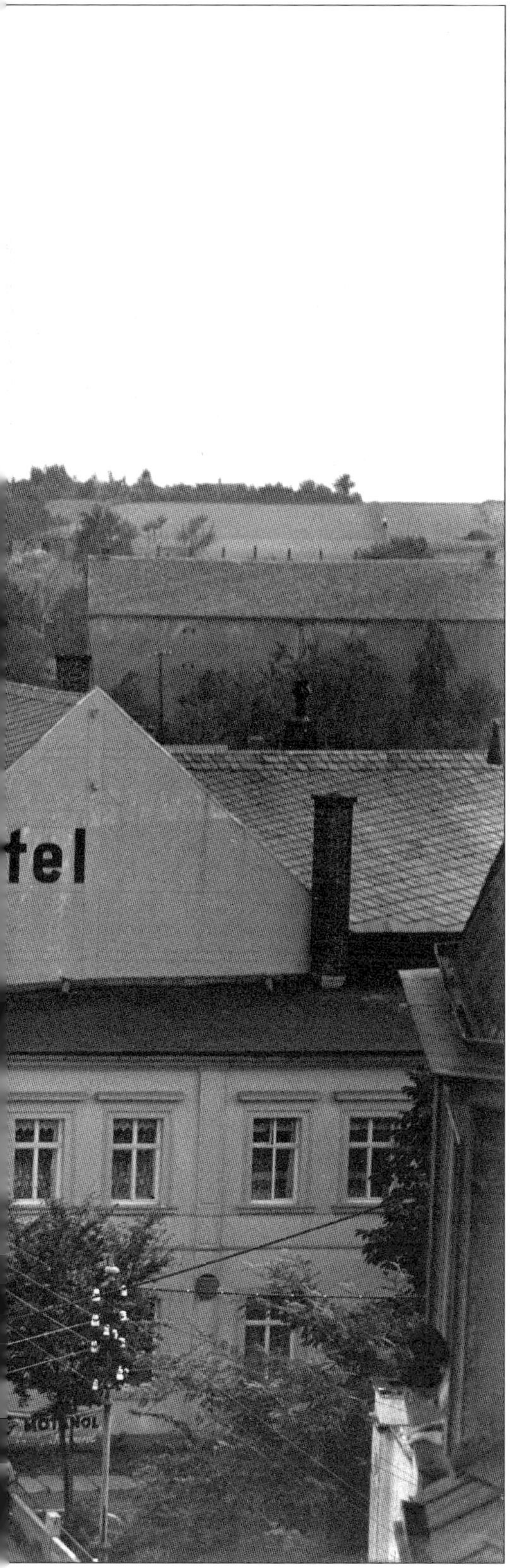
tel

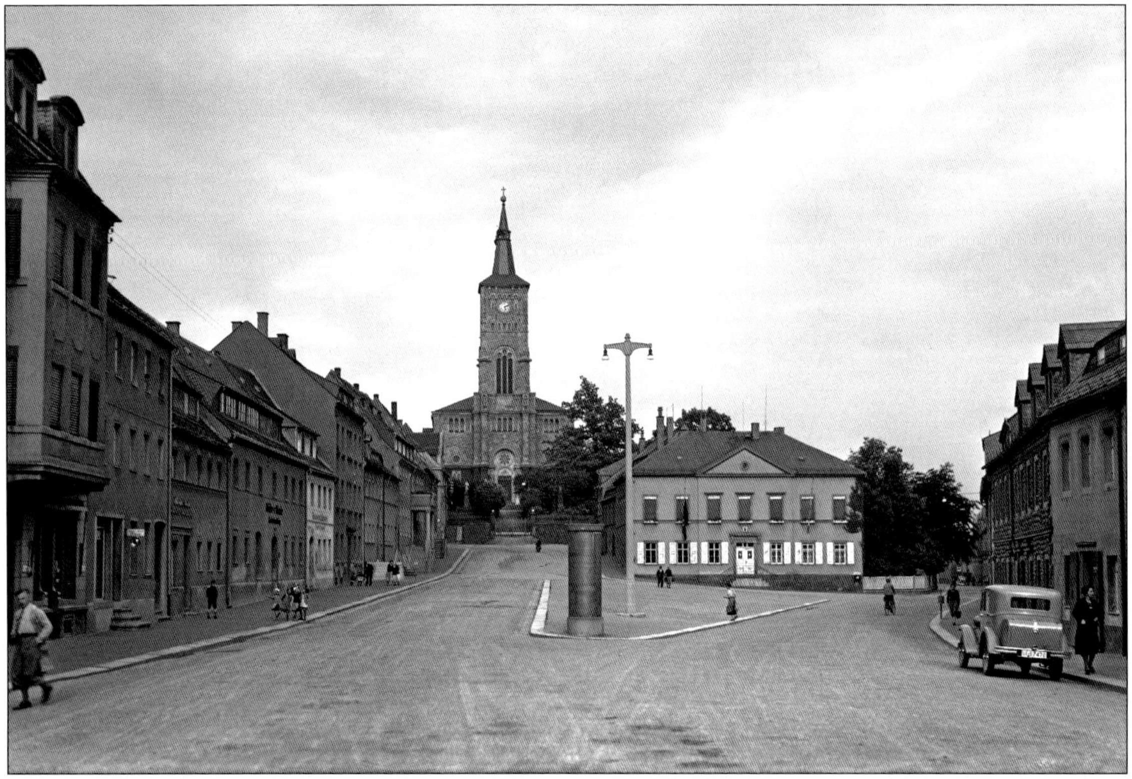

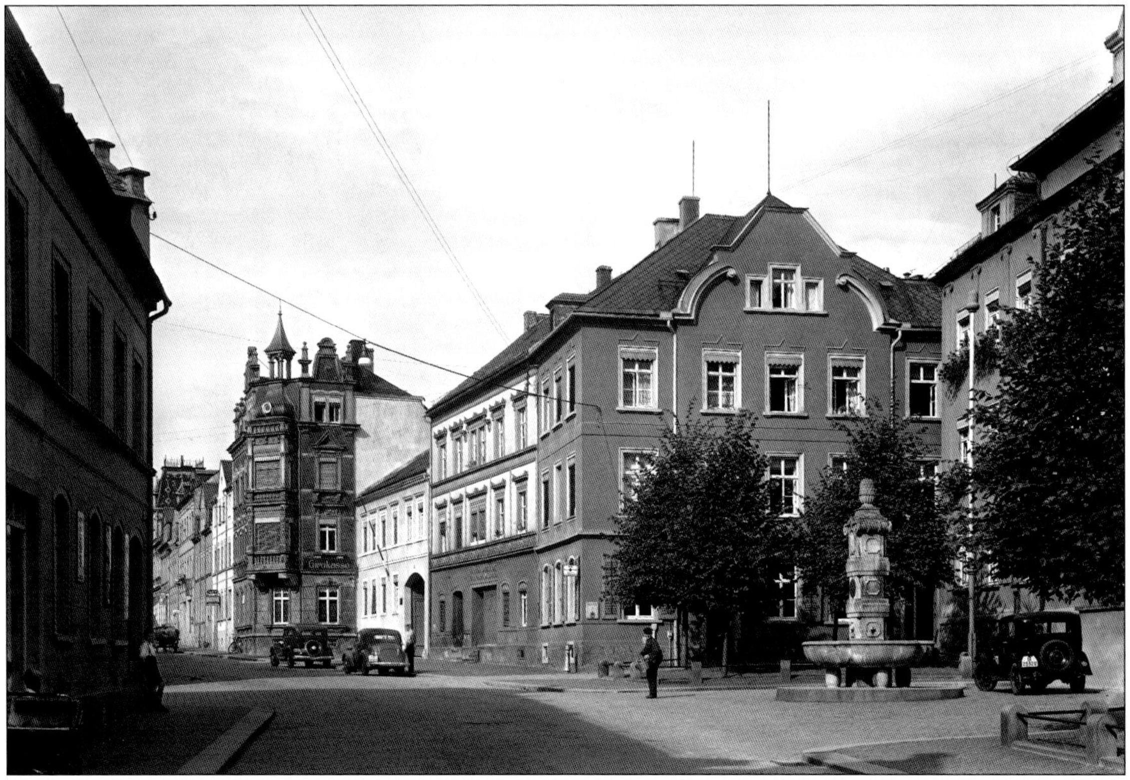
Girokasse

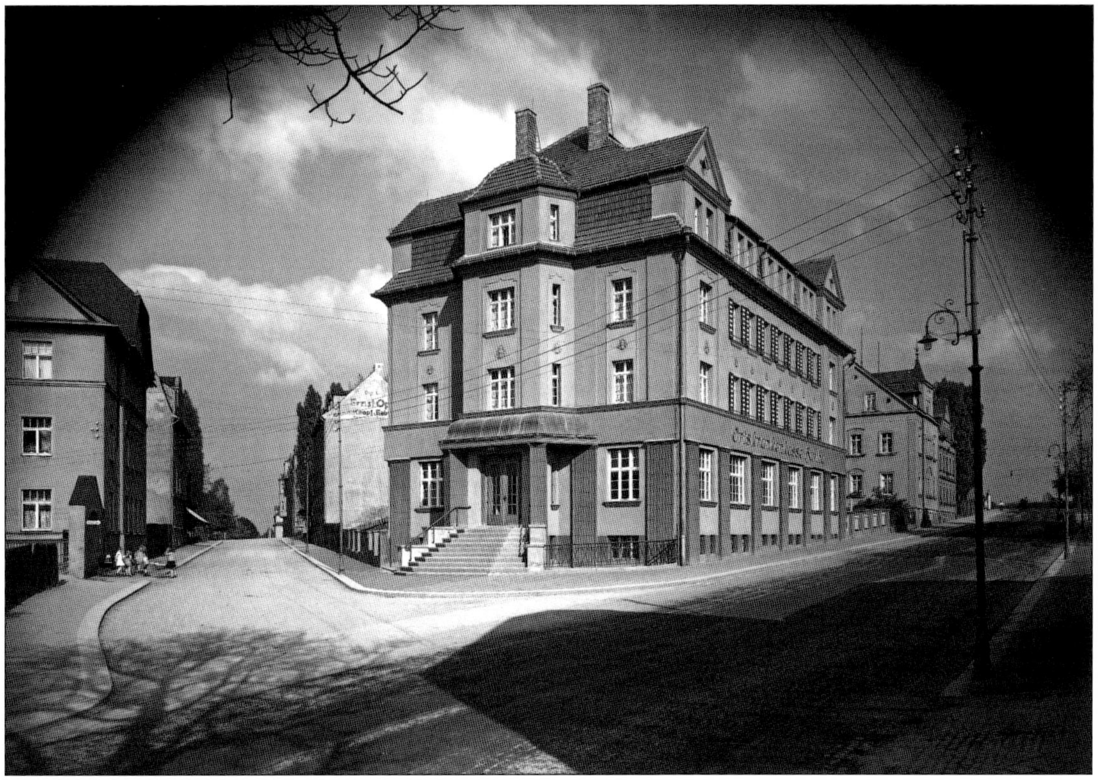

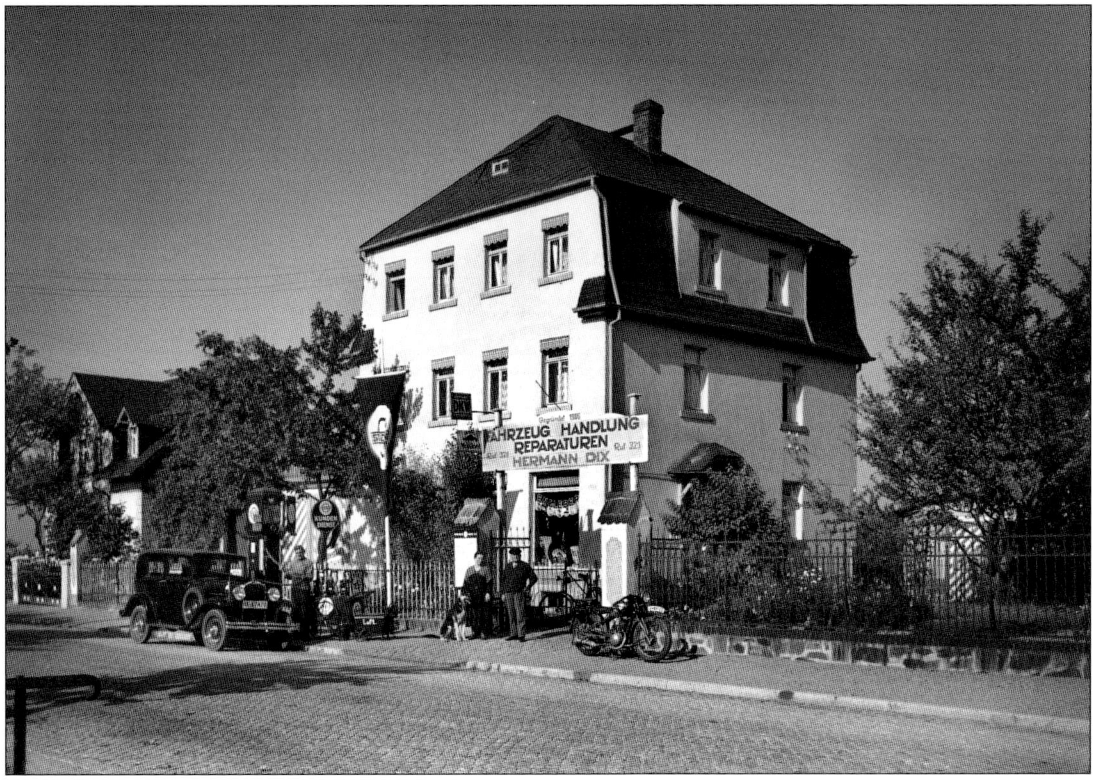
AHRZEUG HANDLUNG
REPARATUREN
HERMANN DIX

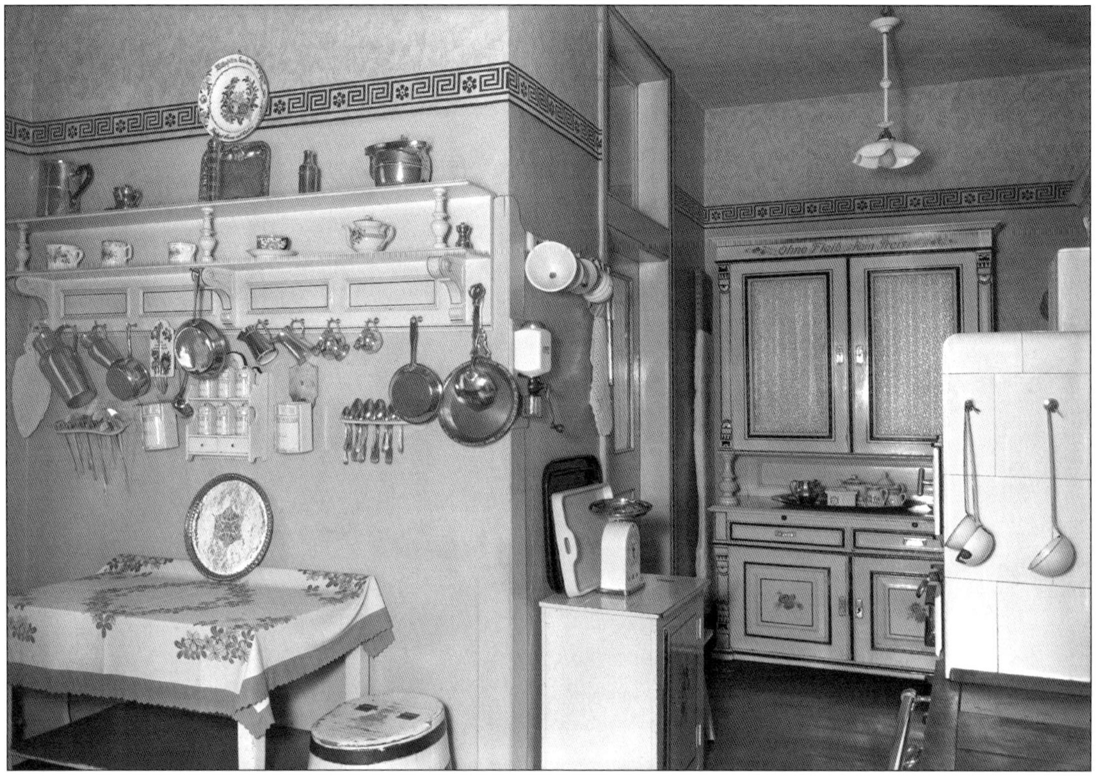

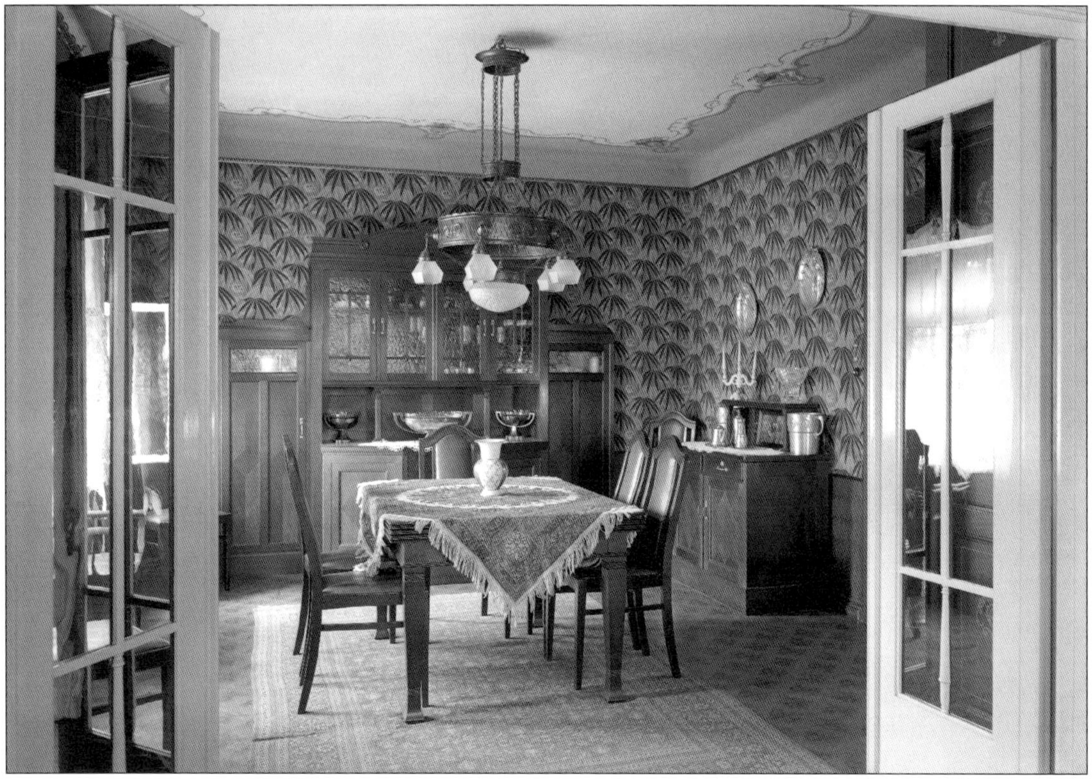

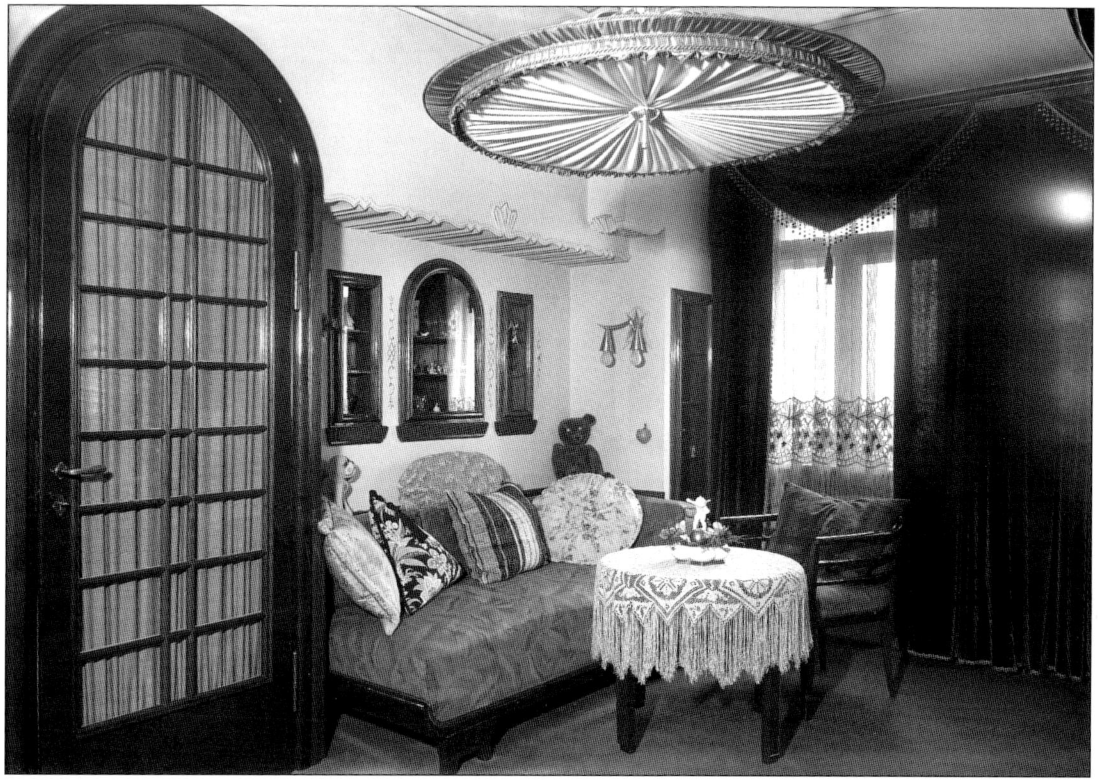

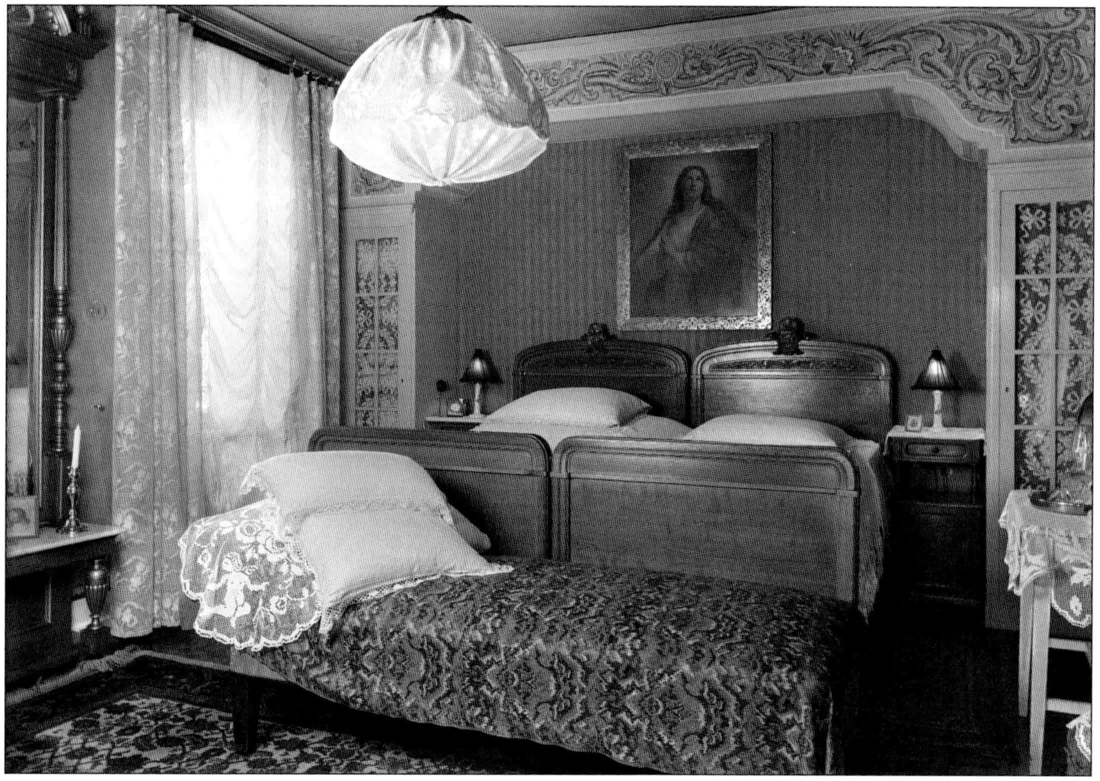

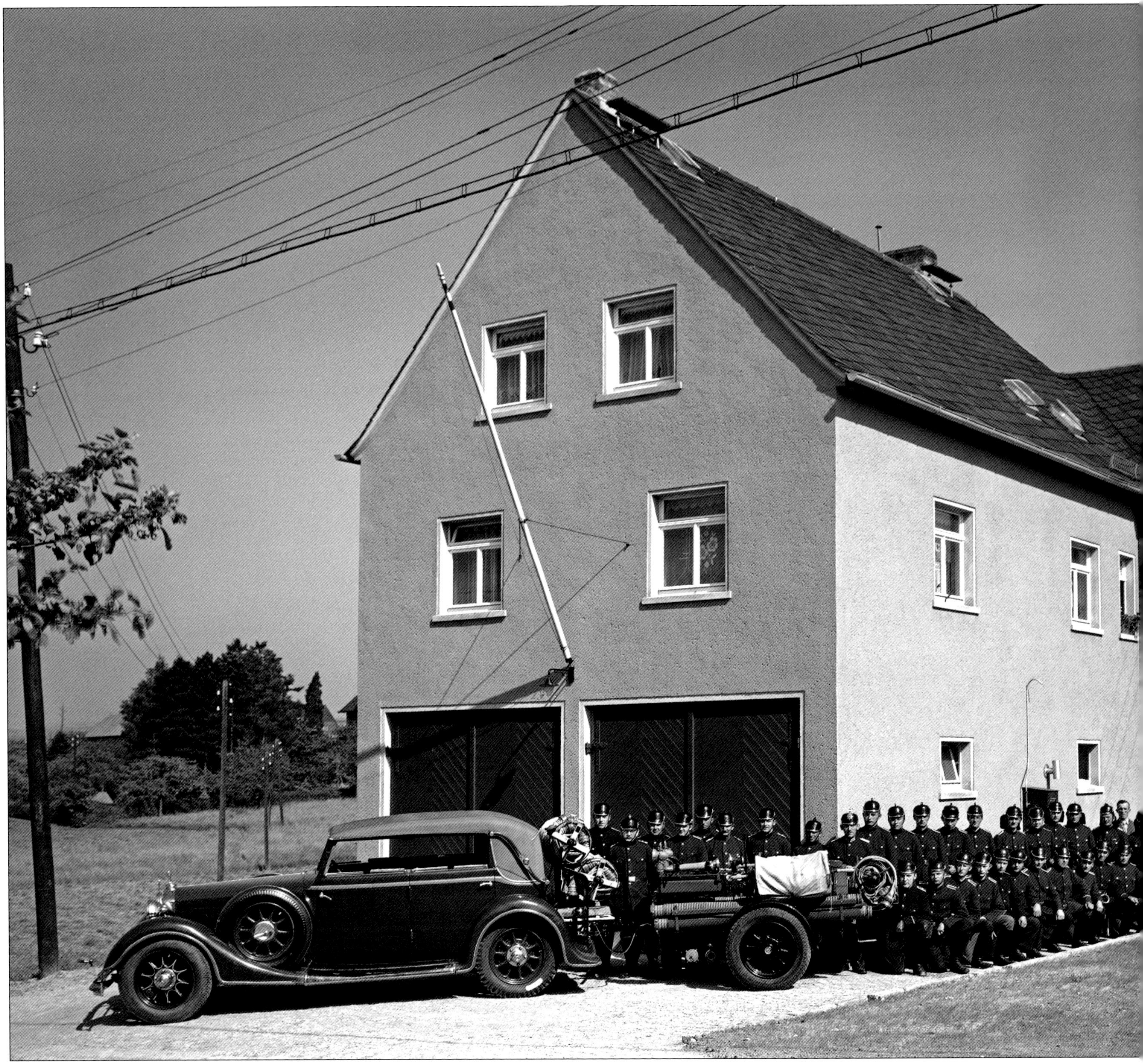

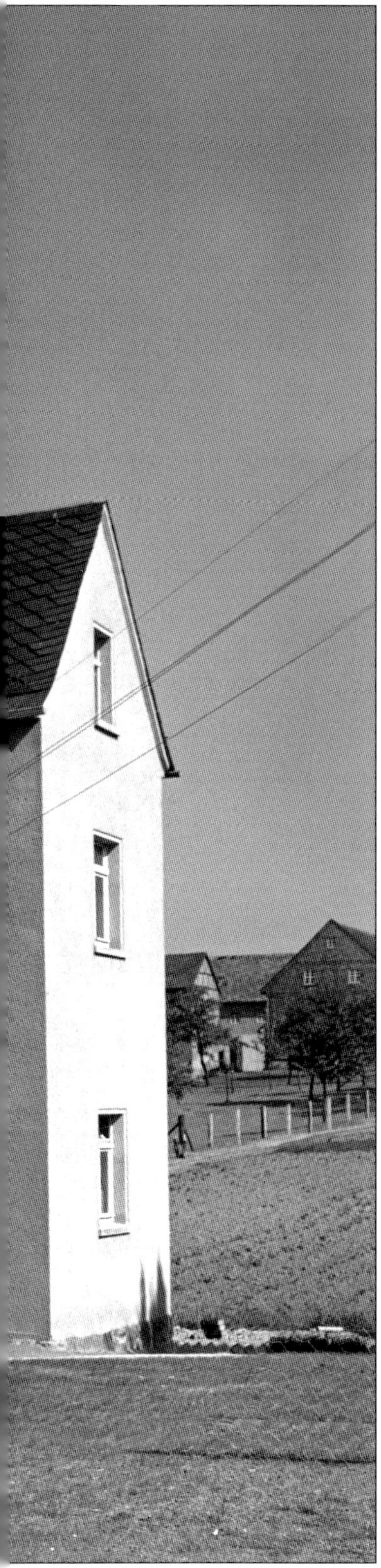

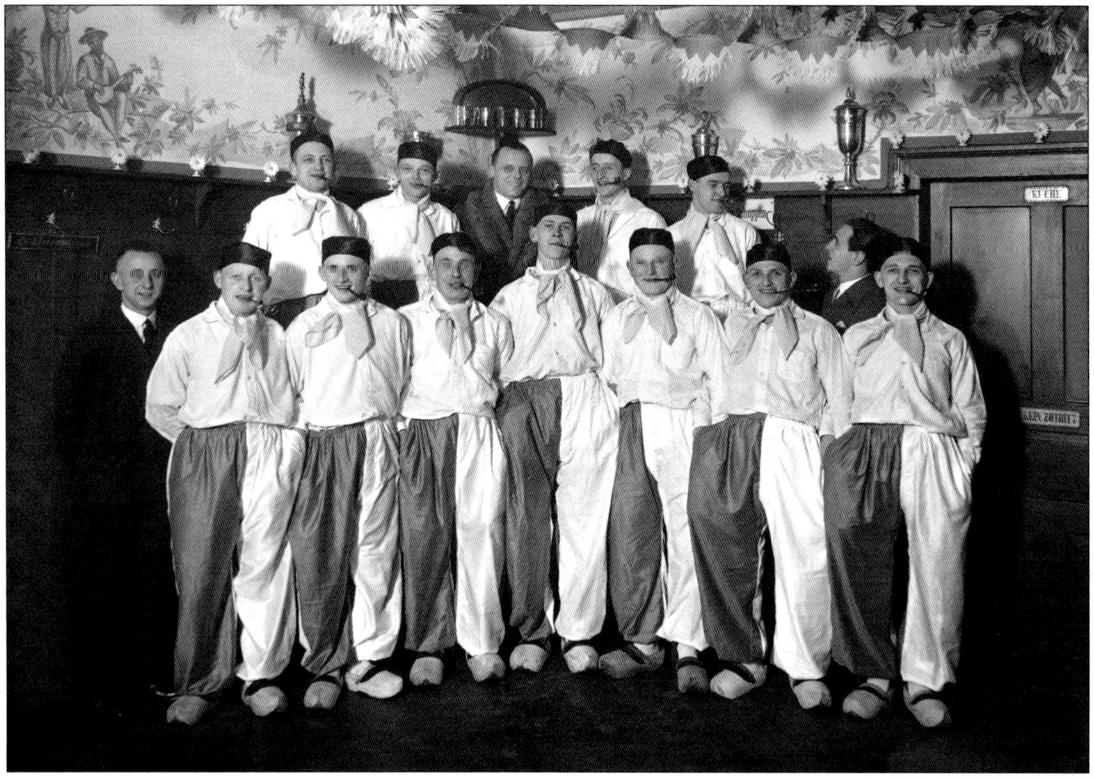

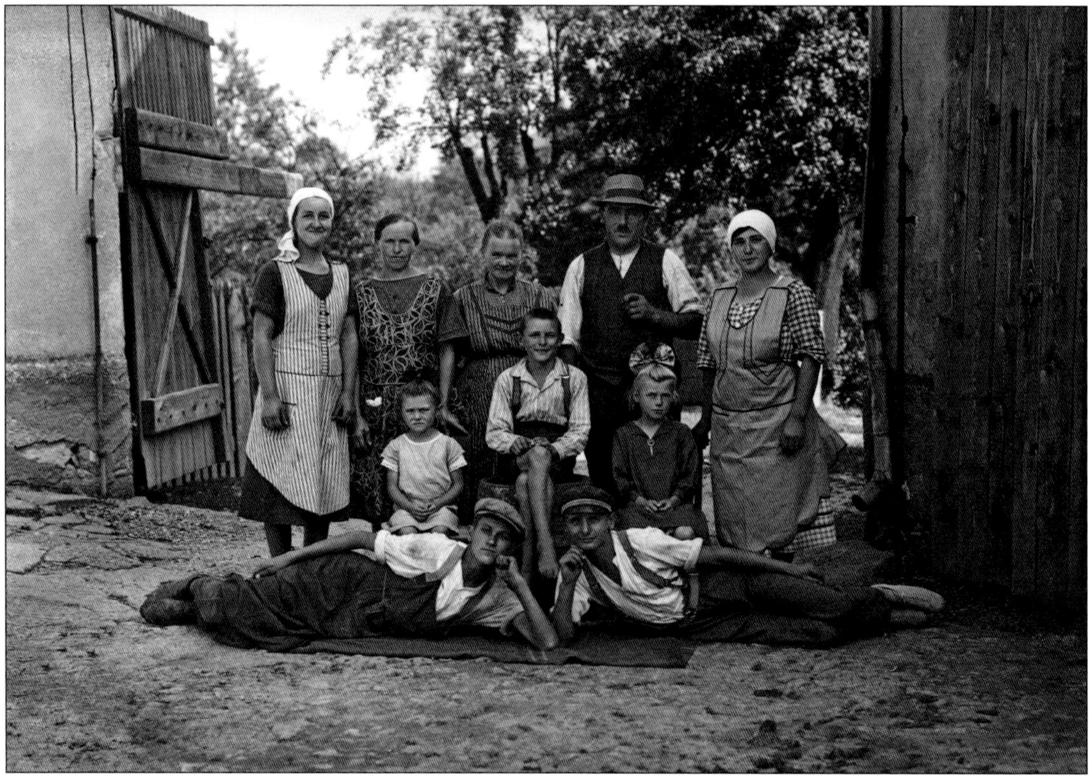

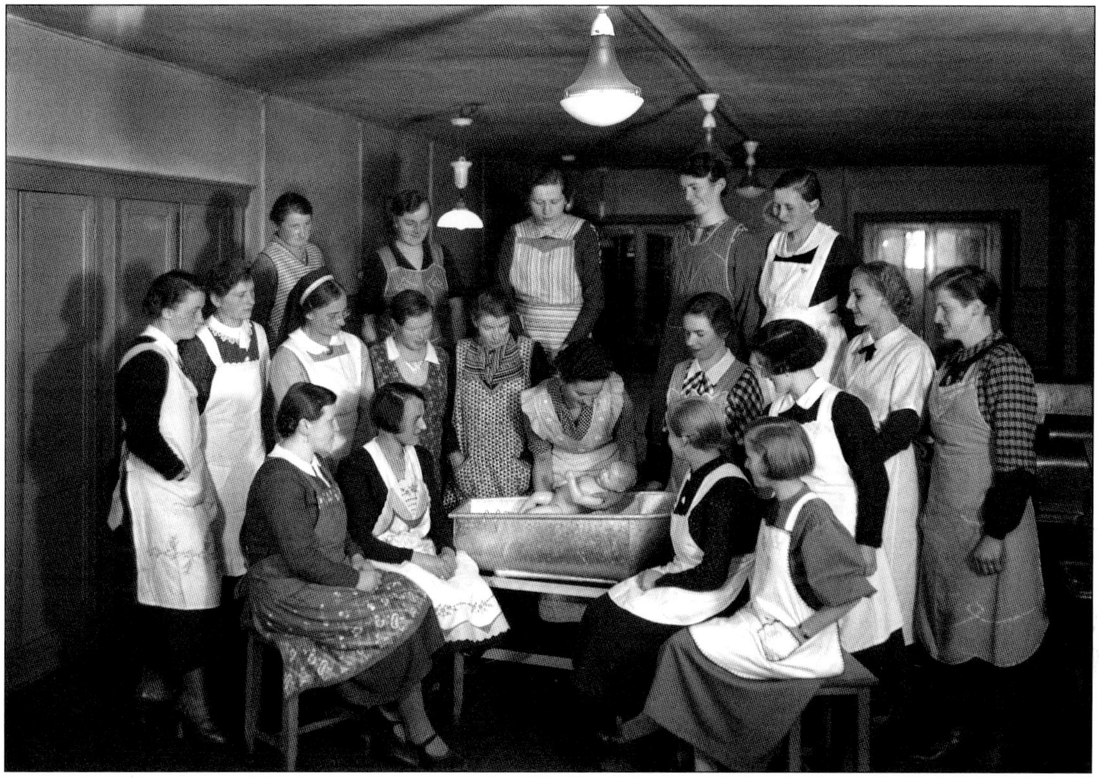

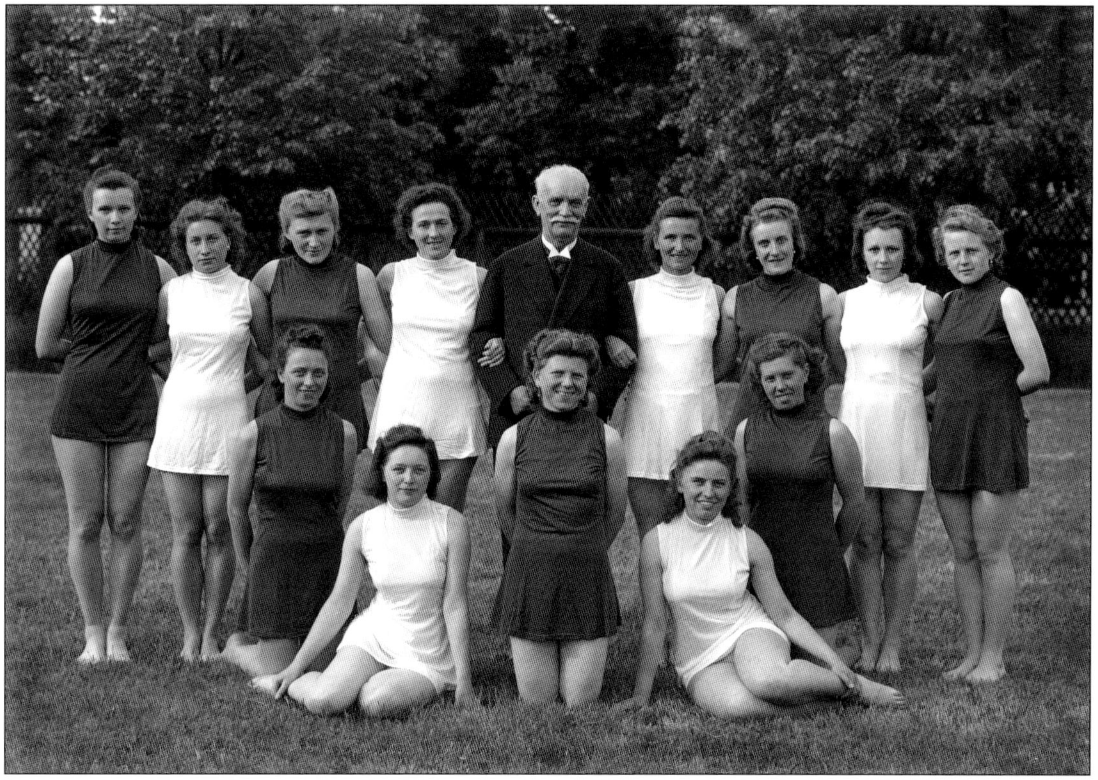

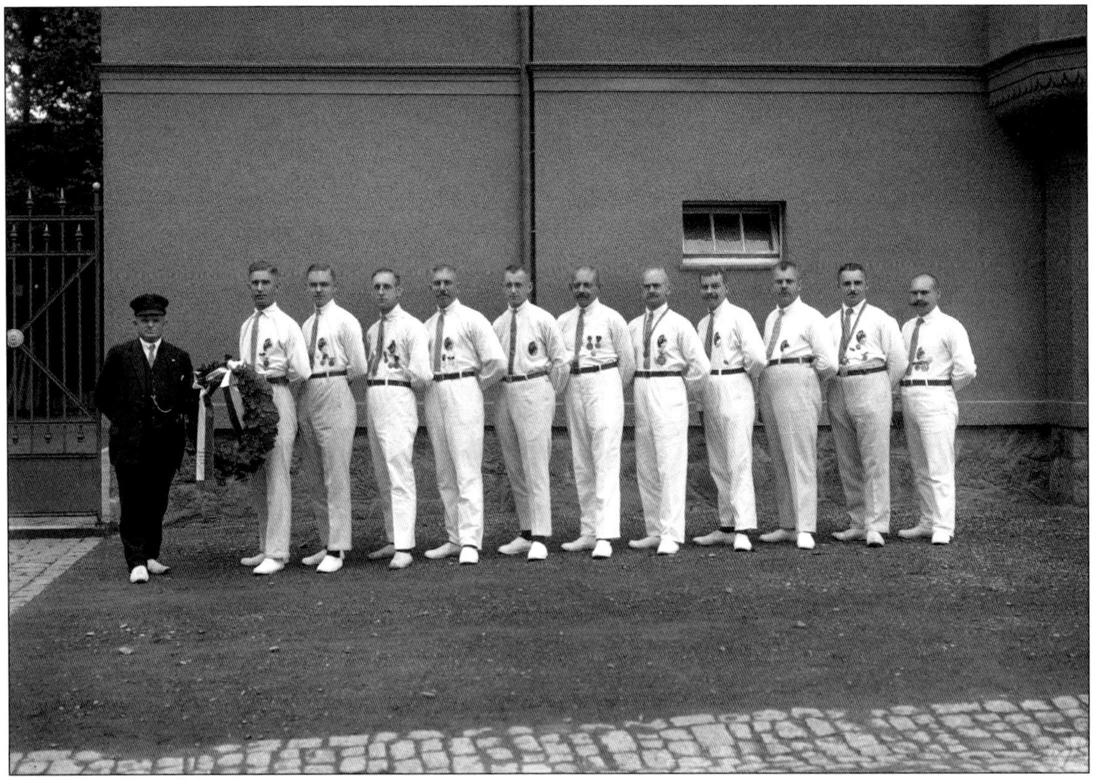

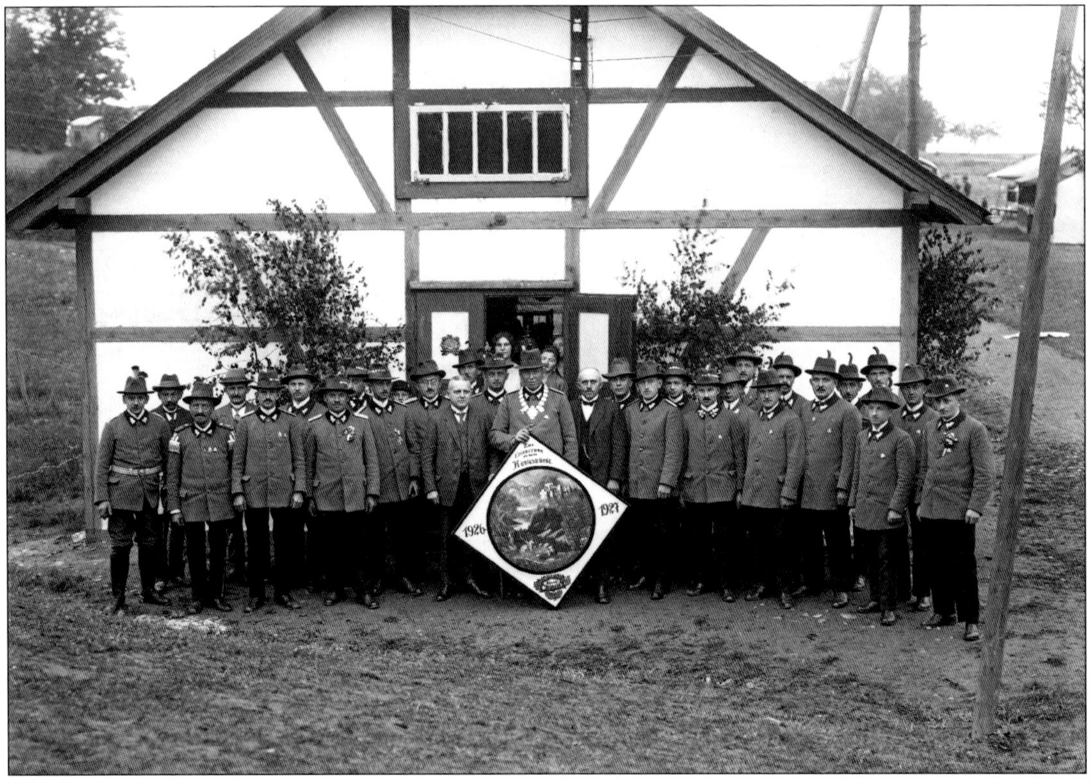
1926
1927

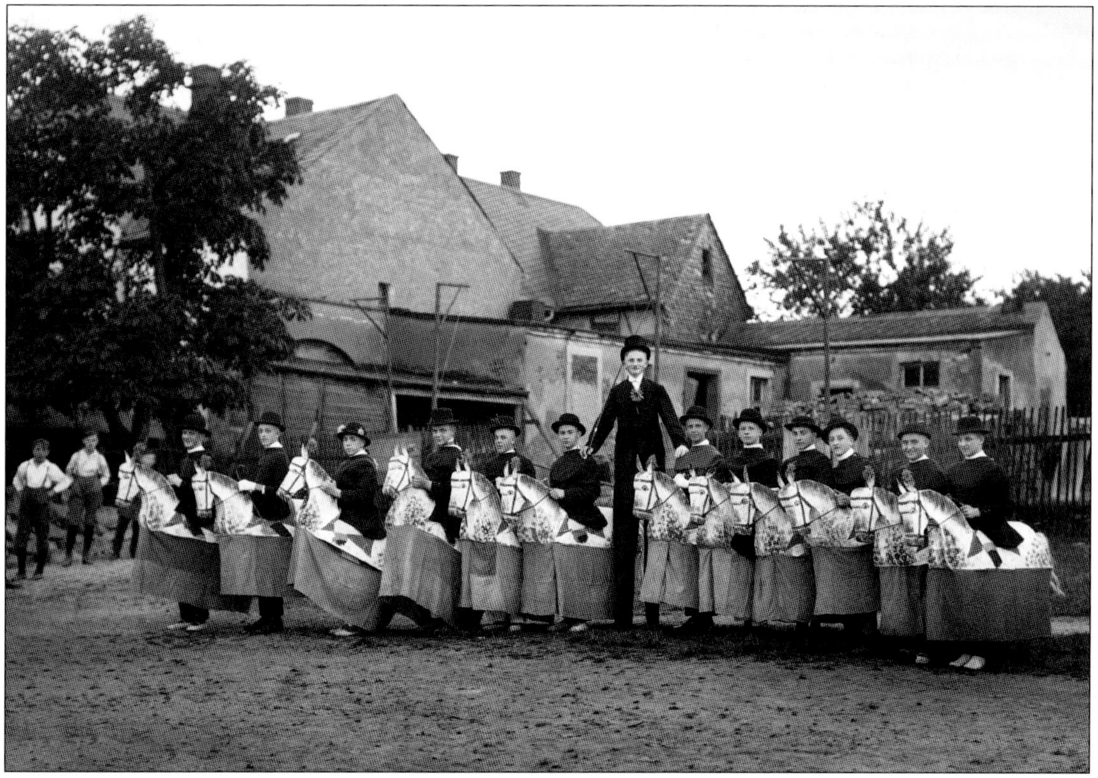

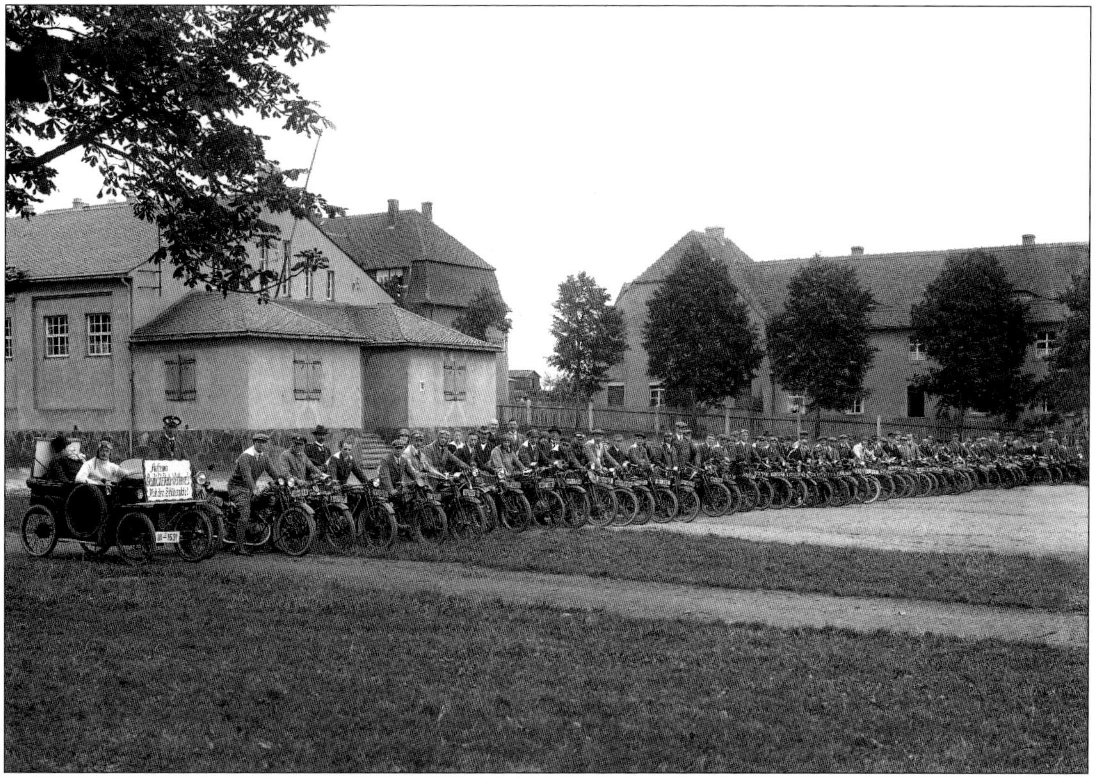

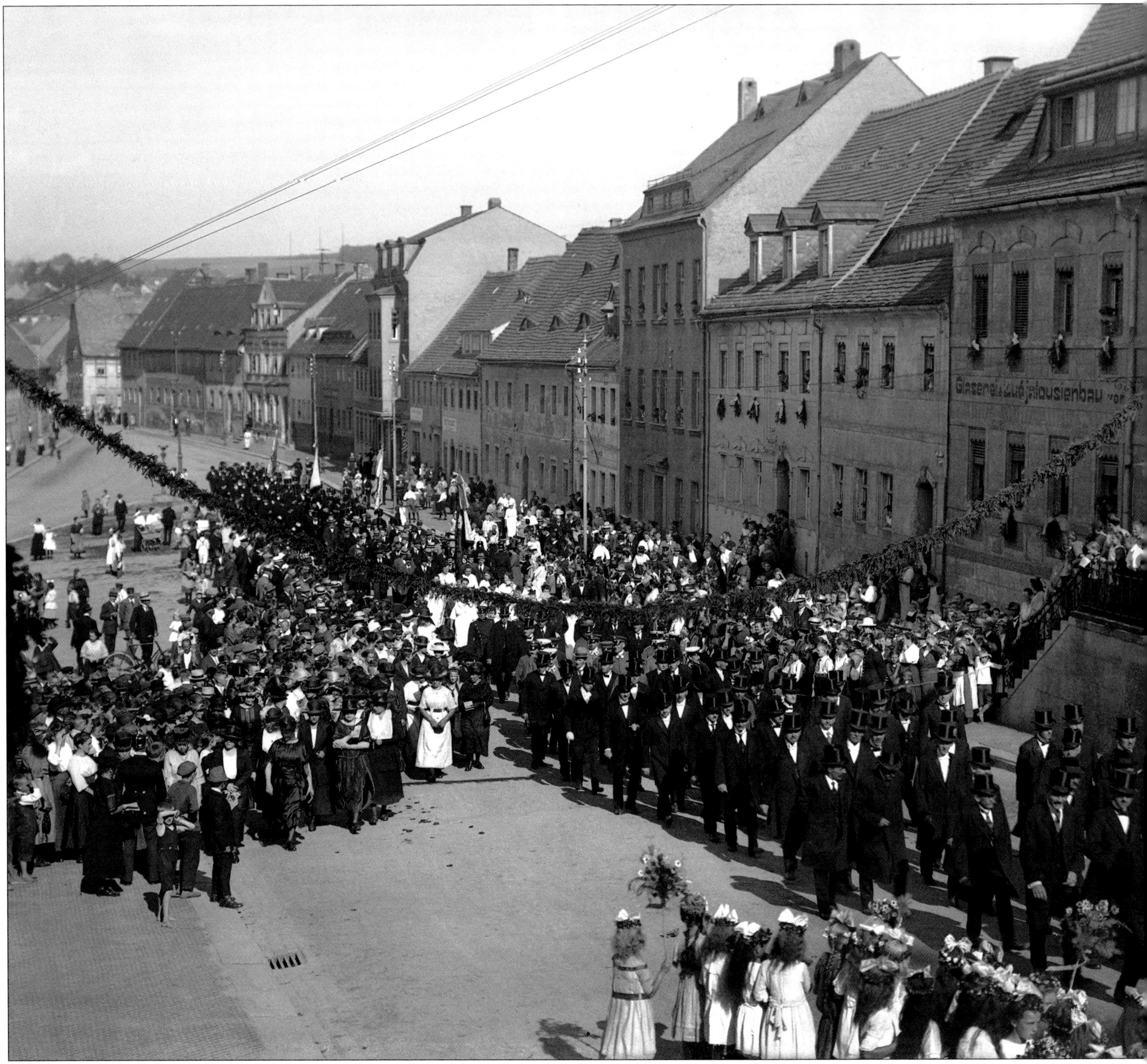

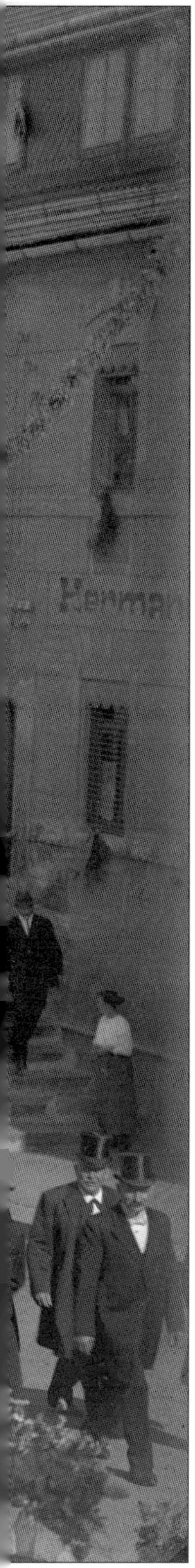

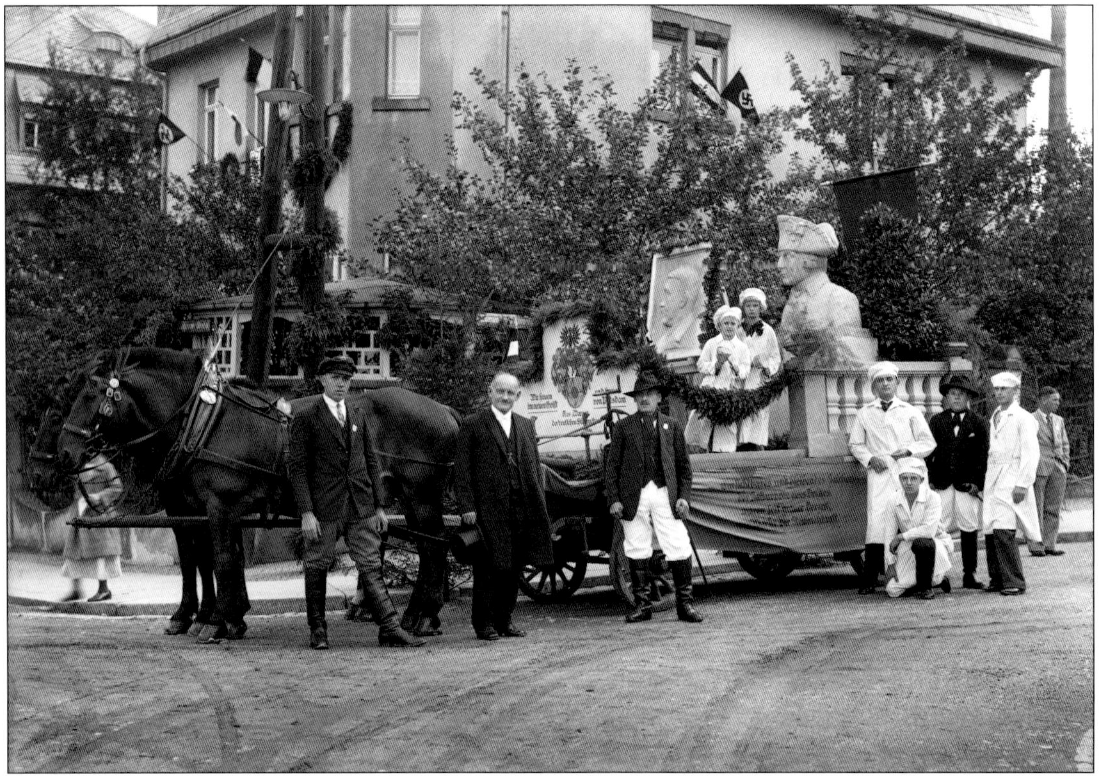

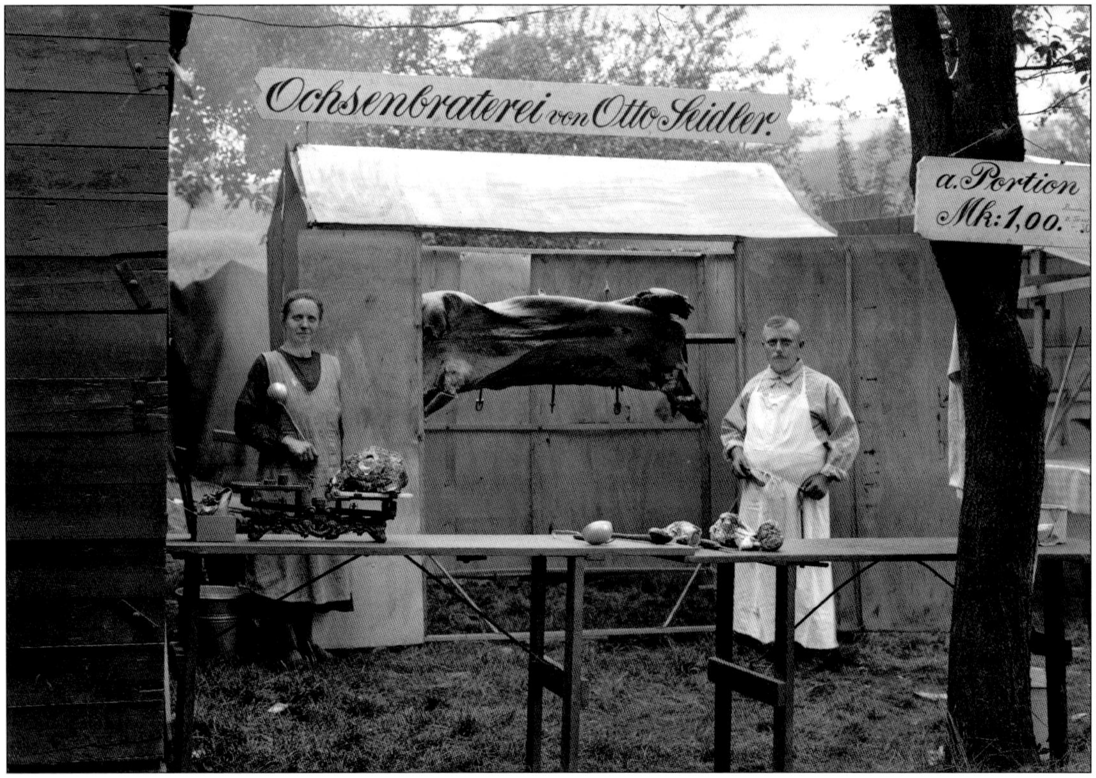
Ochsenbraterei von Otto Seidler.
a. Portion
Mk:1,00.

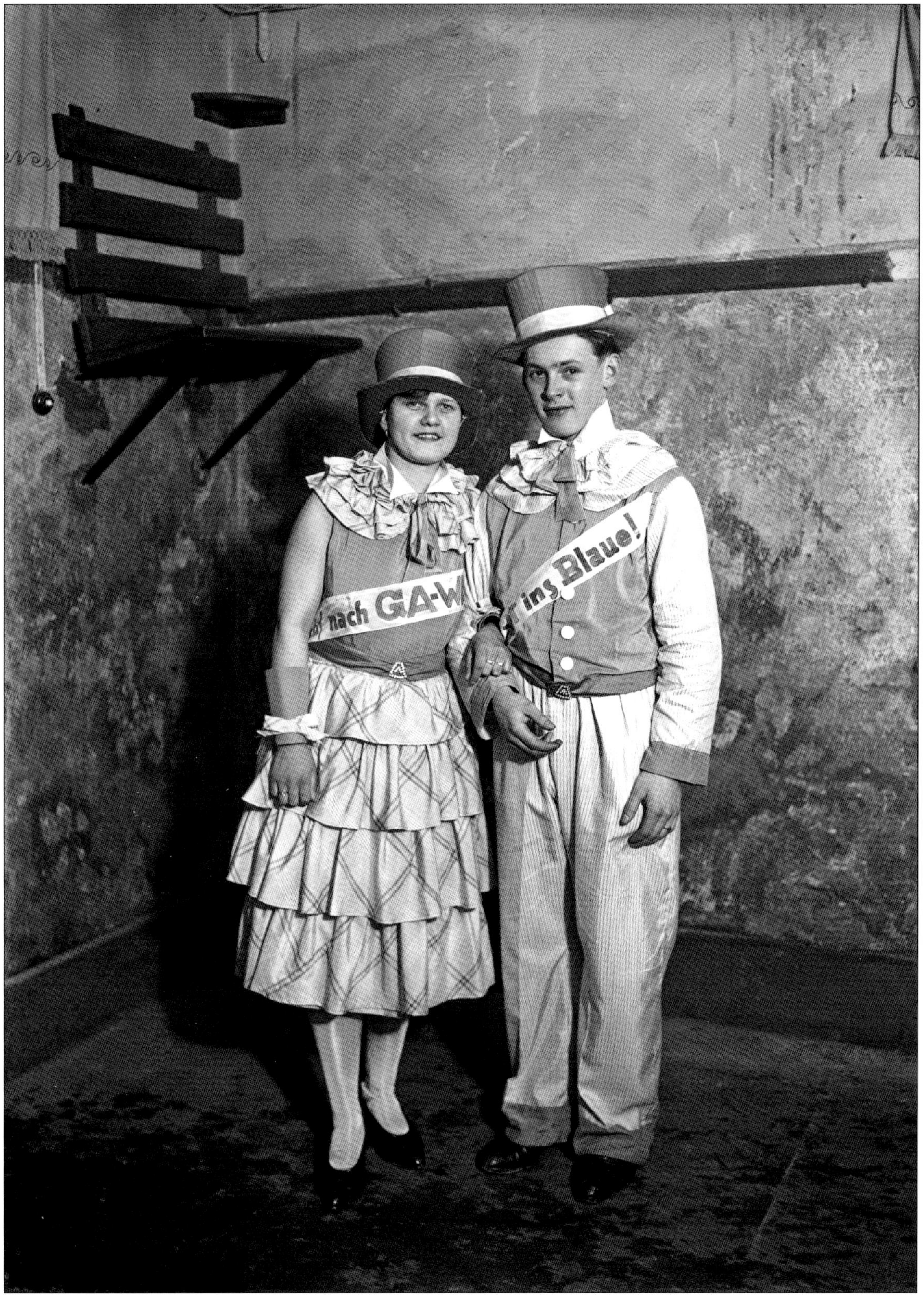
nach GA-W
ins Blaue!

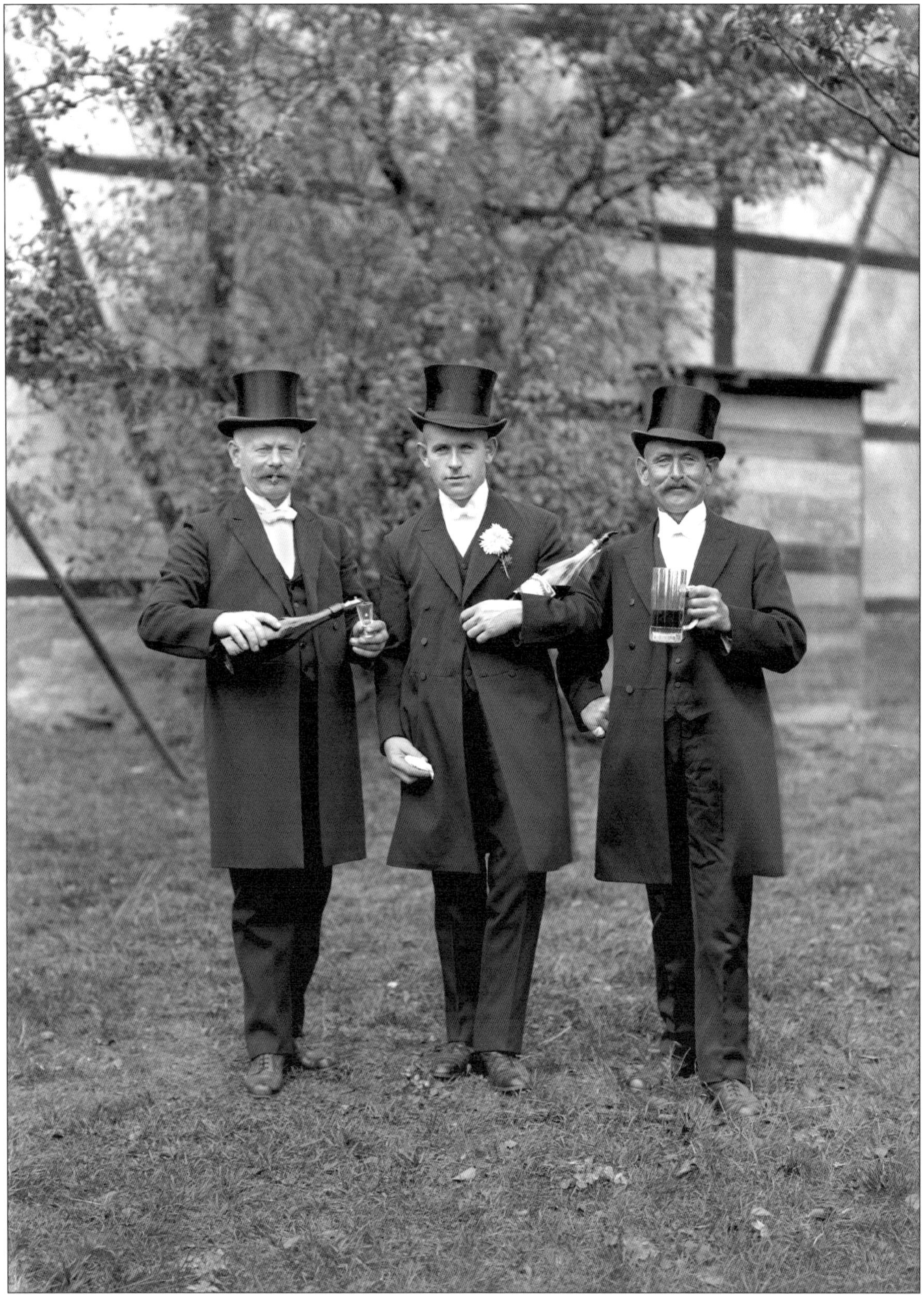

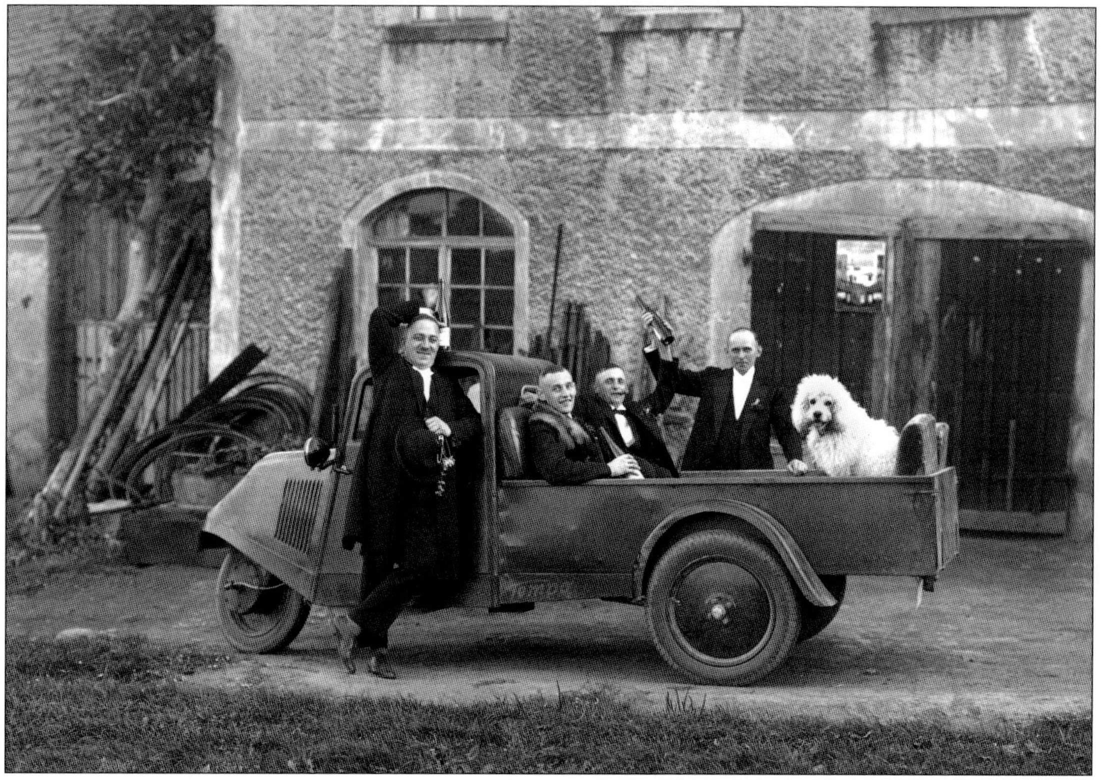

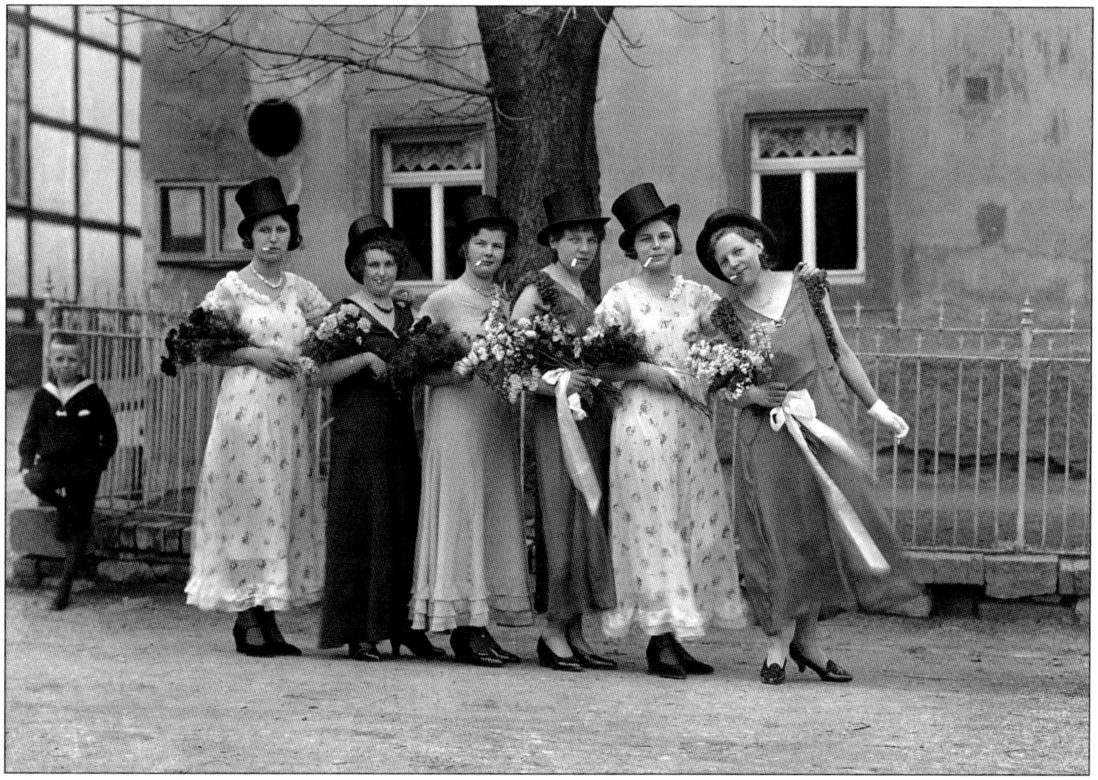

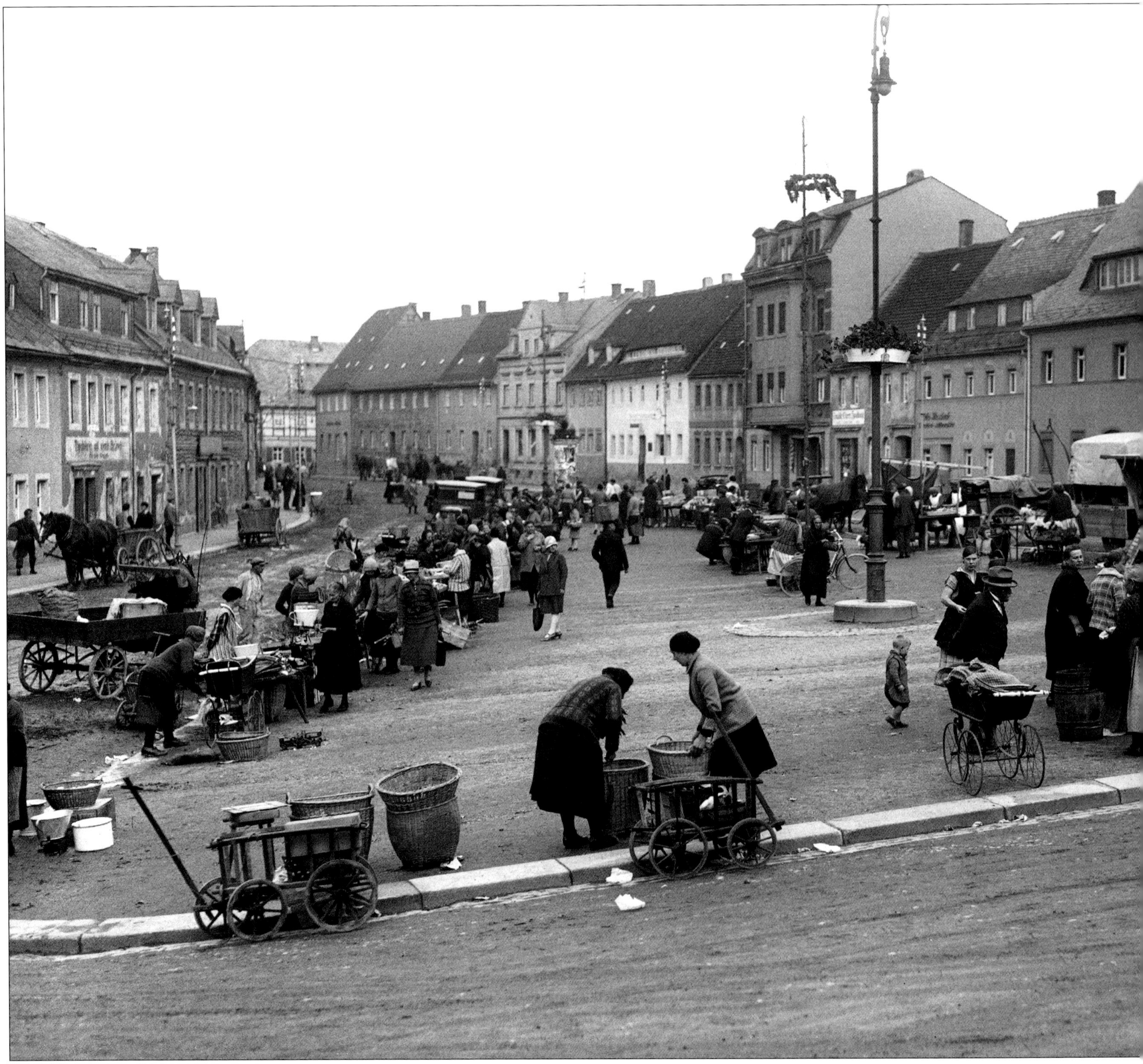

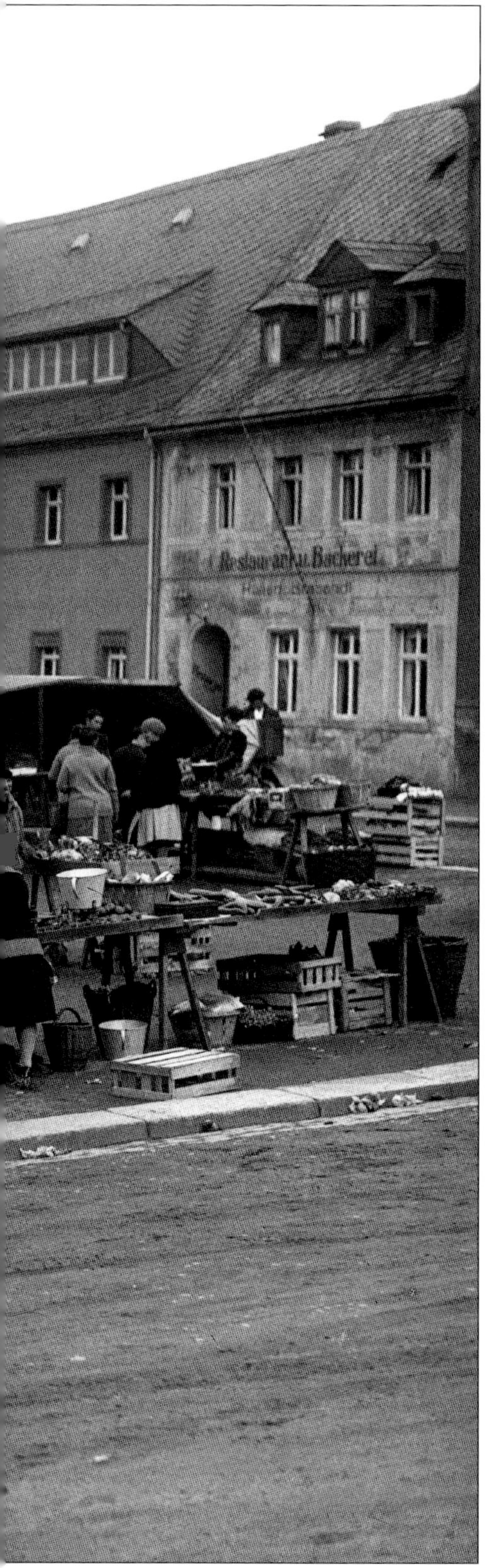
Restaurant u. Bäckerei

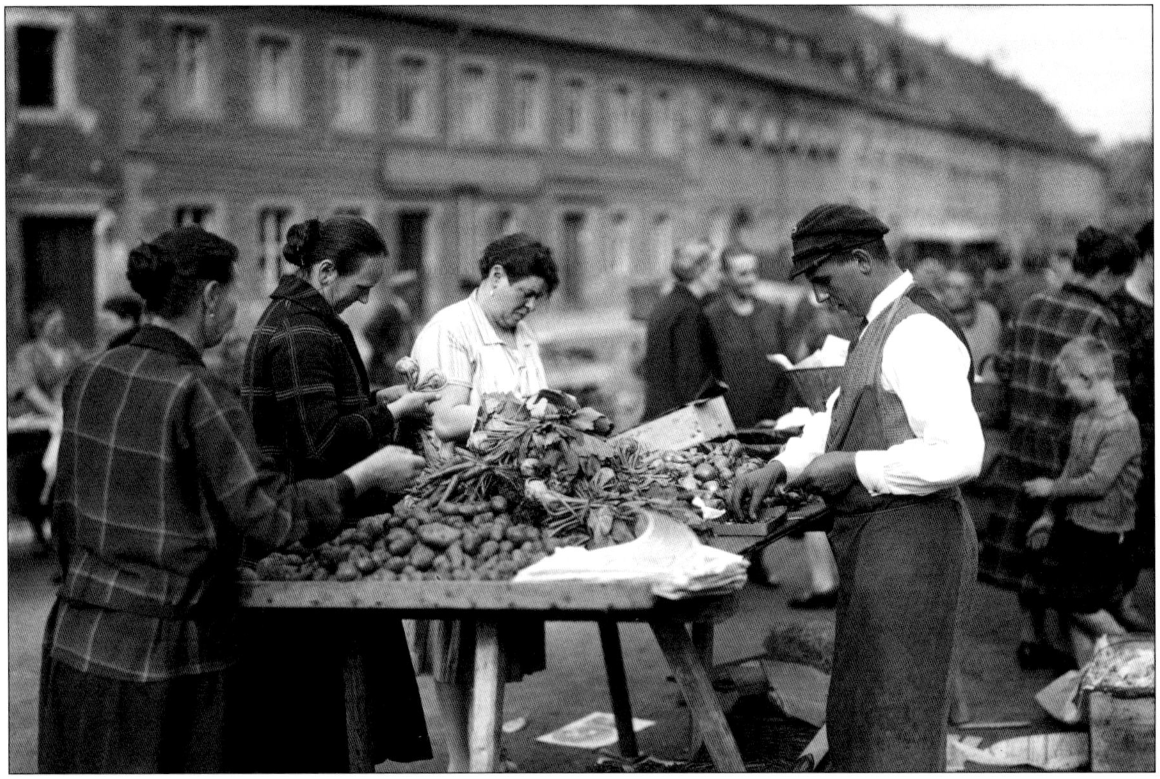

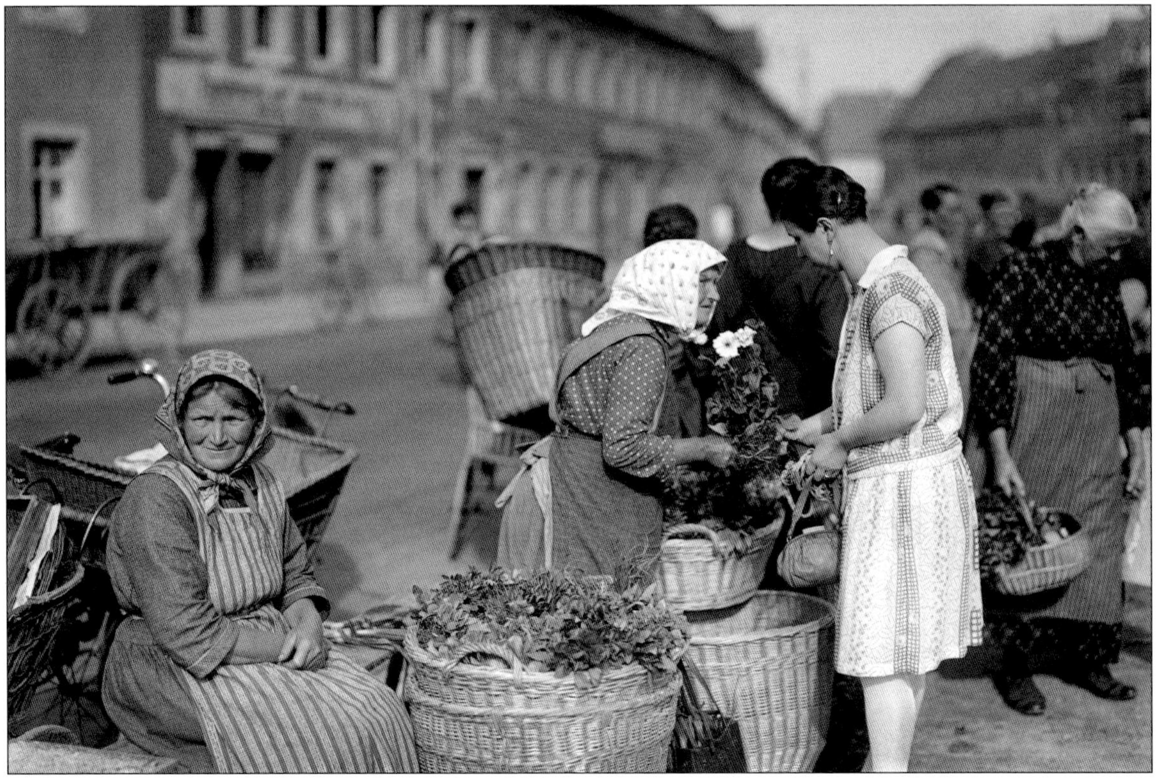

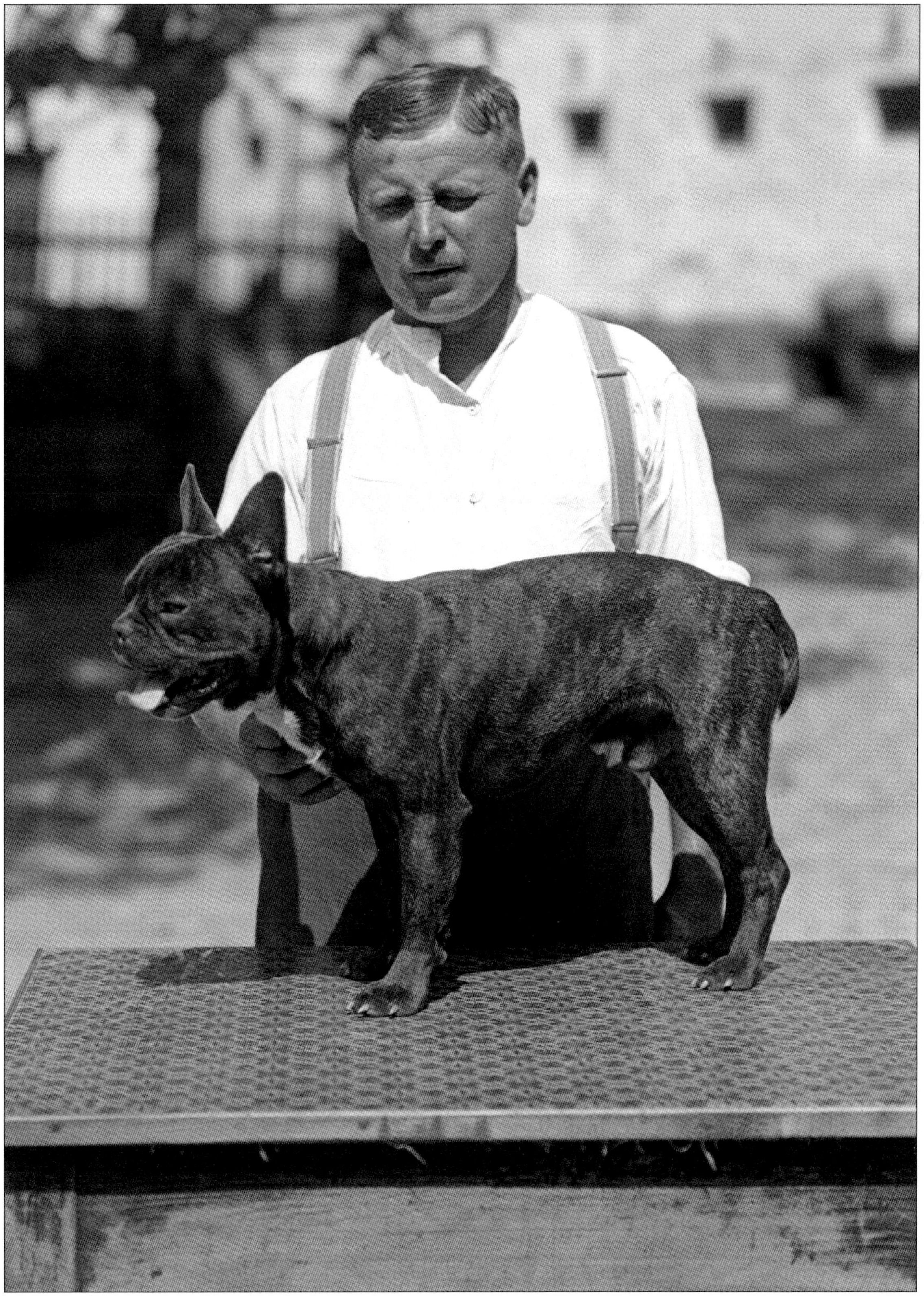

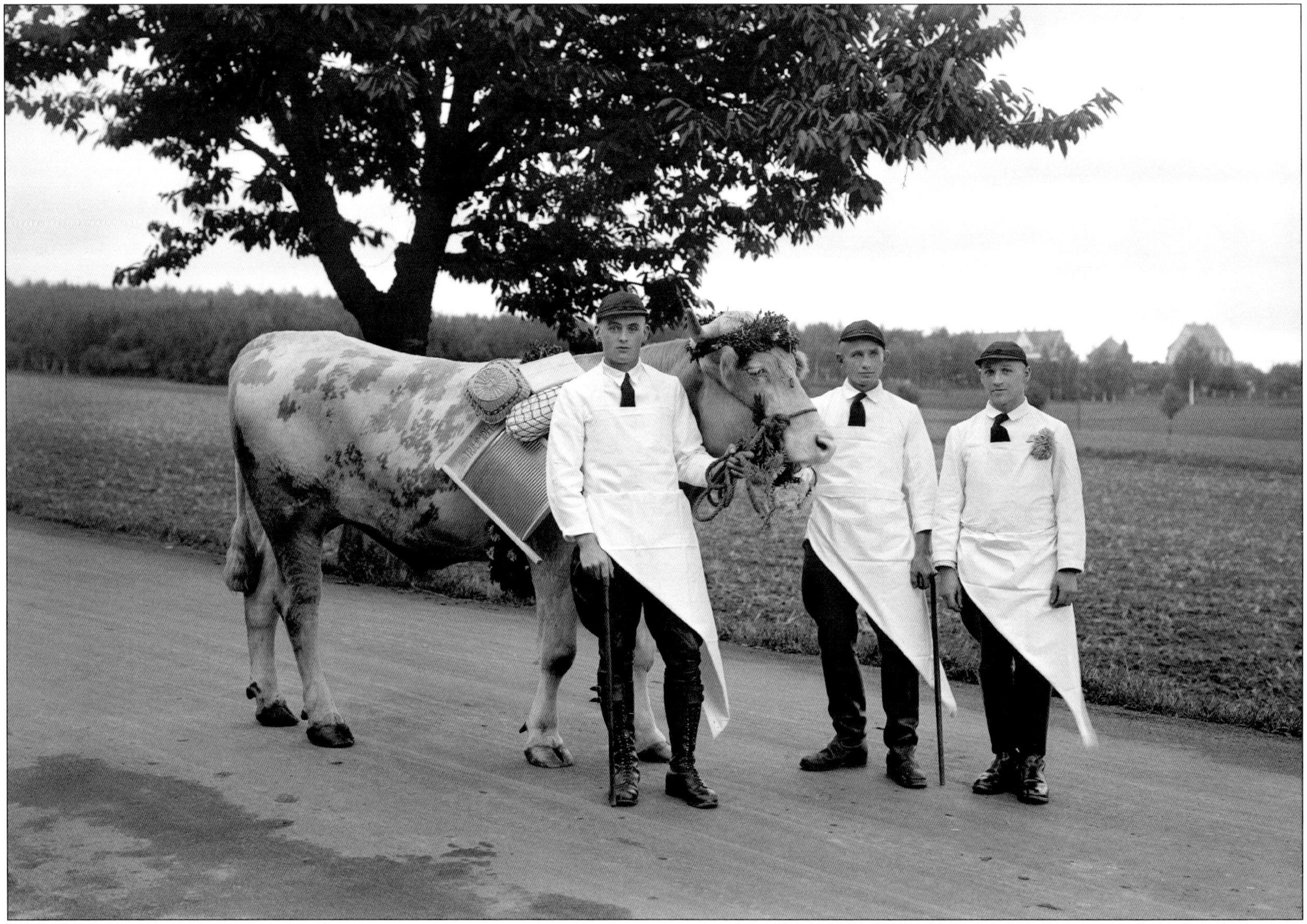

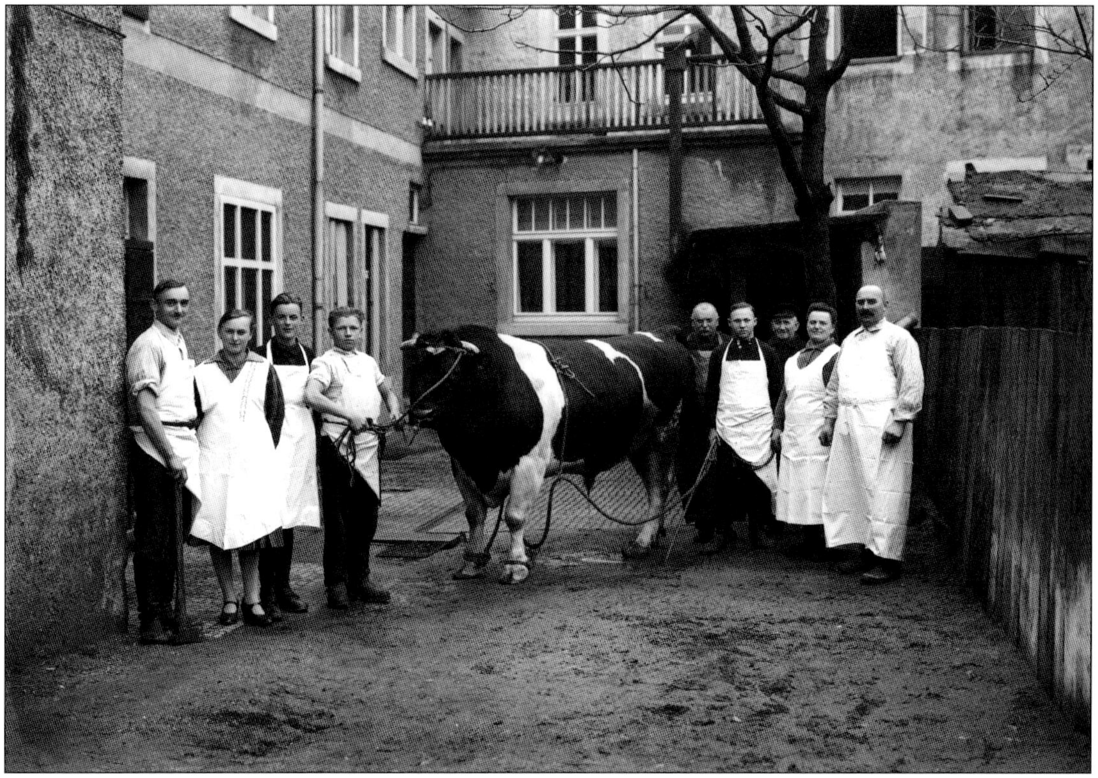

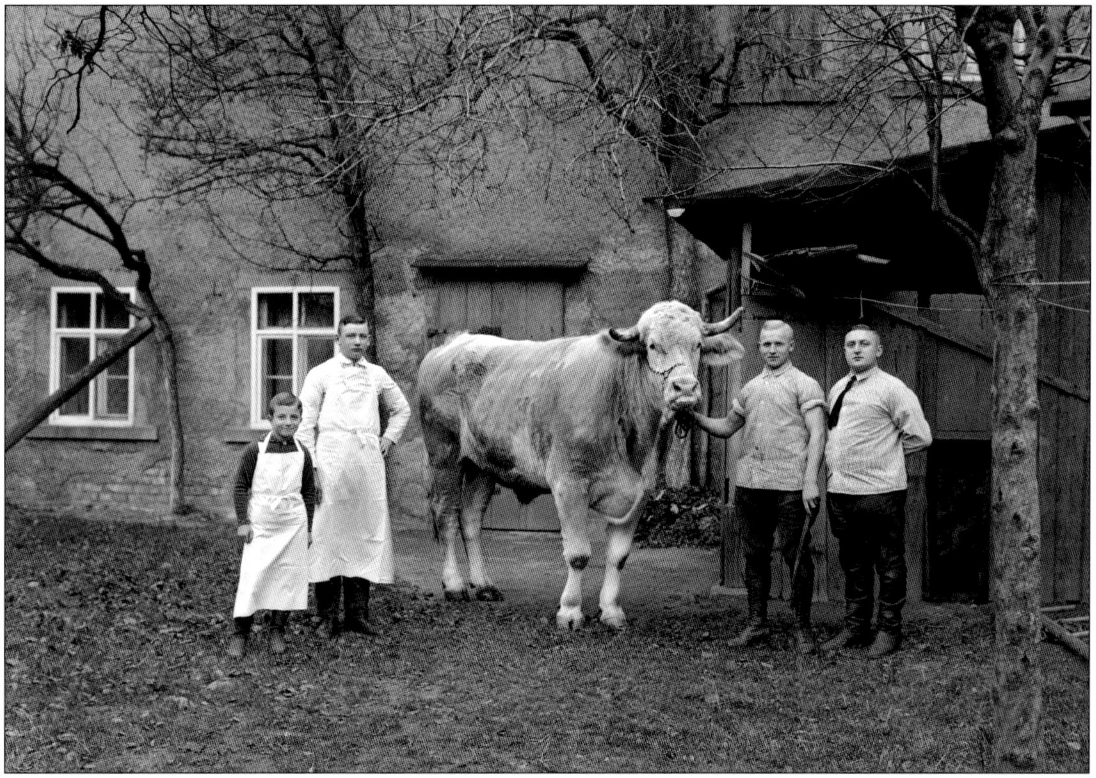

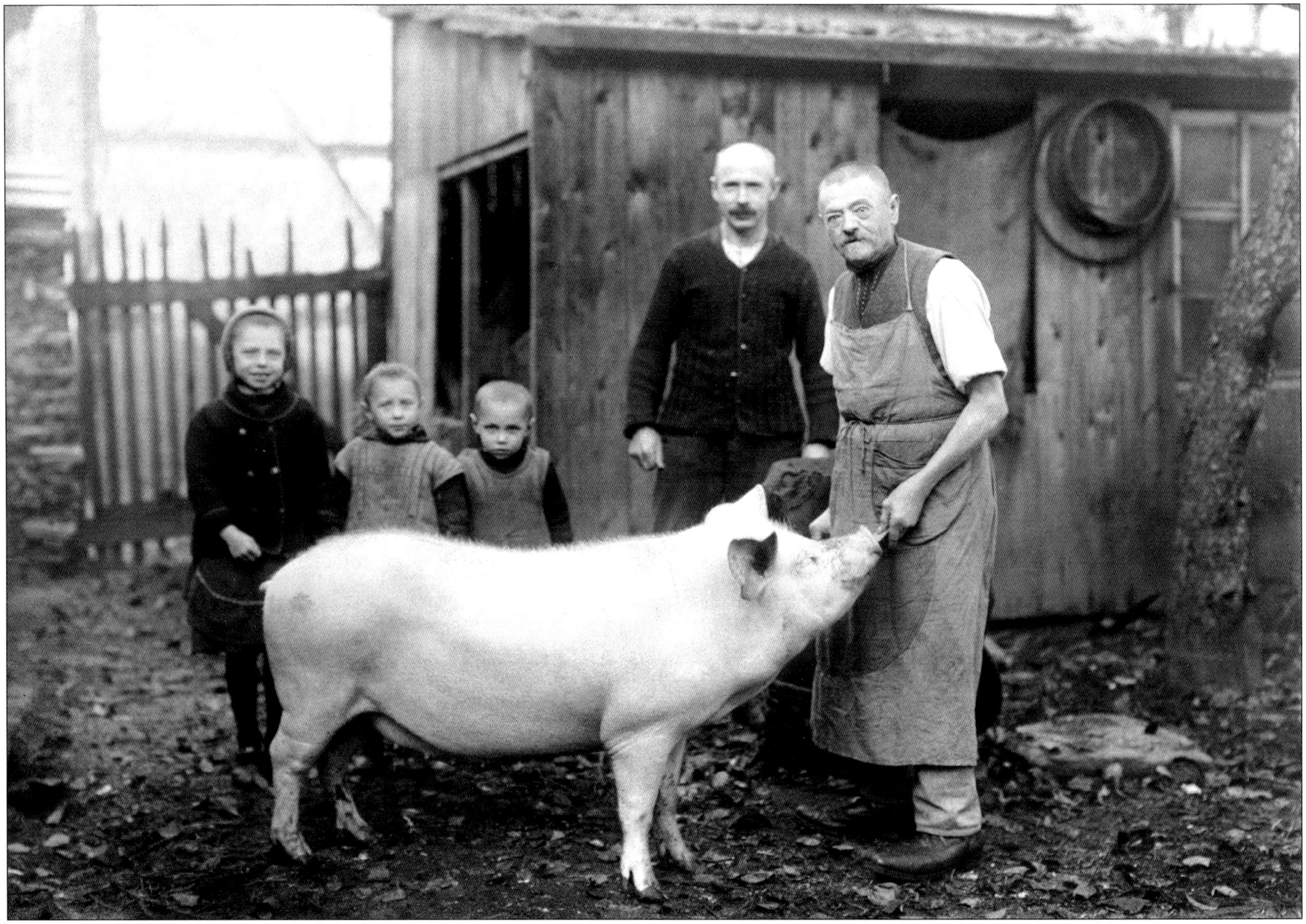

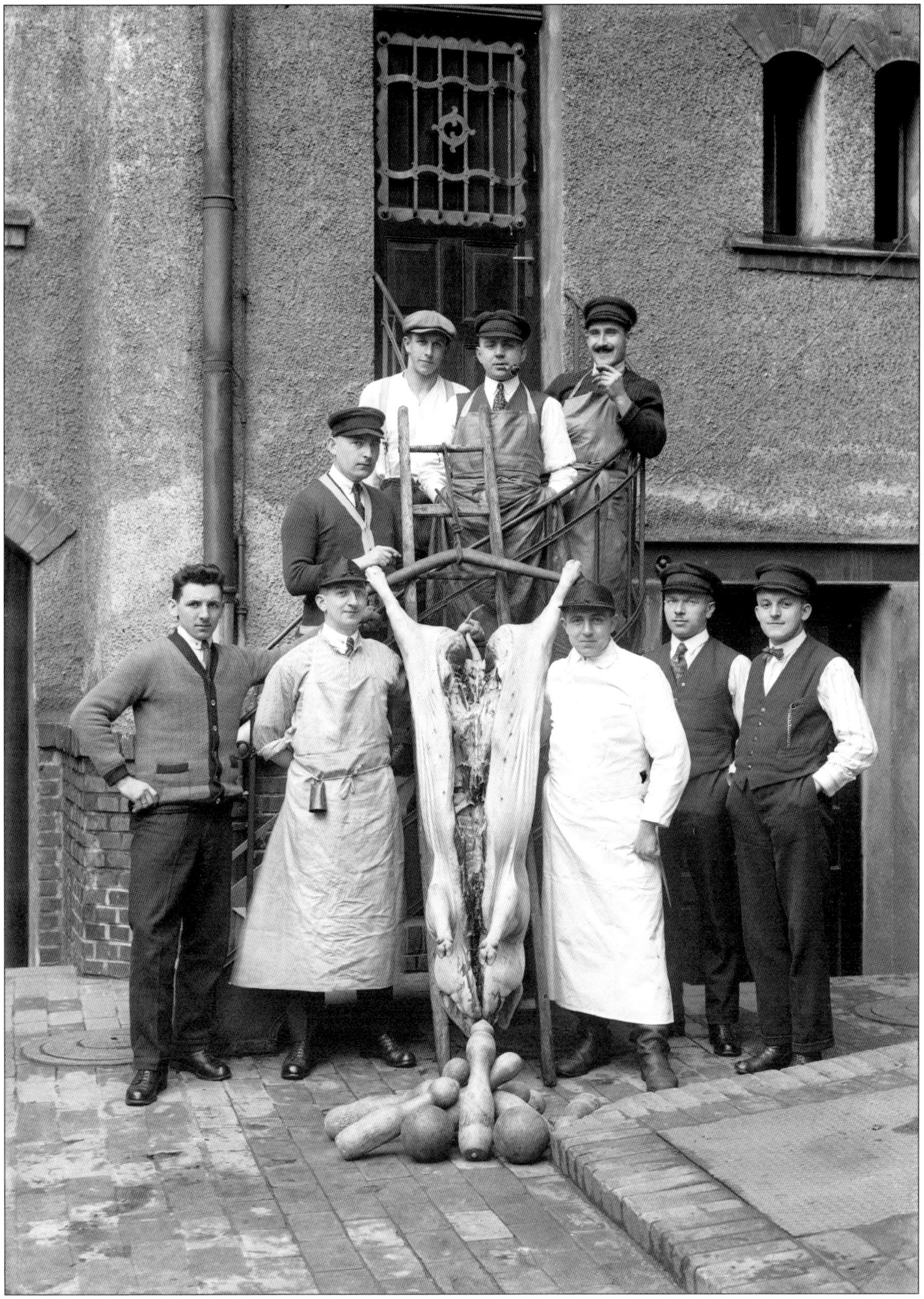

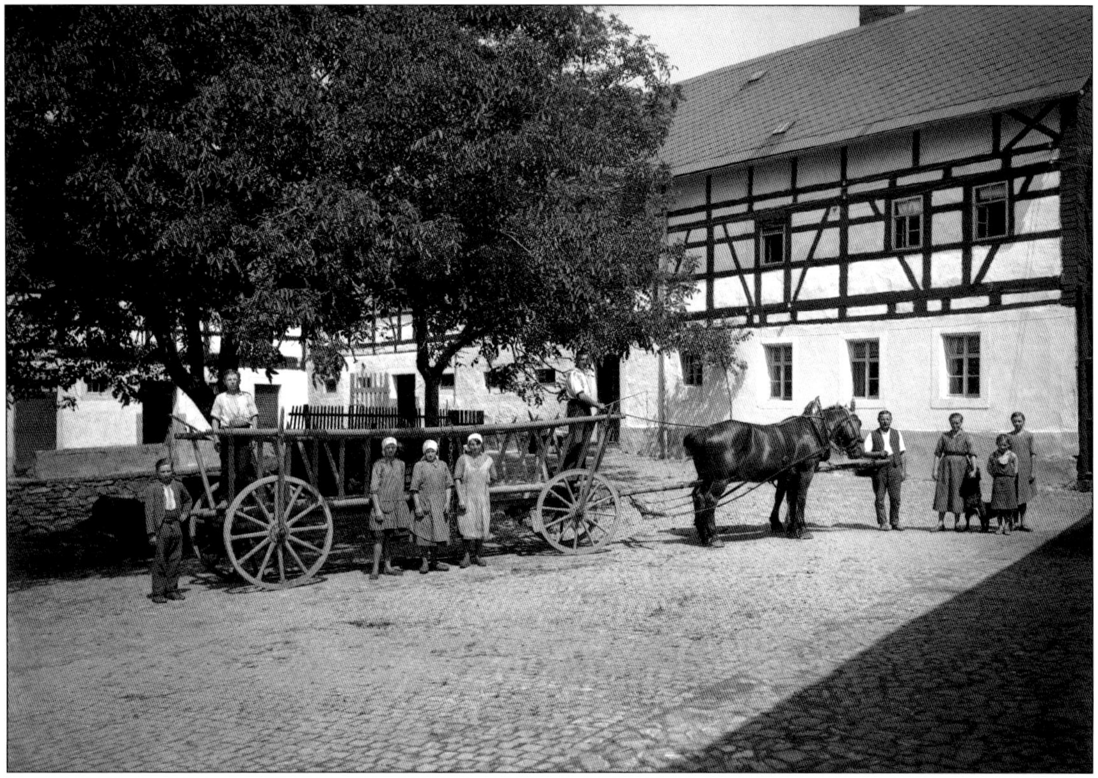

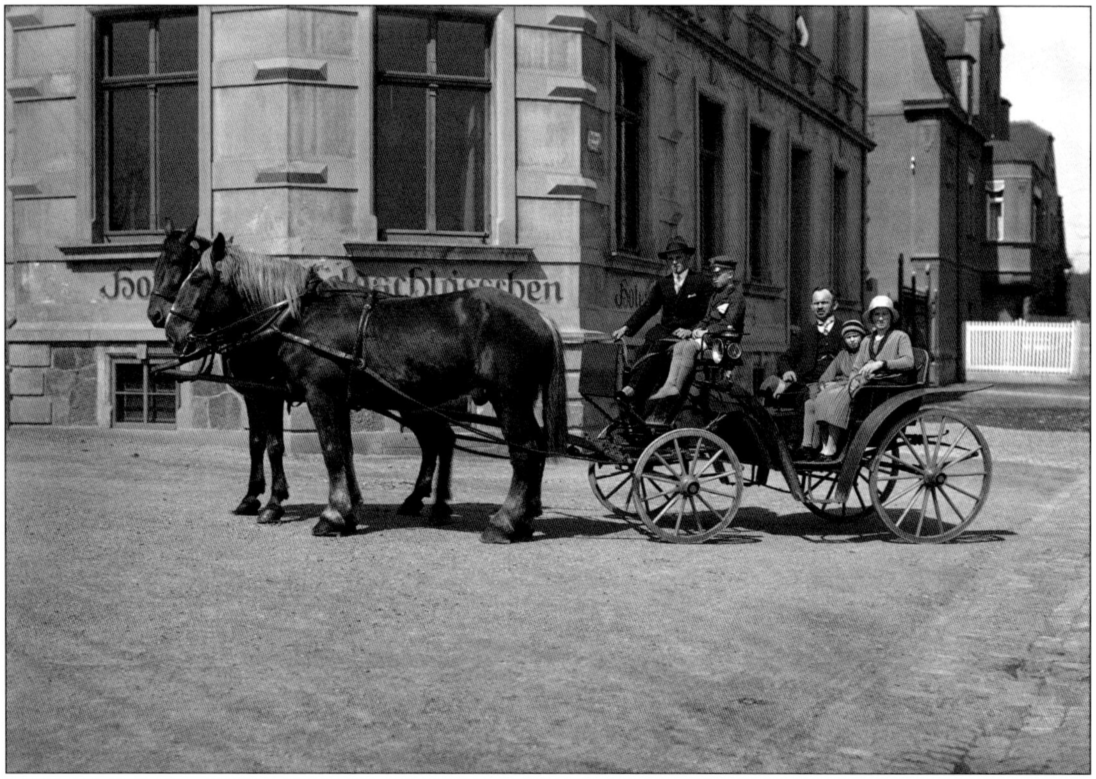

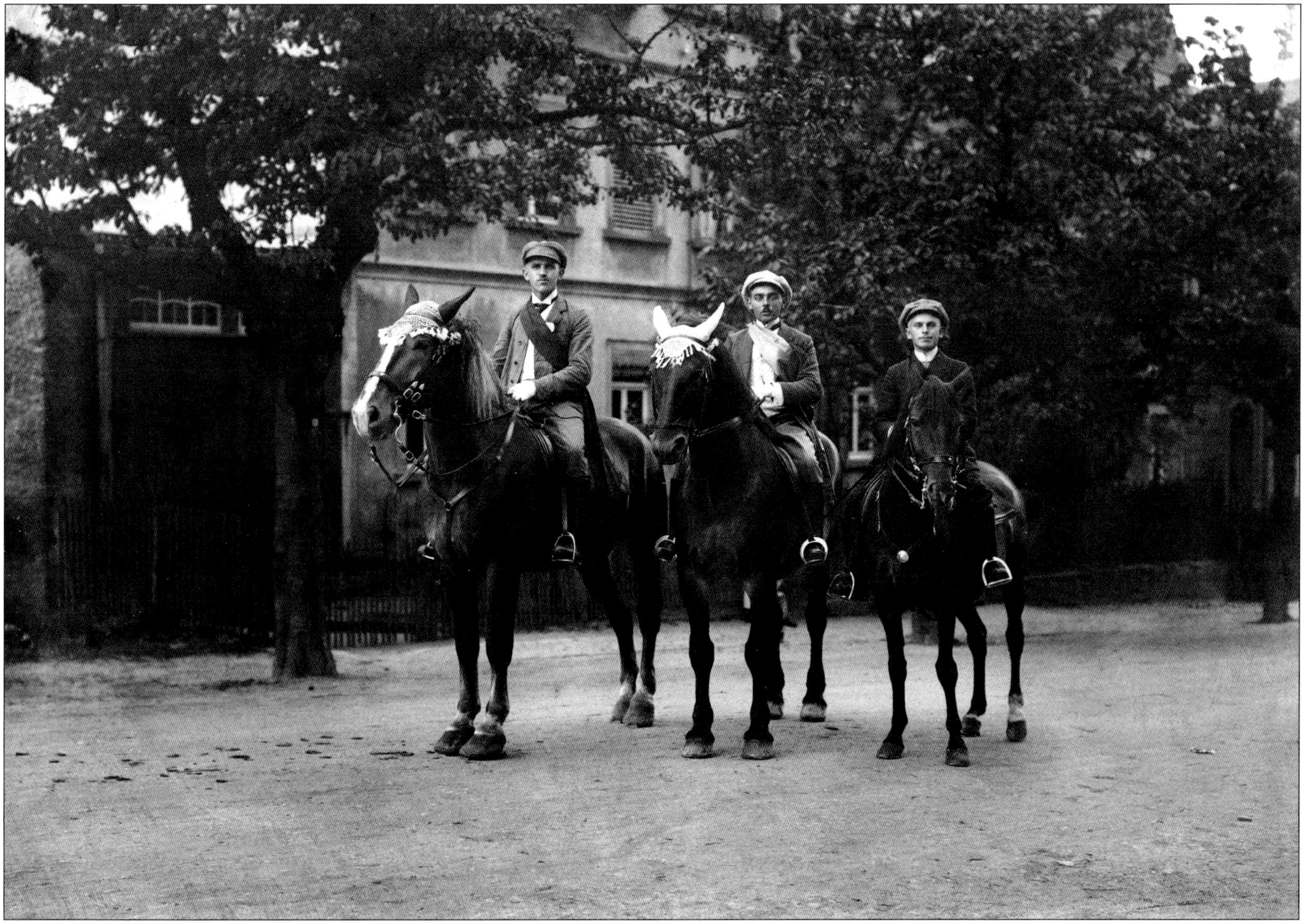

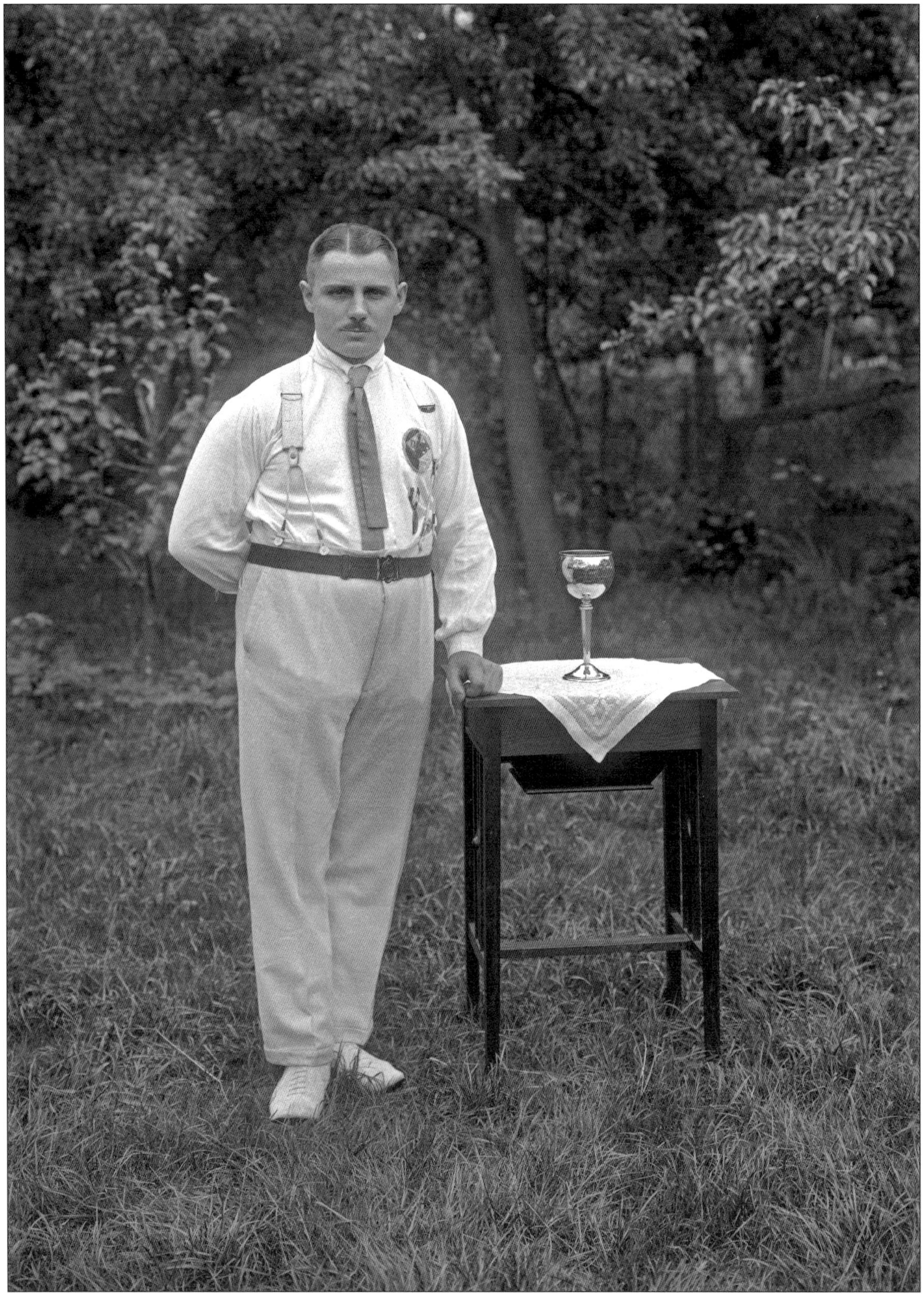

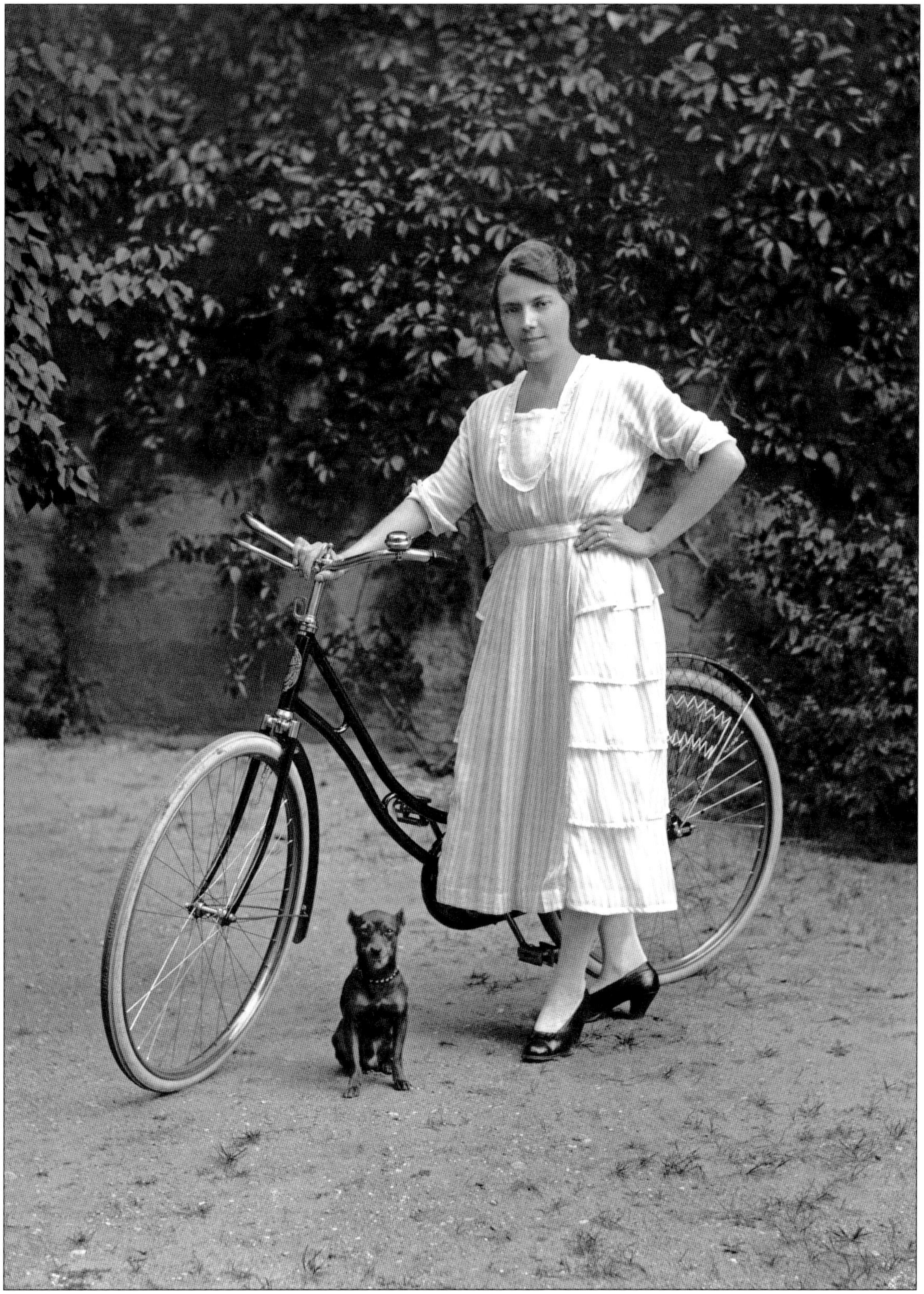

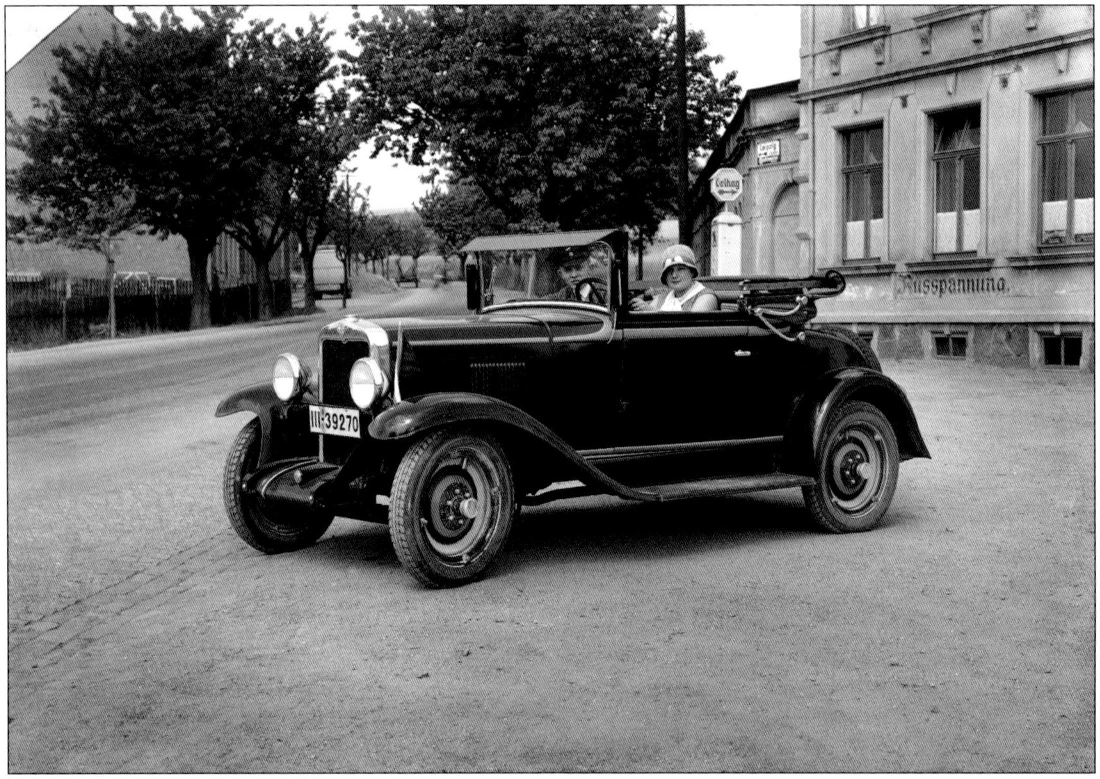
Ausspannung
III-39270

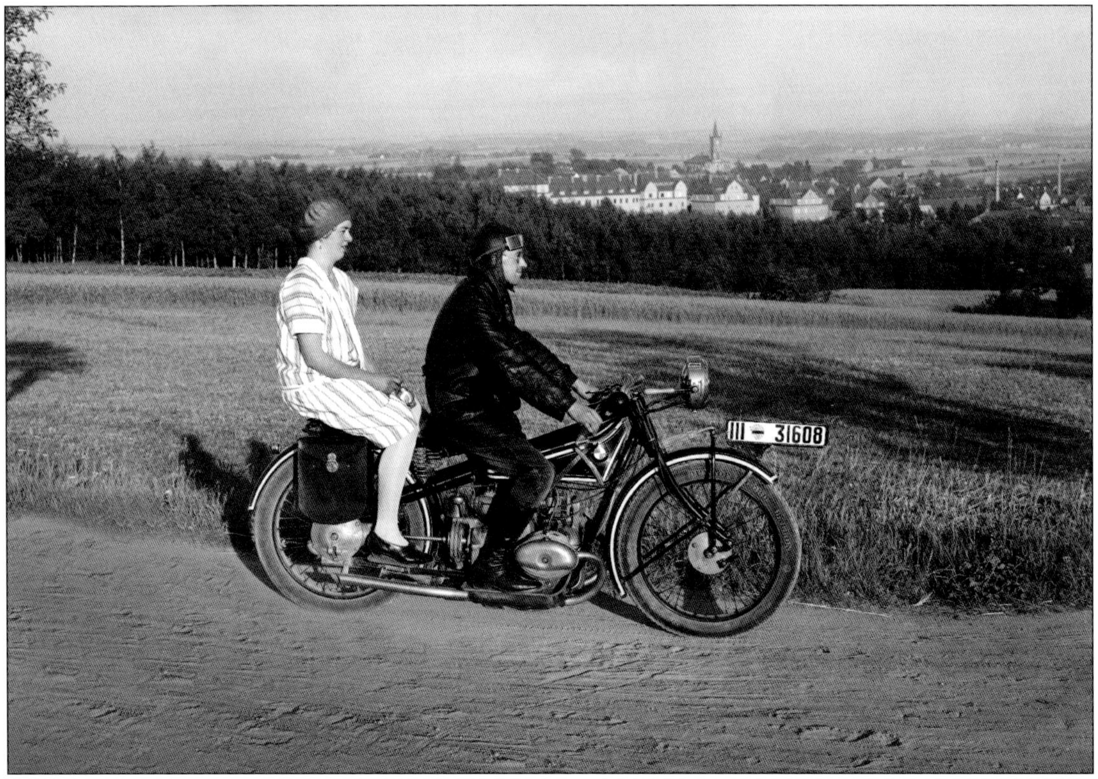
III - 31608

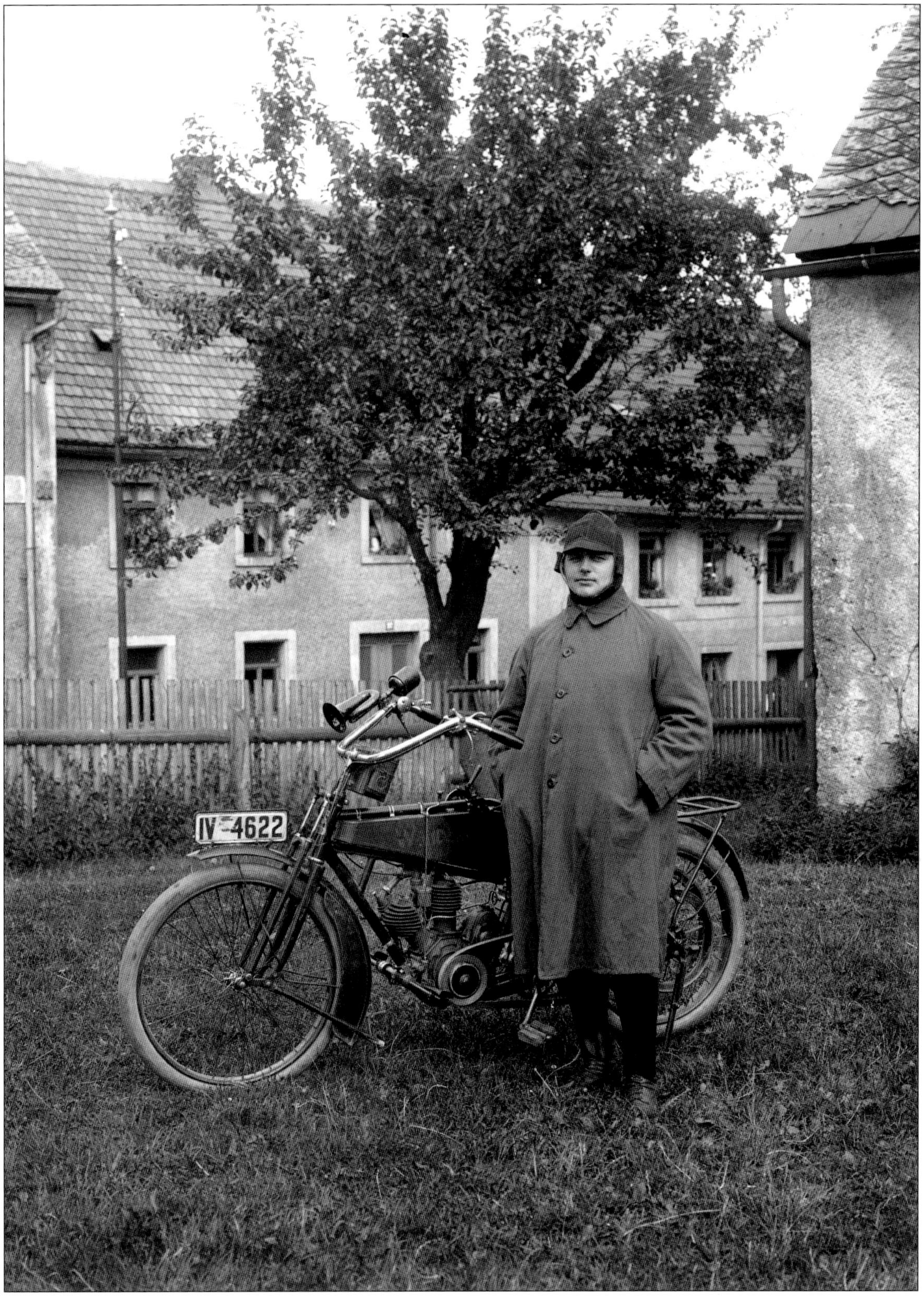
IV-4622

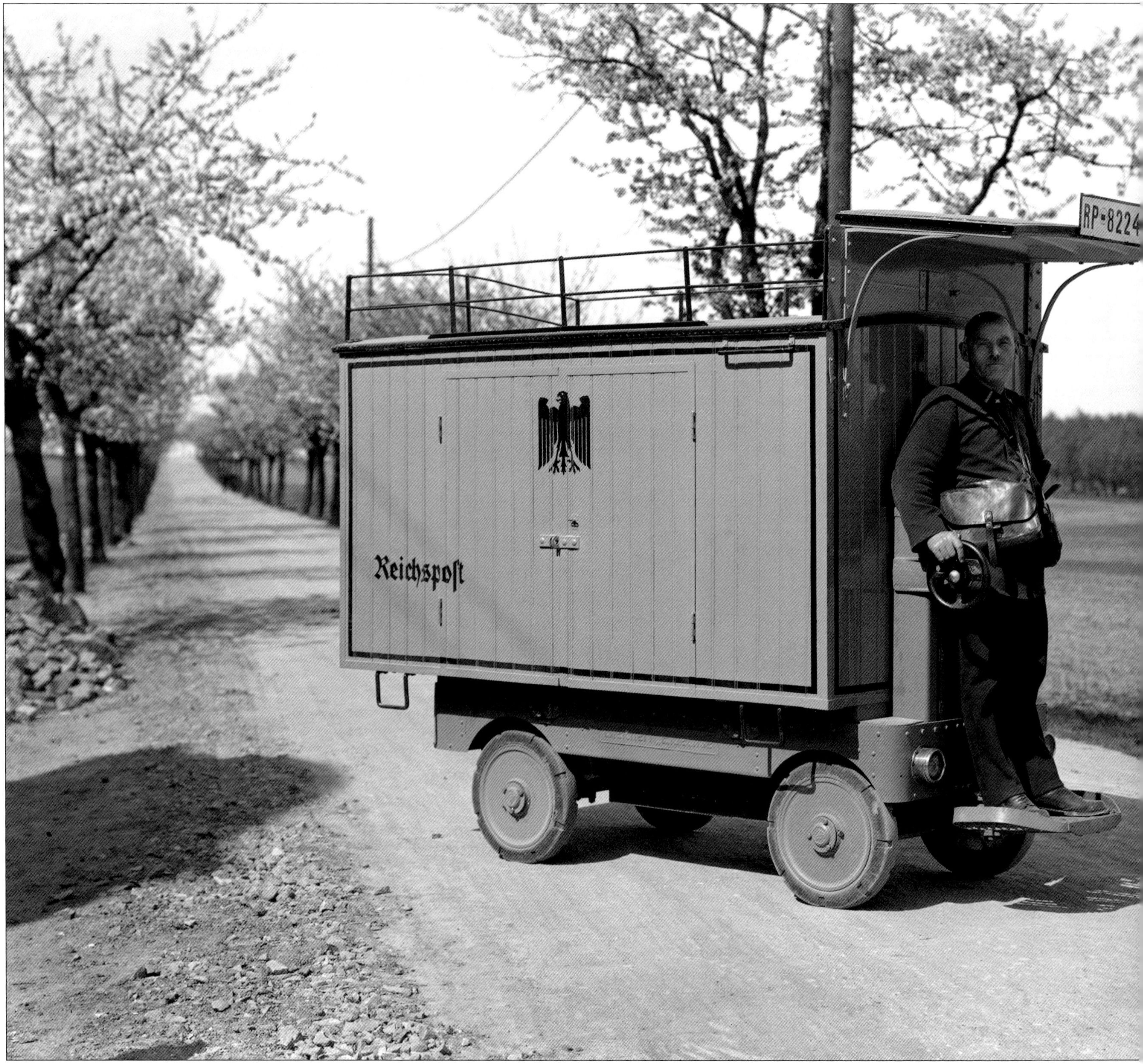
RP-8224
Reichspost

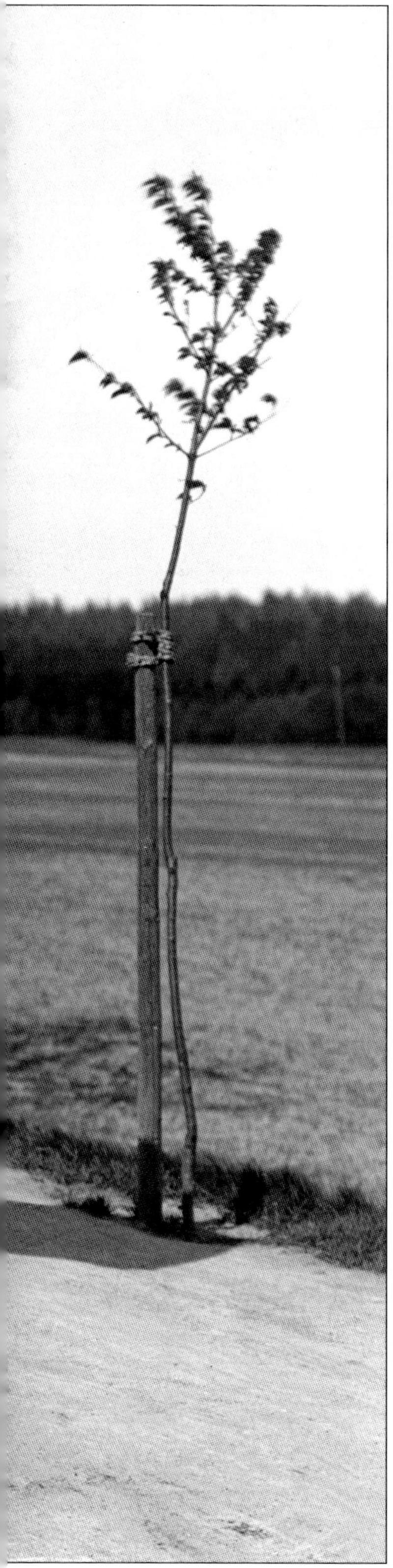

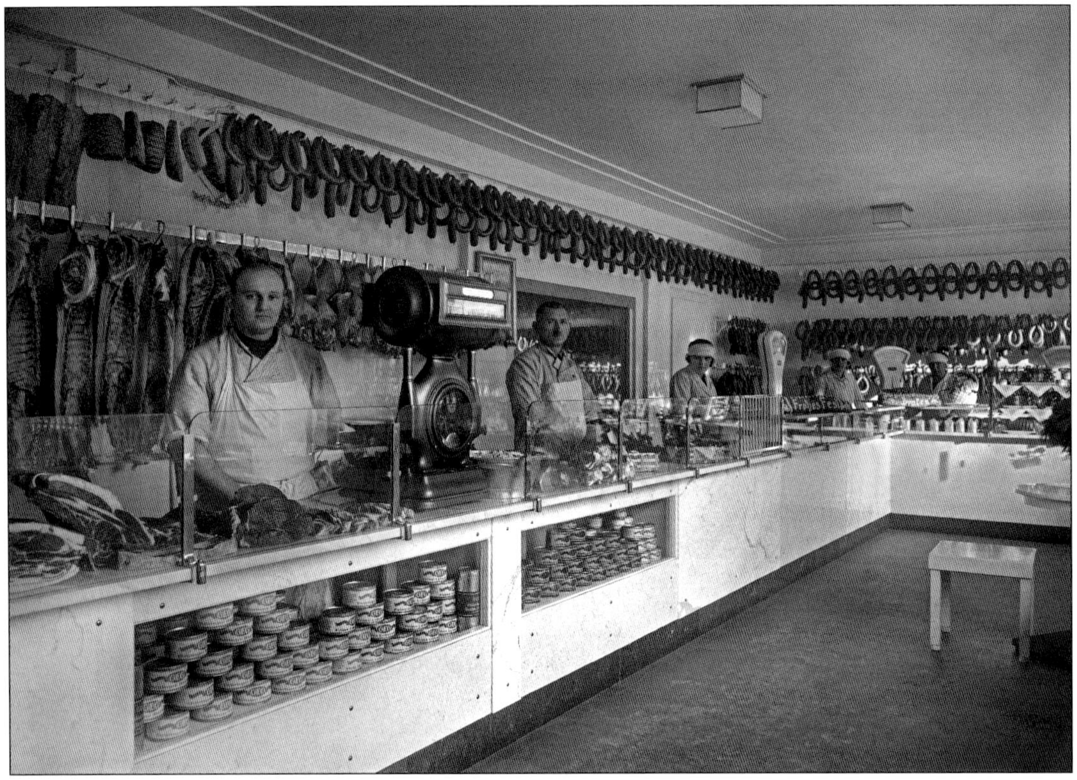

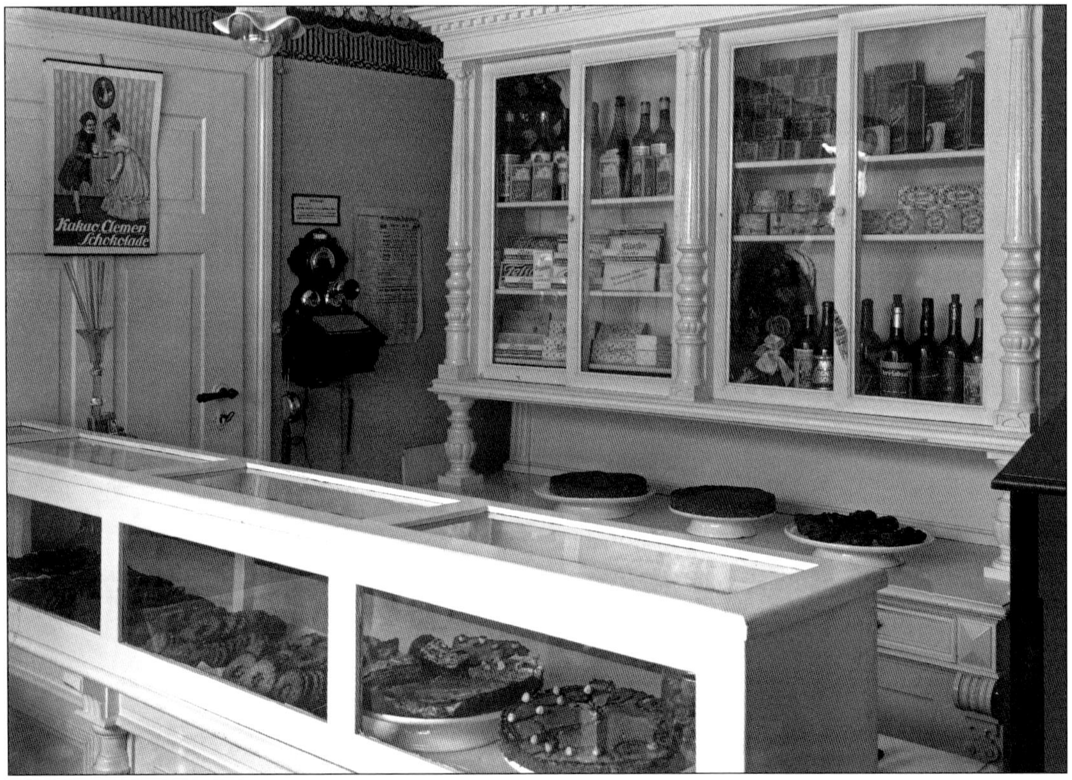
Kakao Clemen
Schokolade

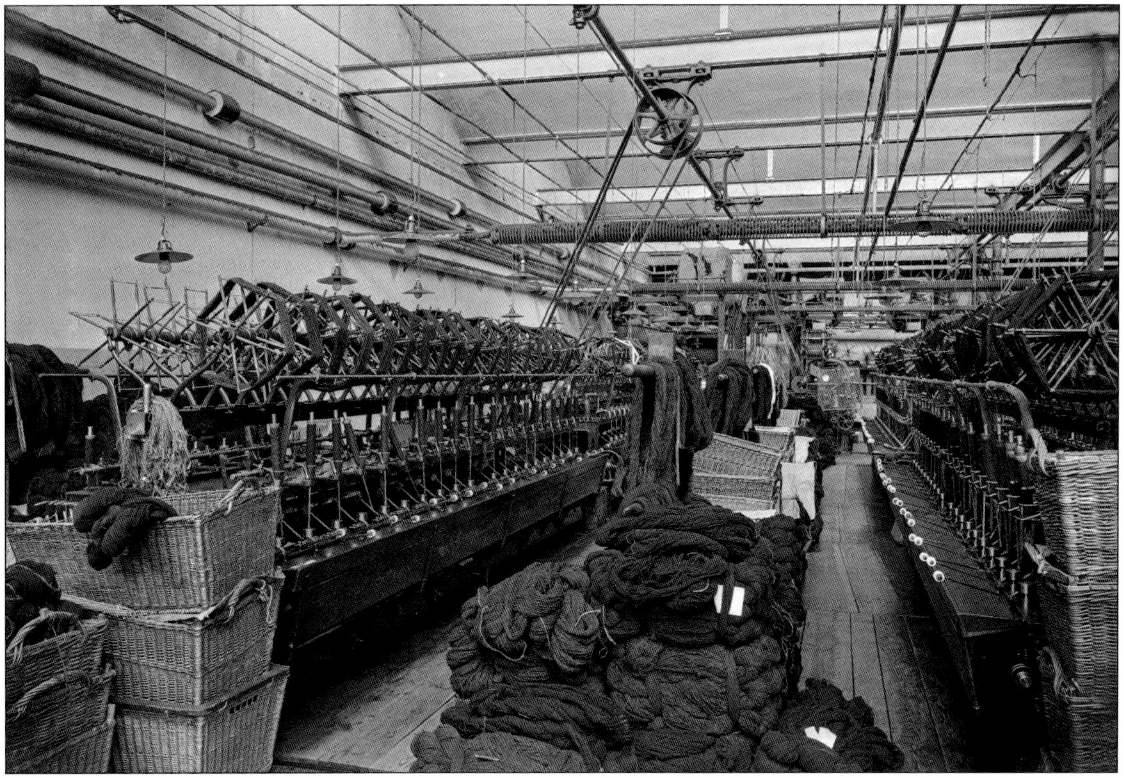

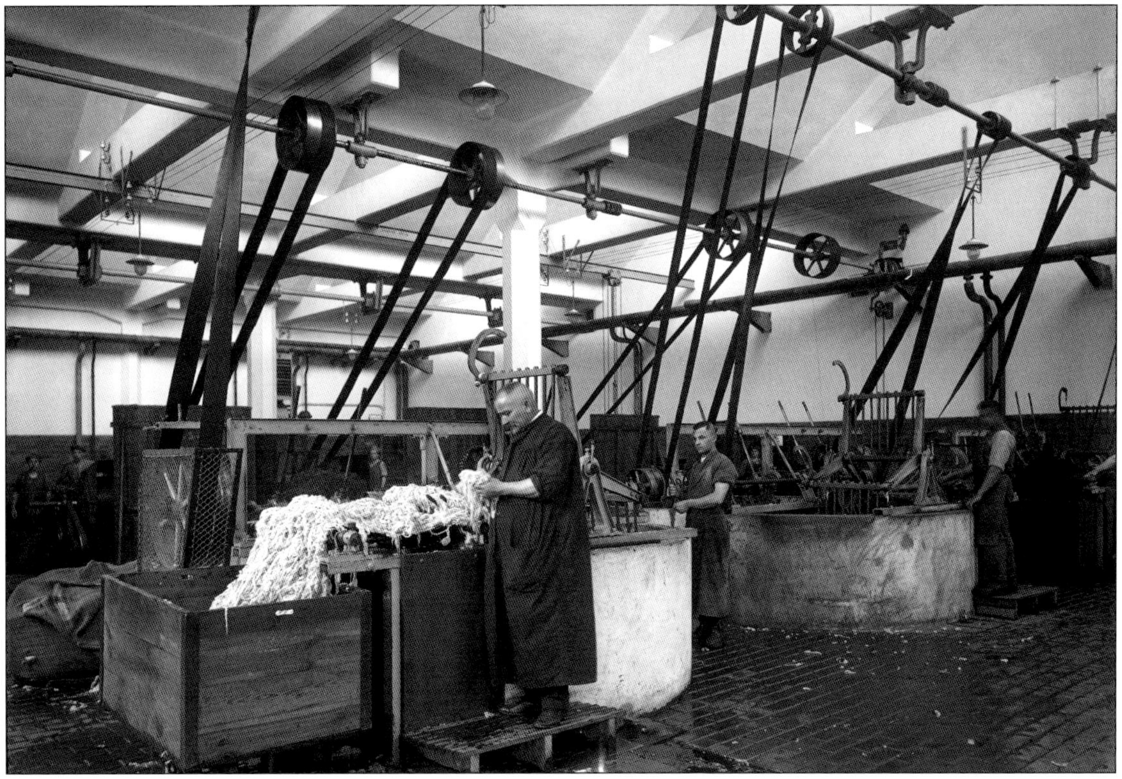

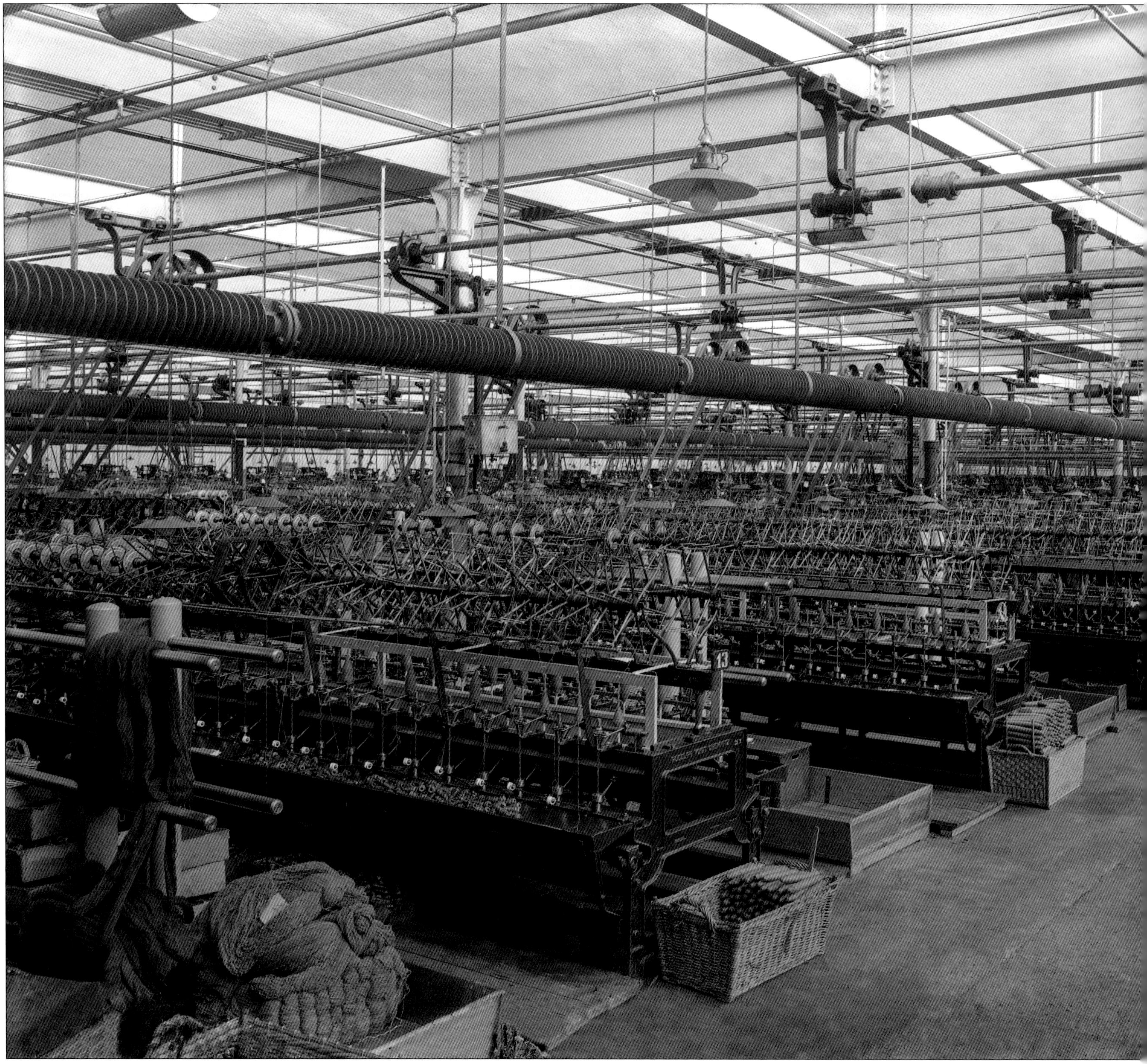

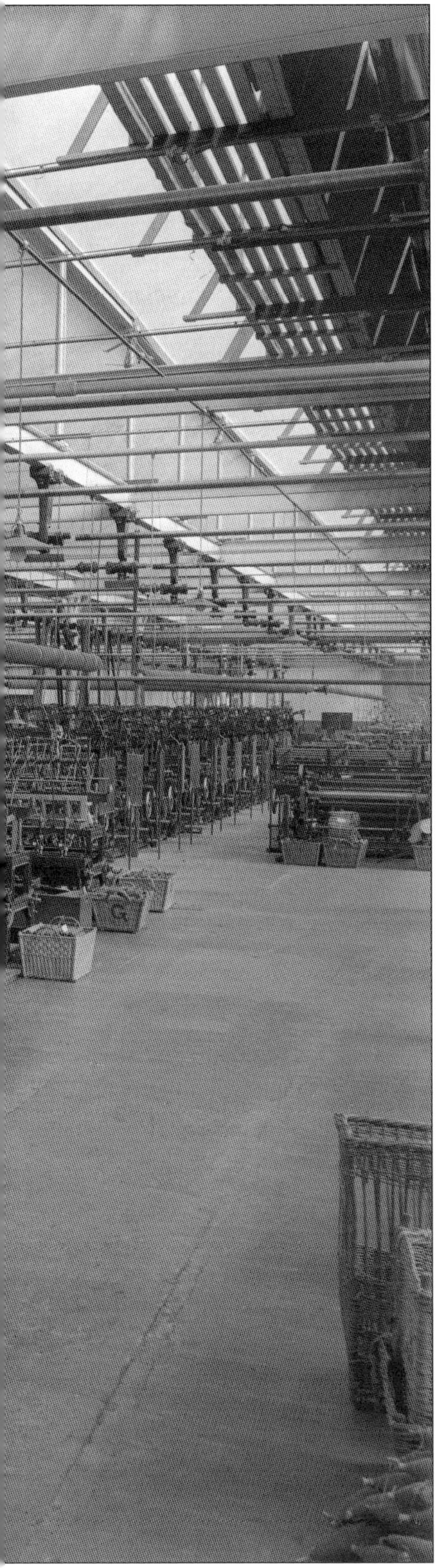

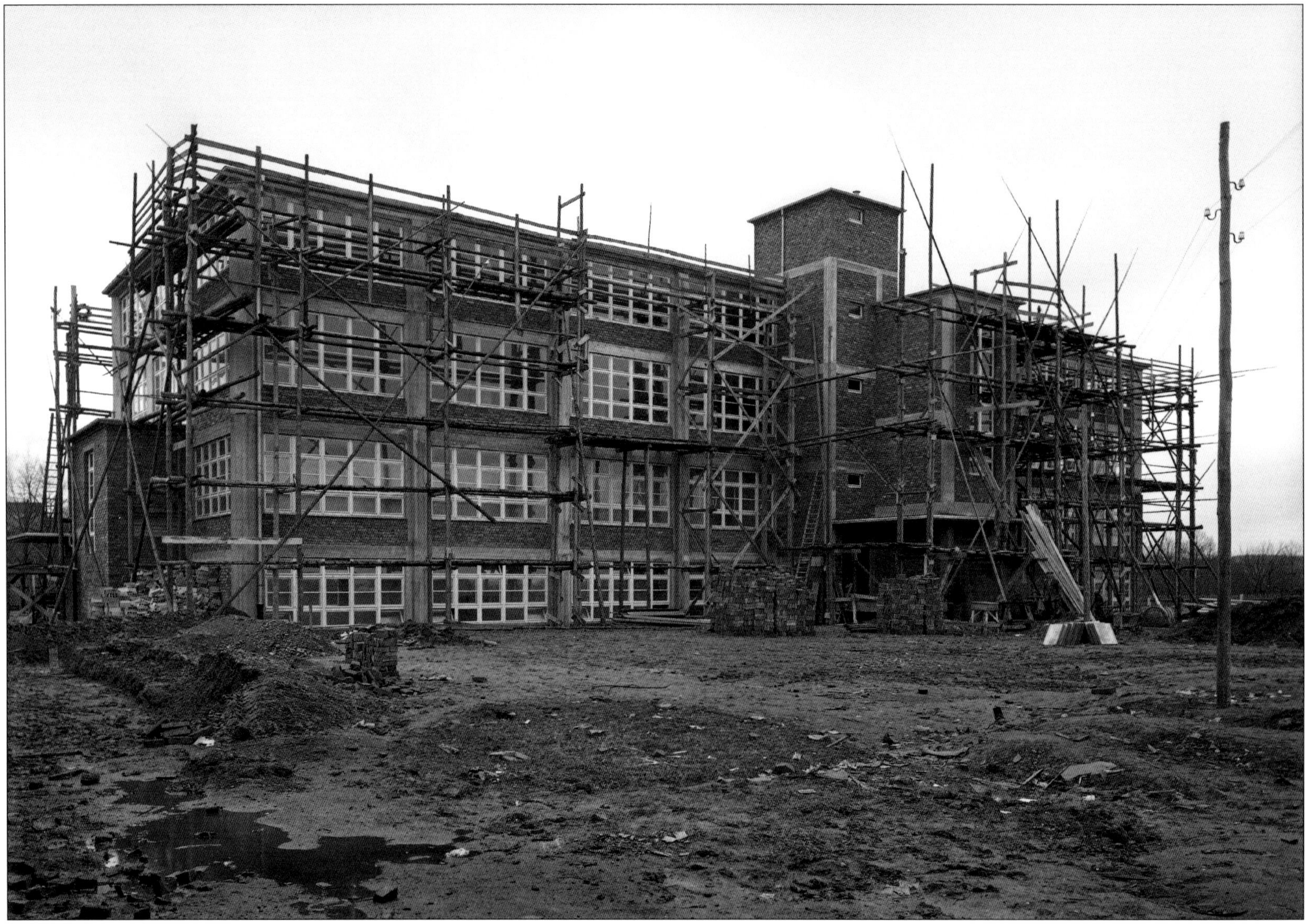

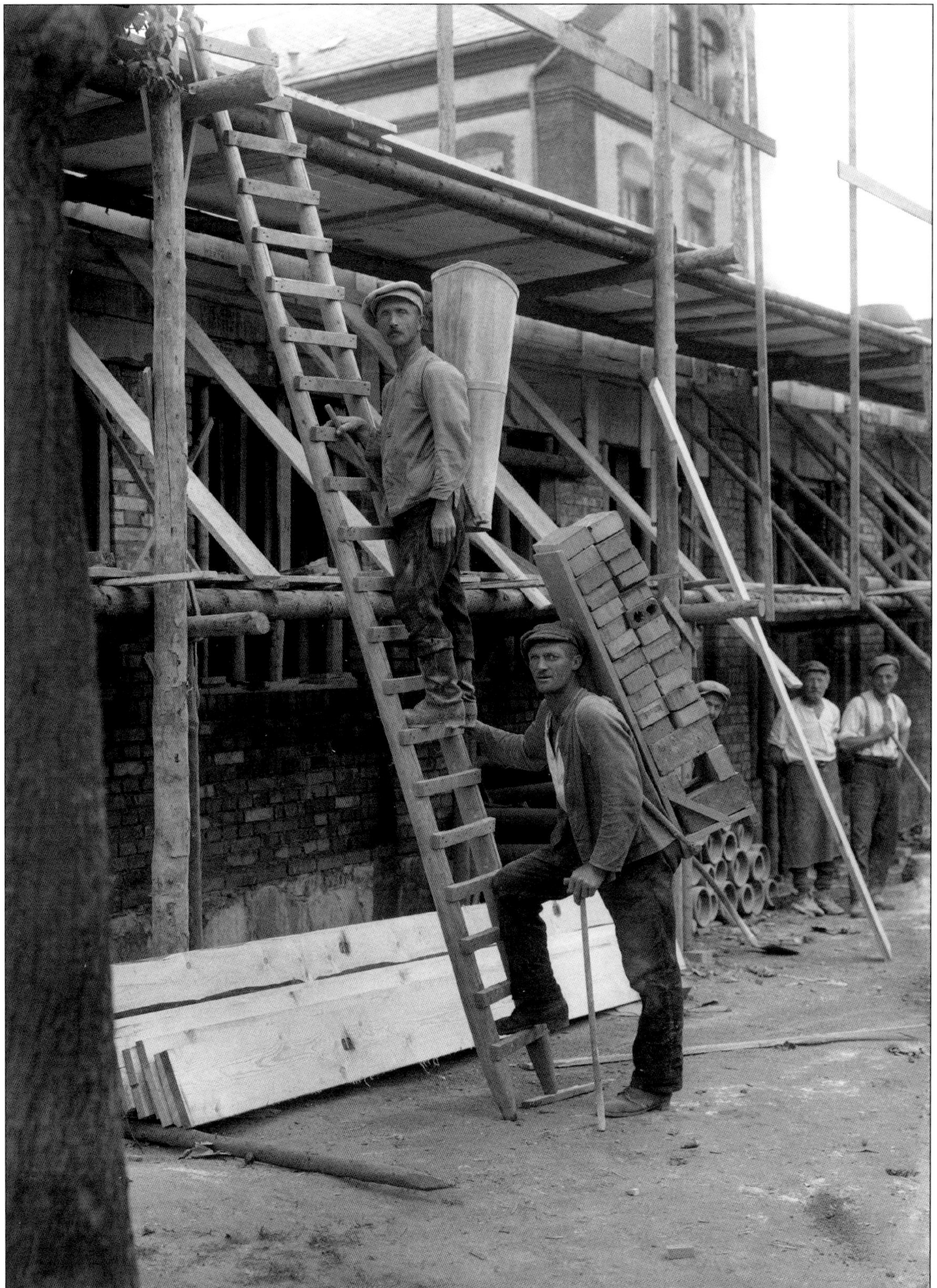

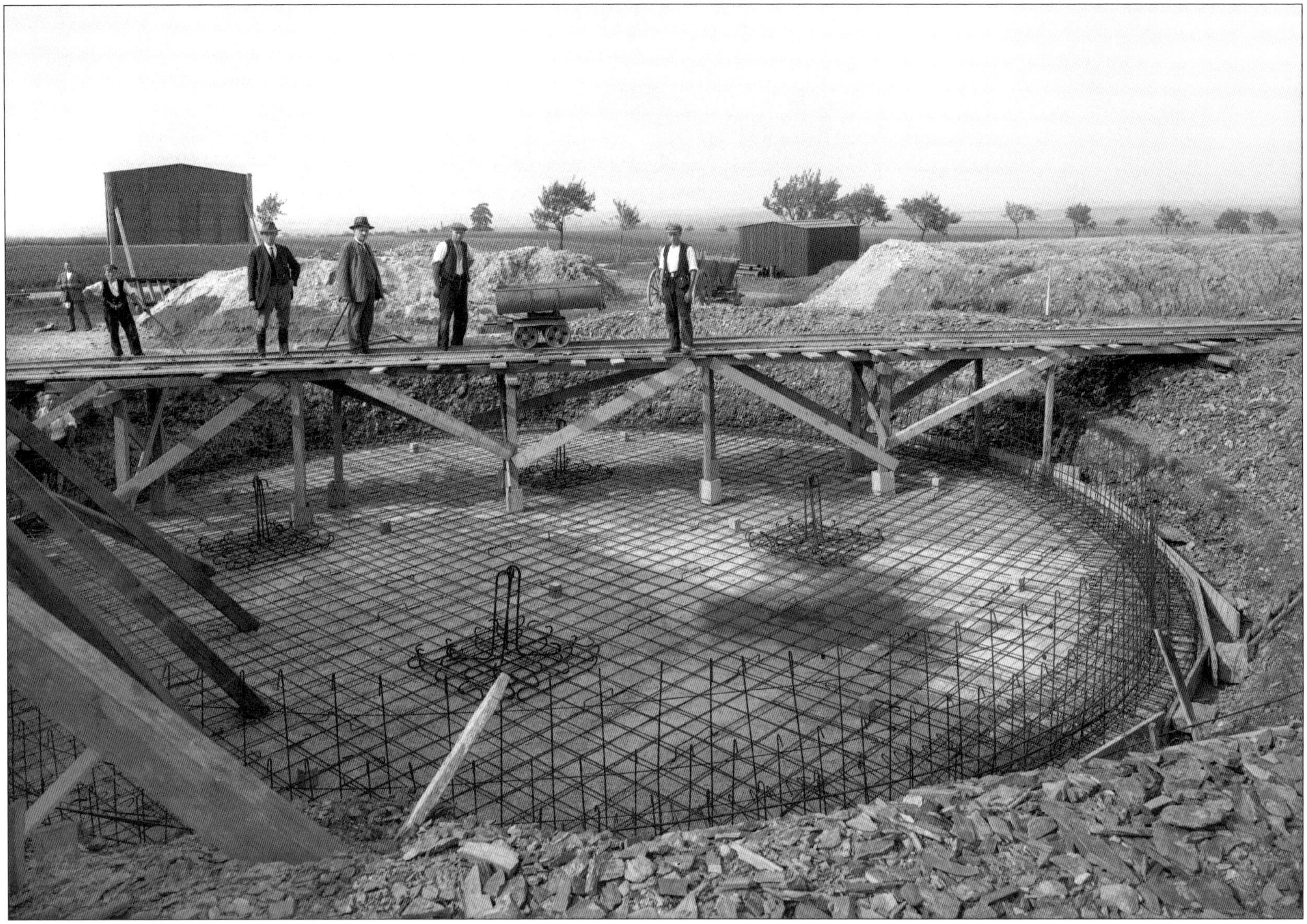

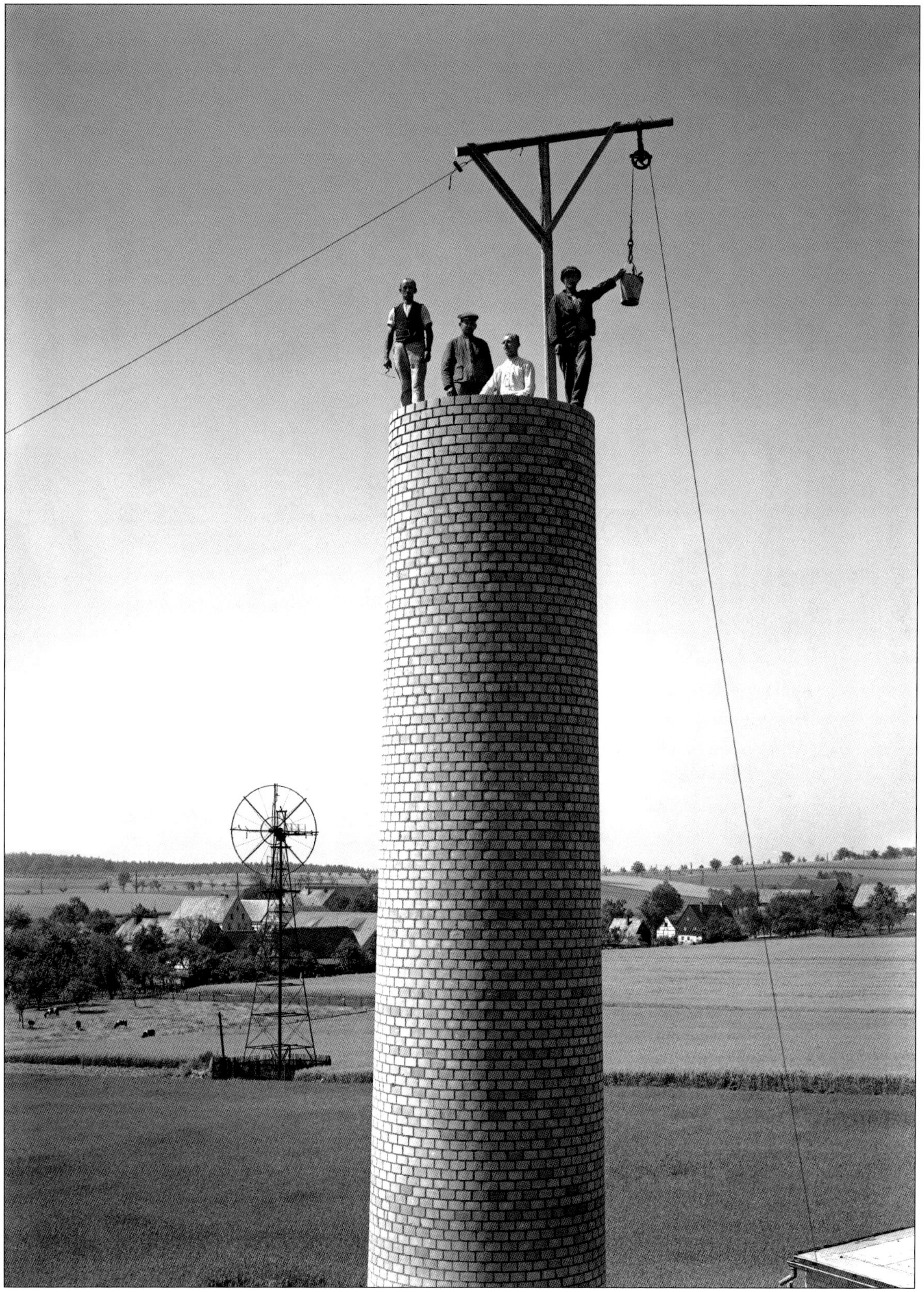

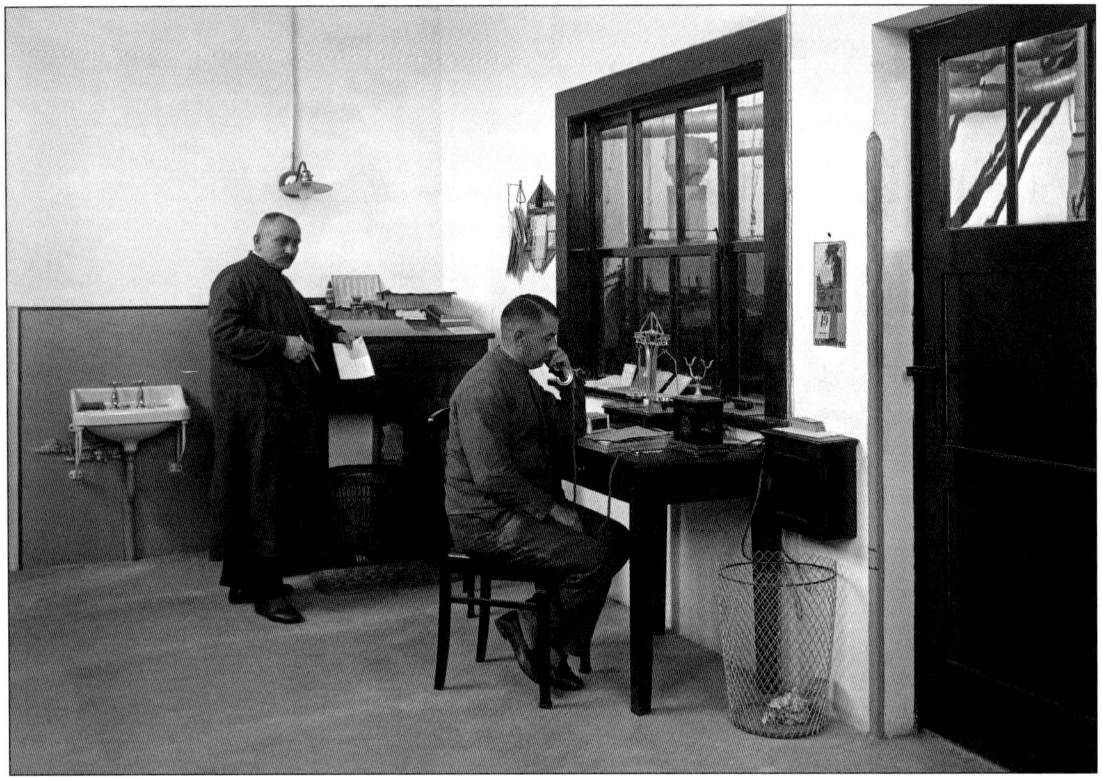

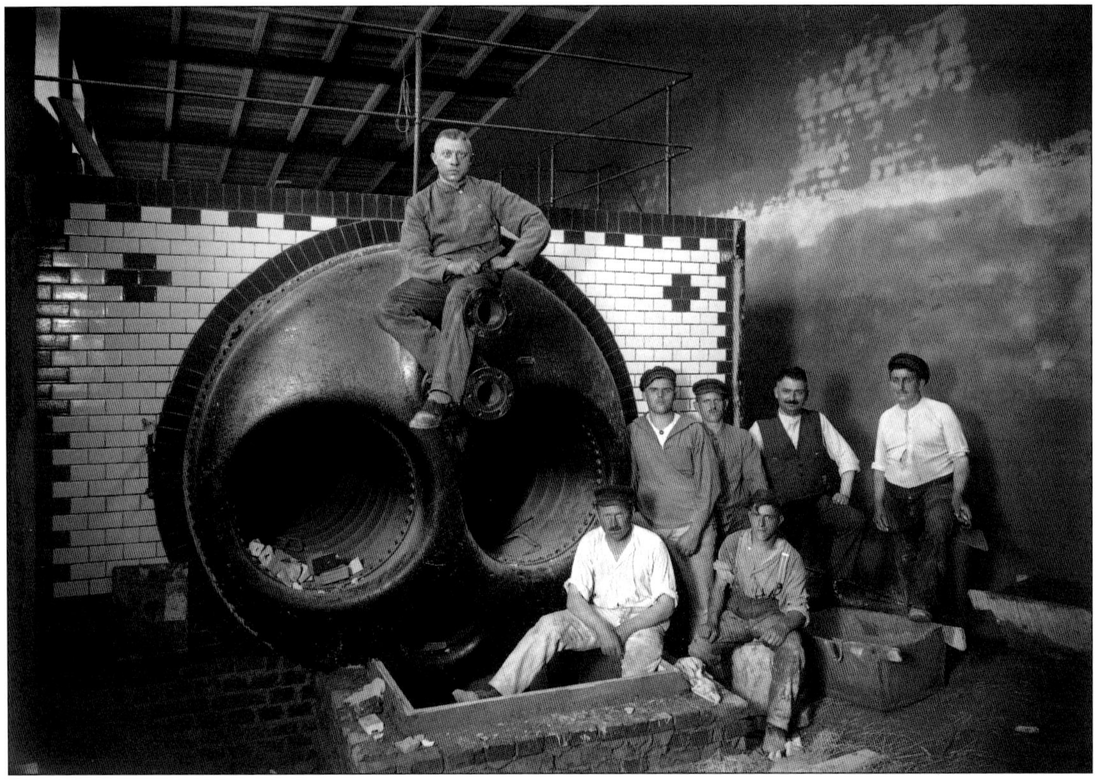

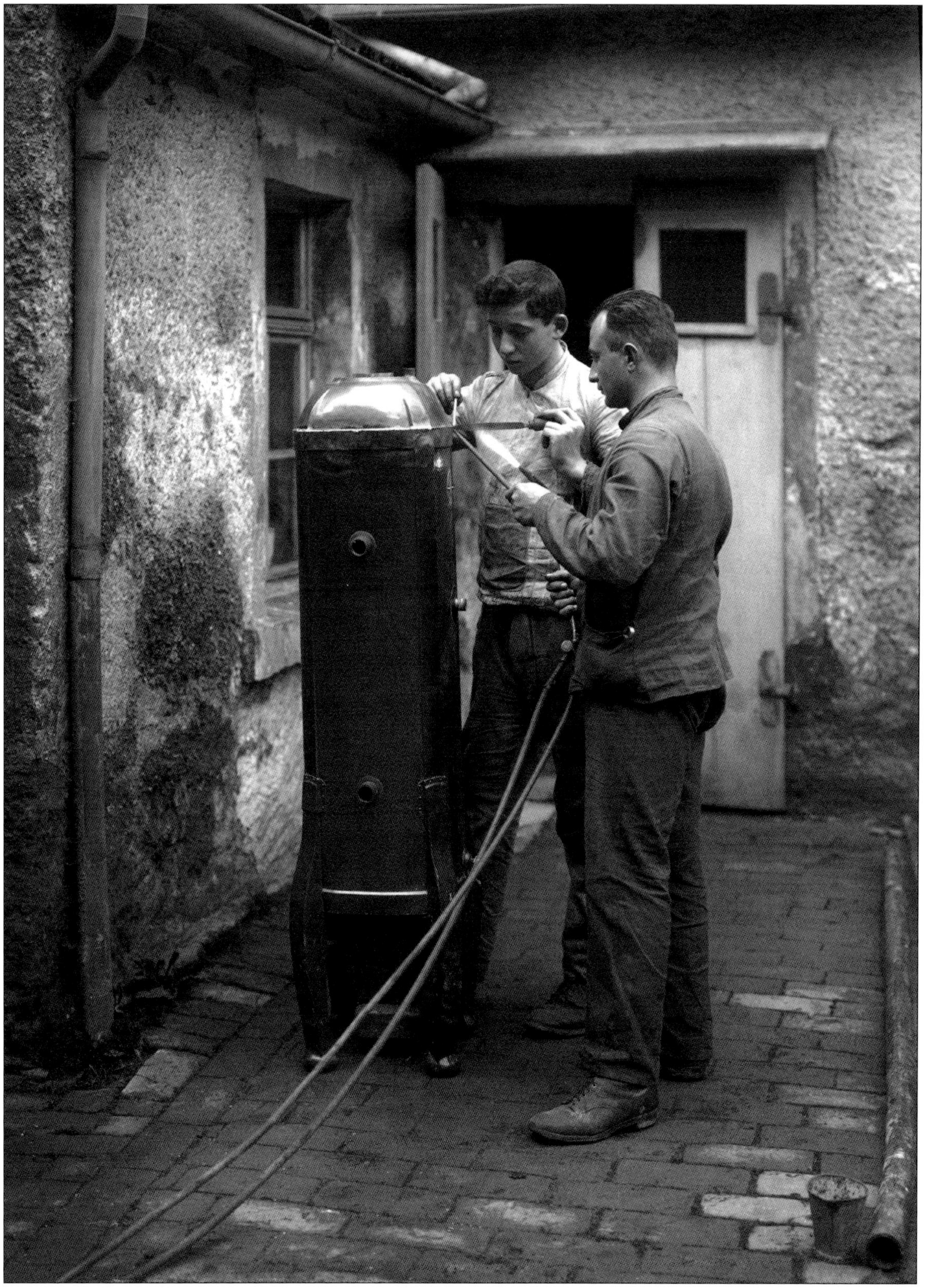

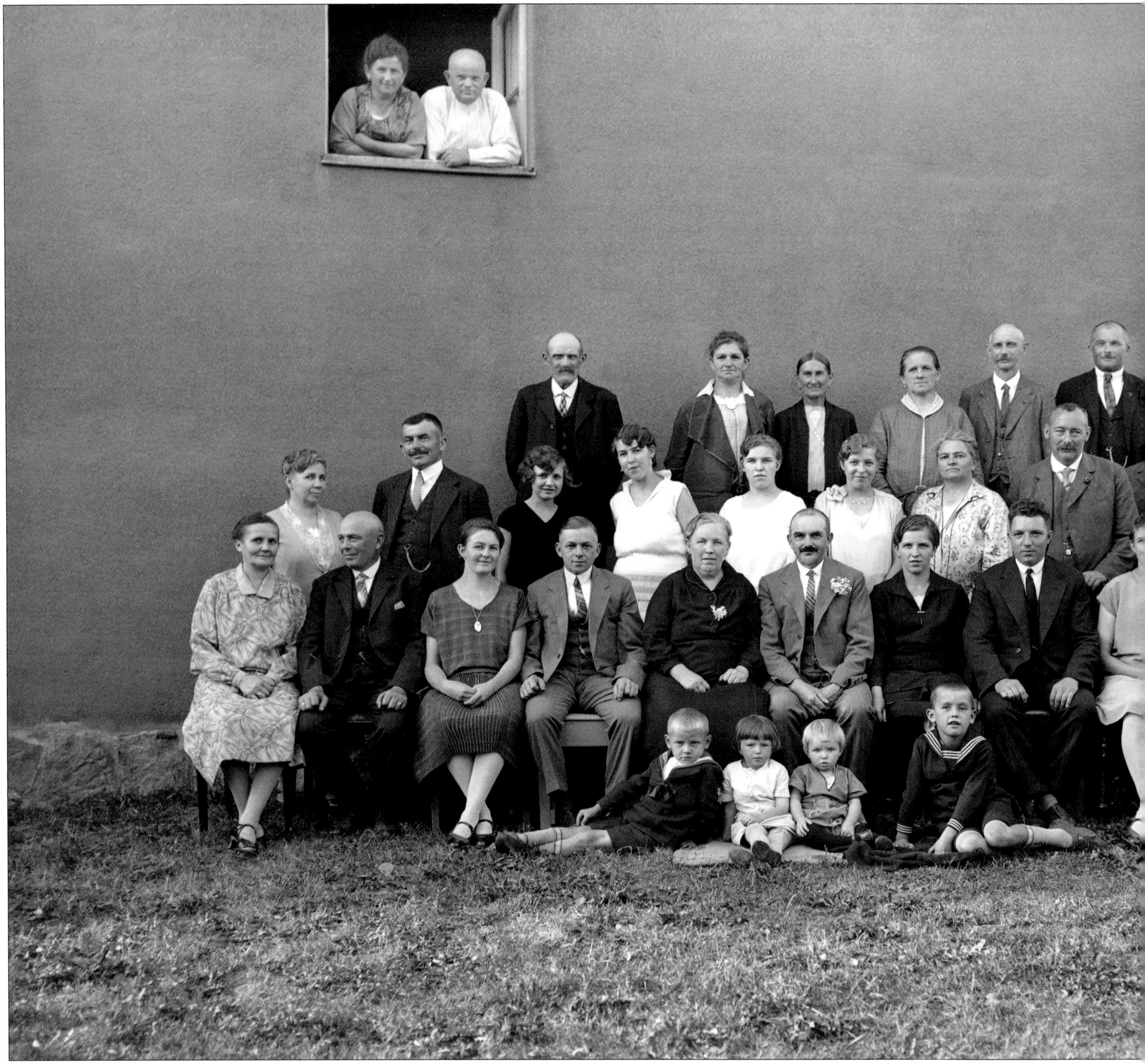

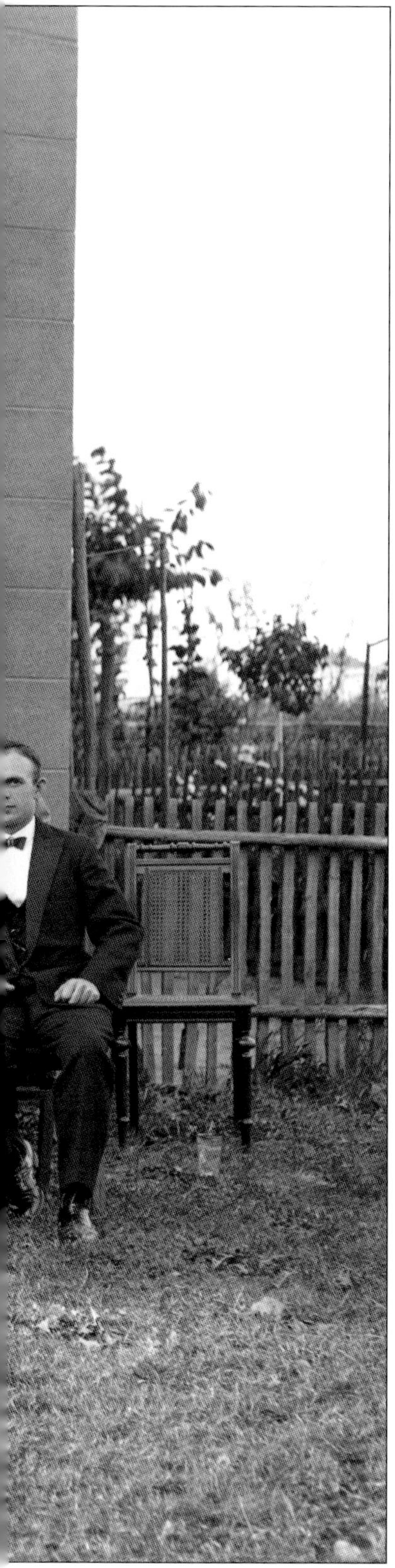

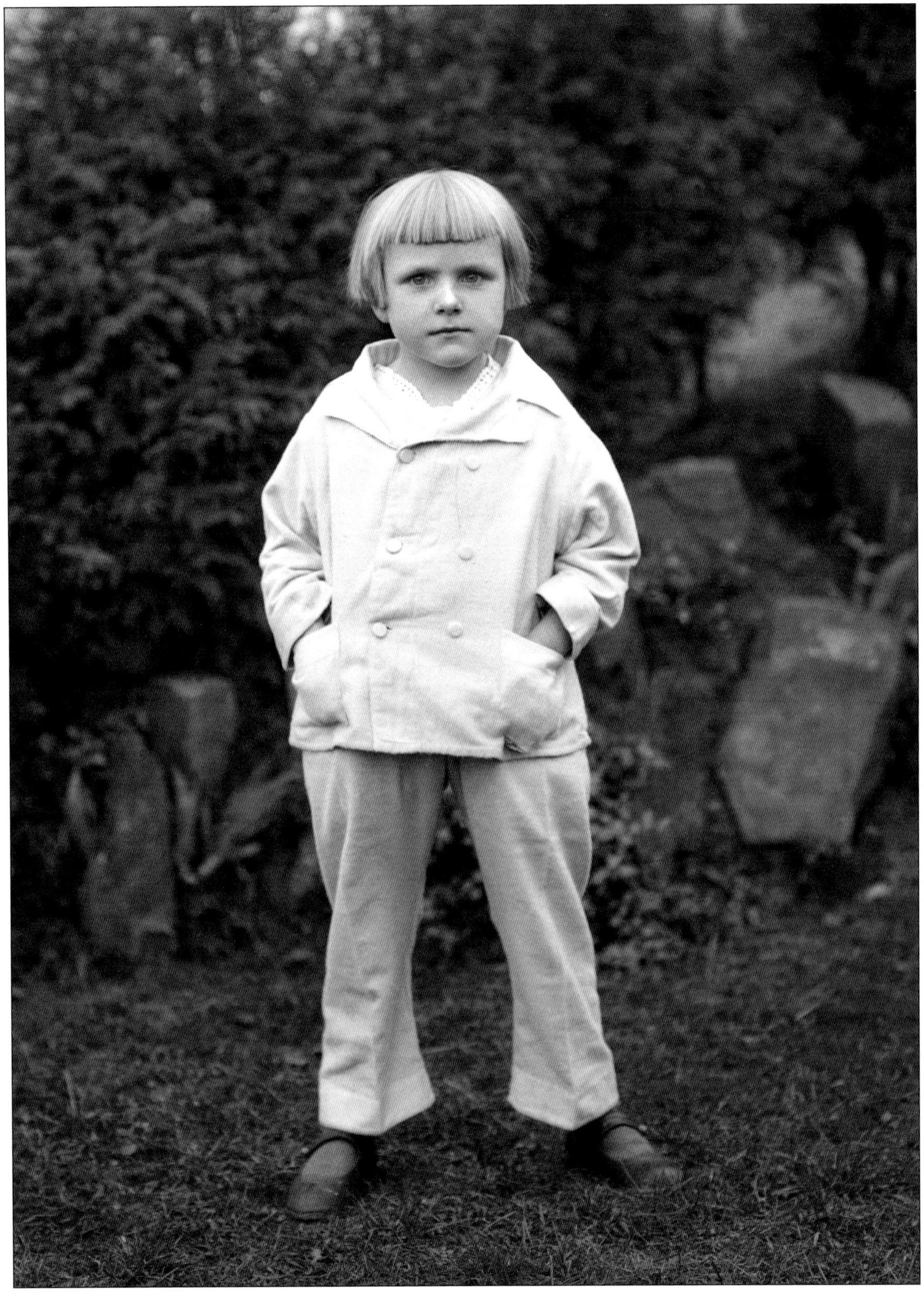

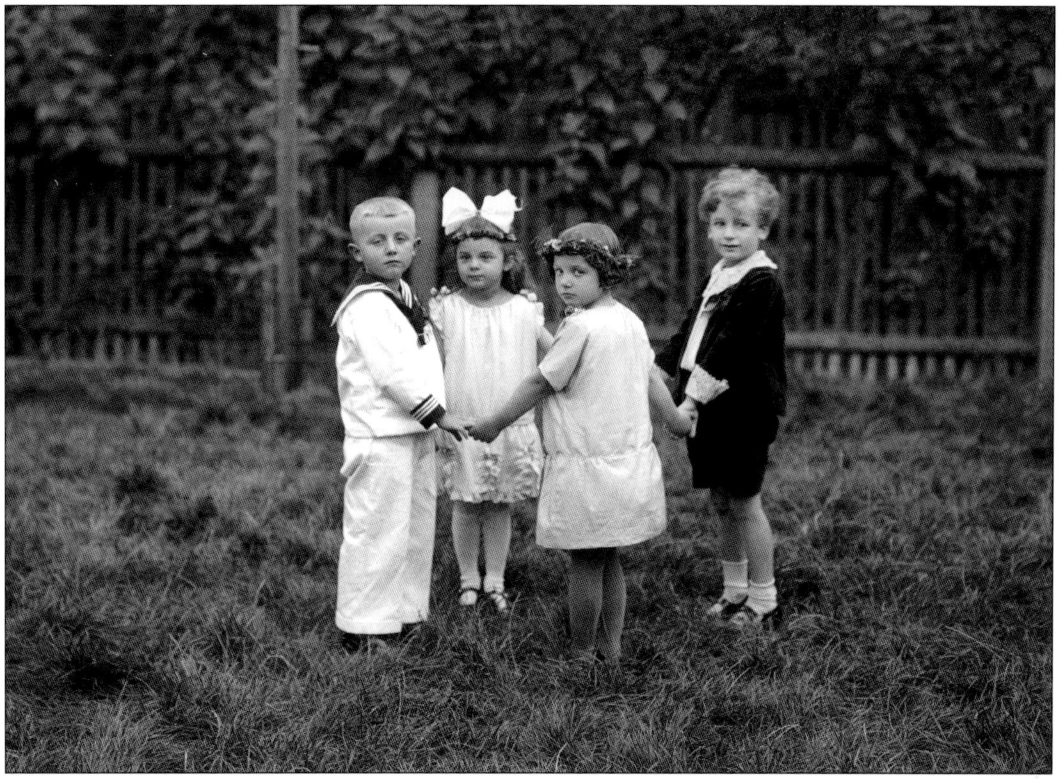

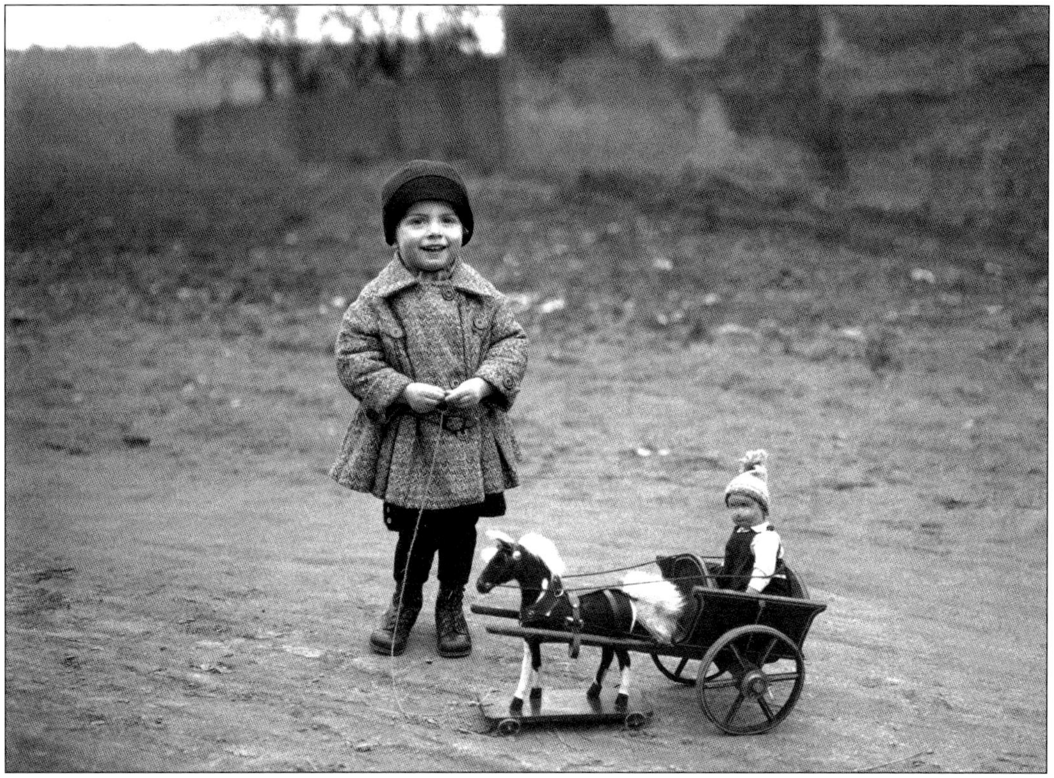

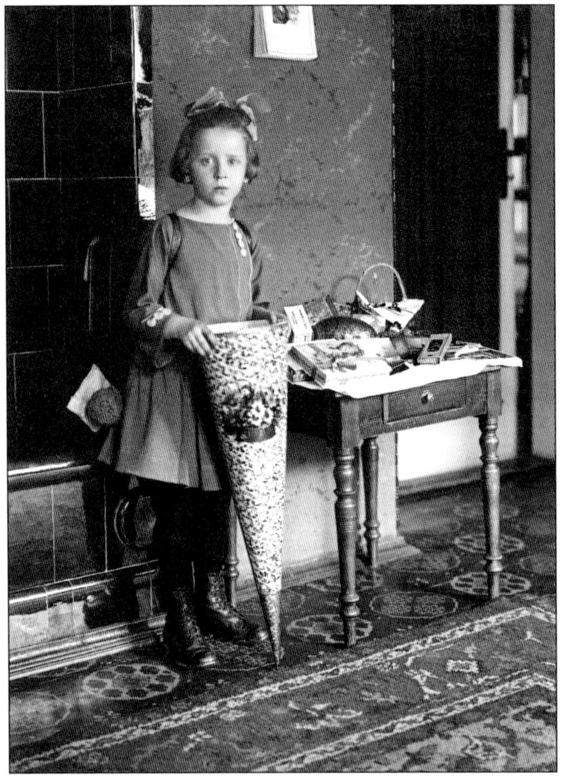

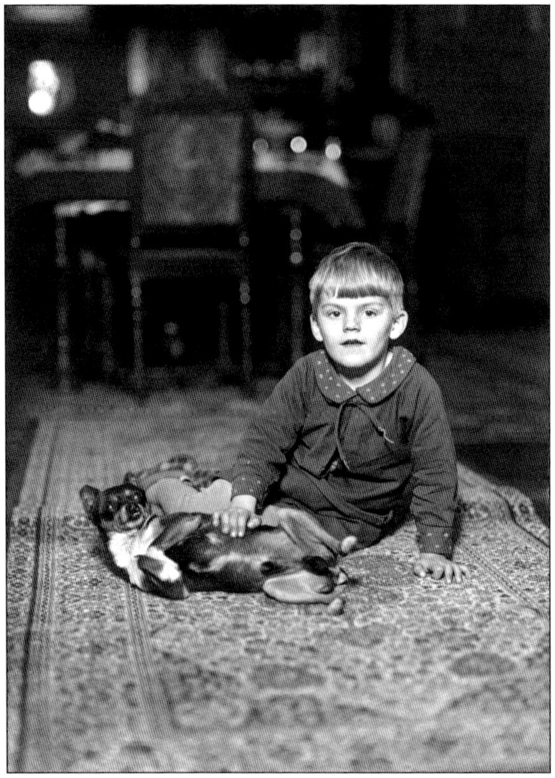

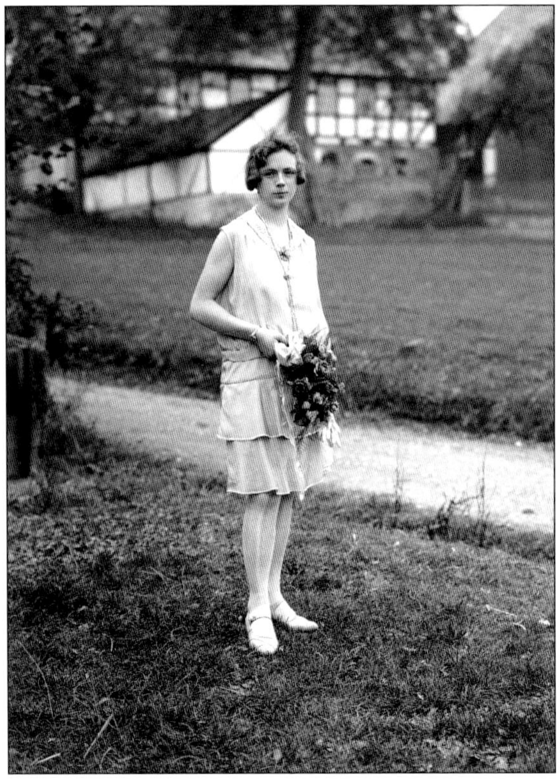

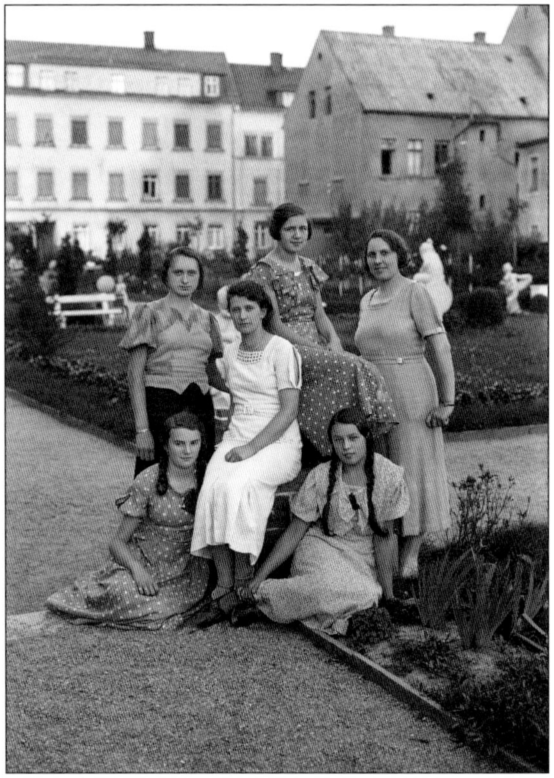

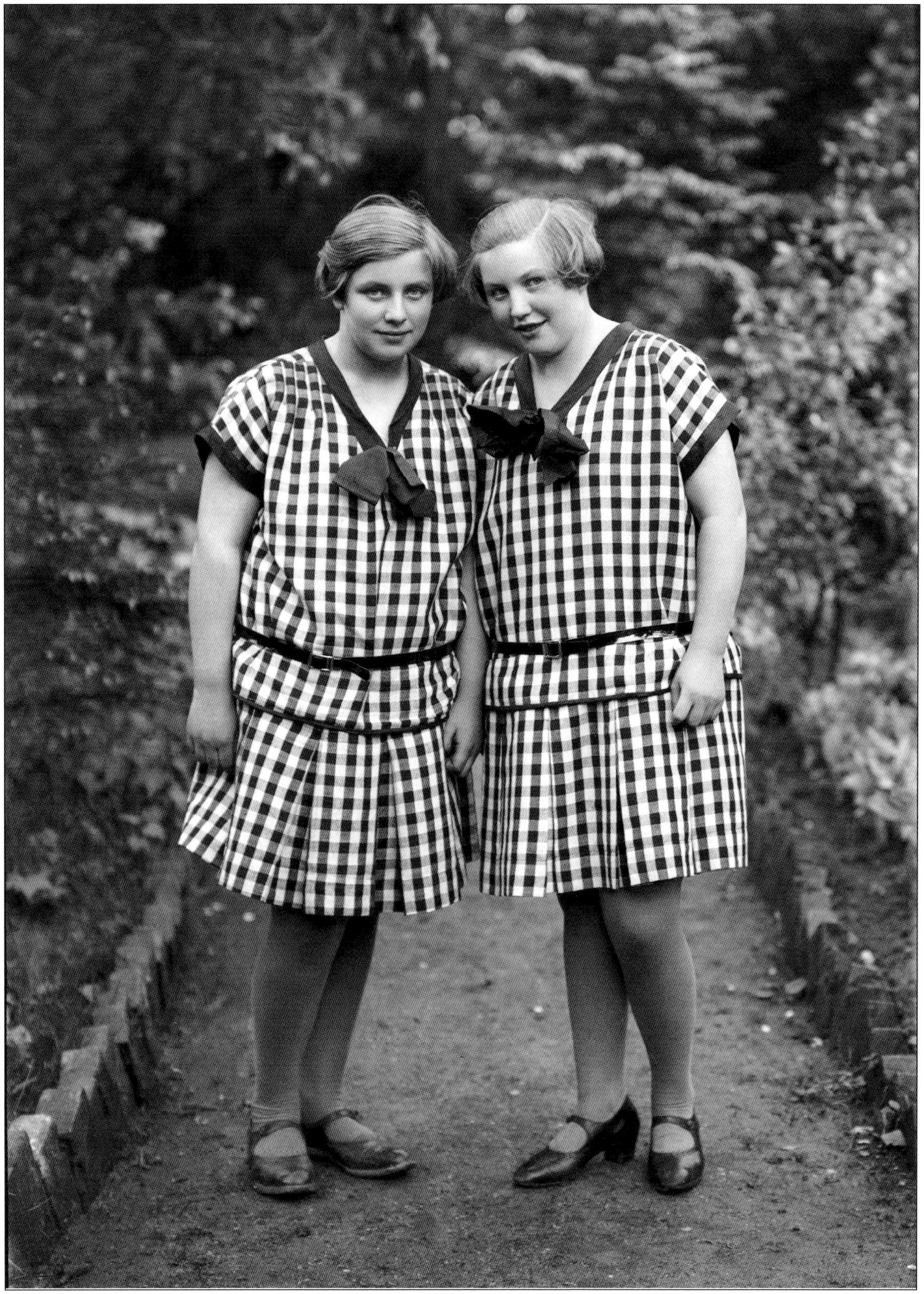

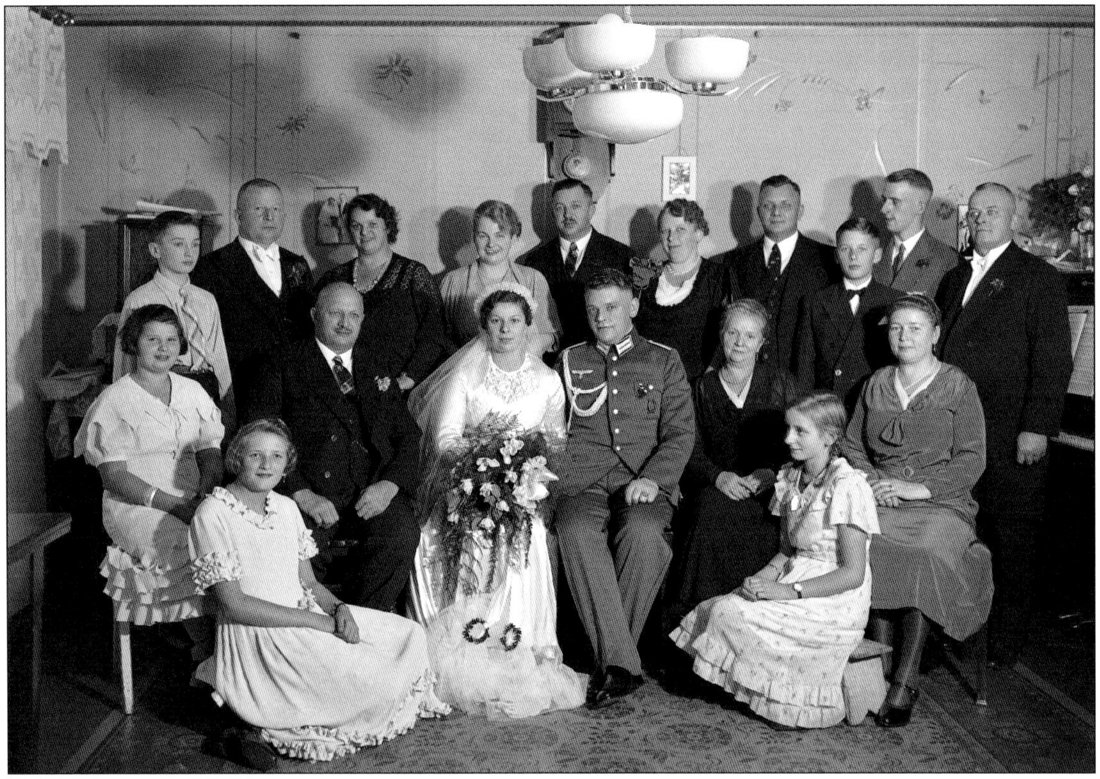

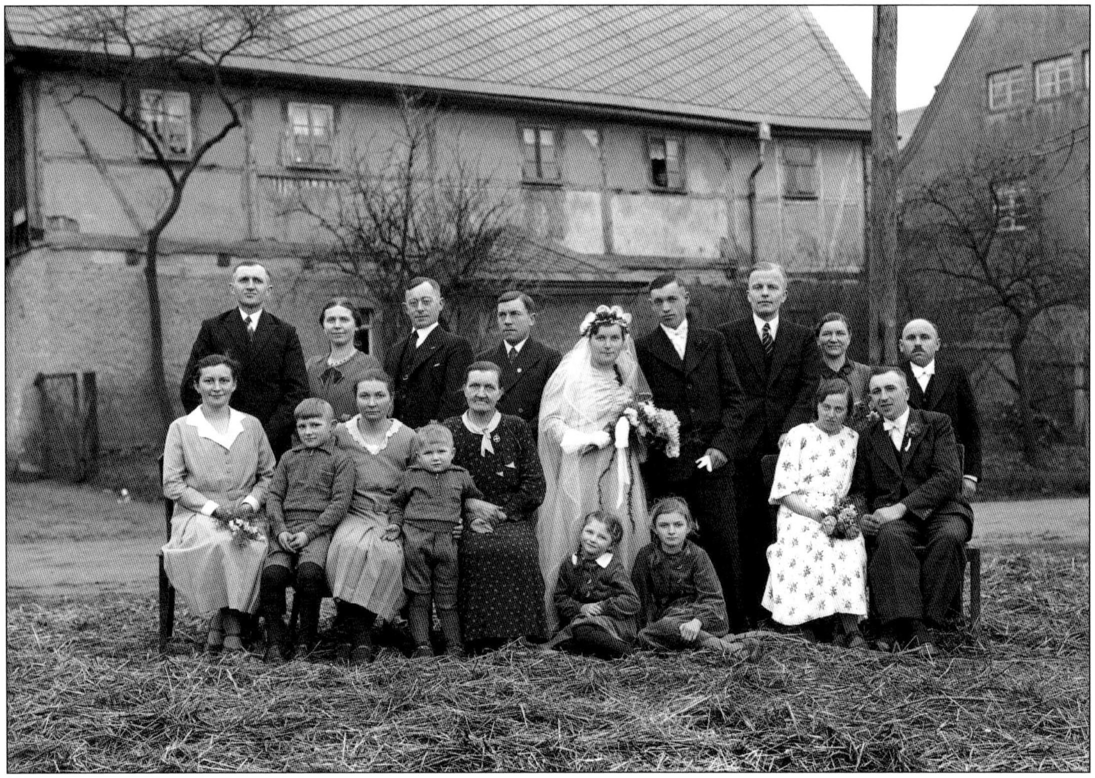

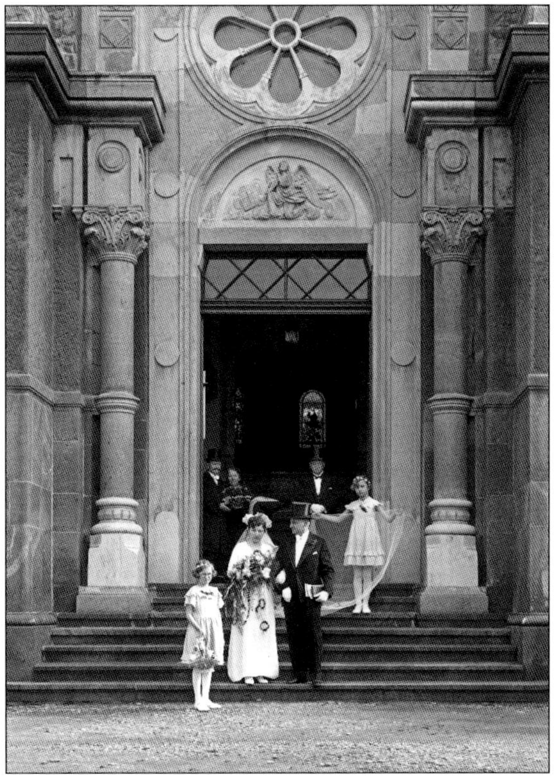

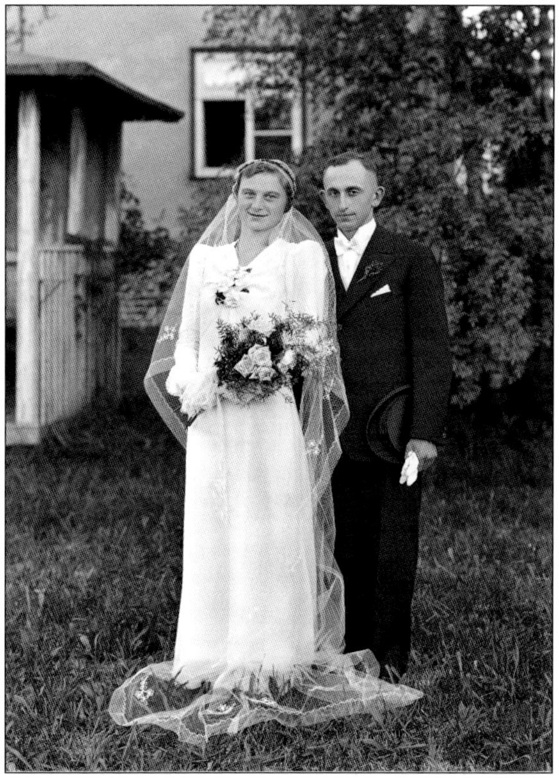

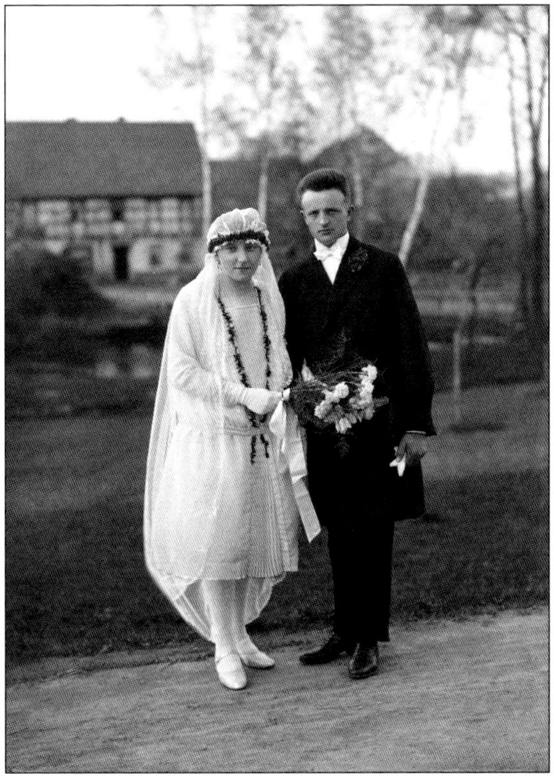

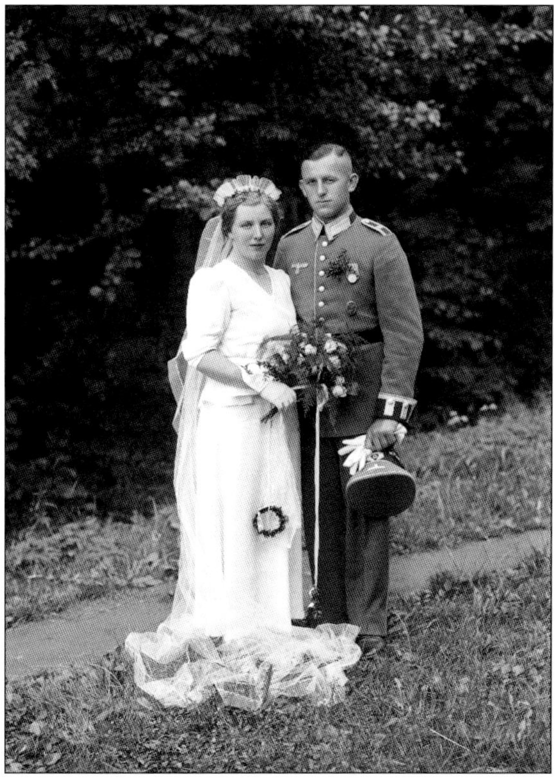

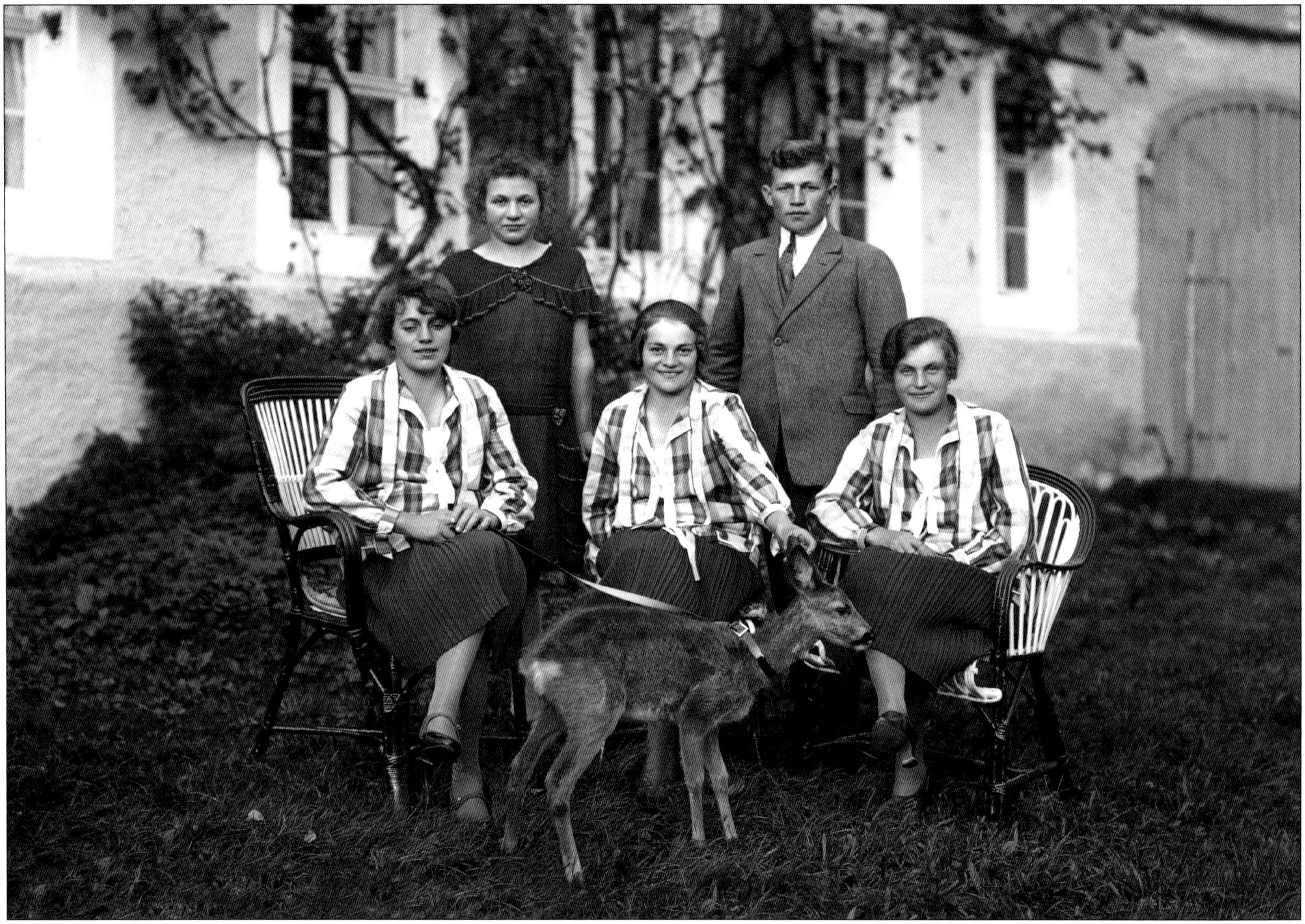

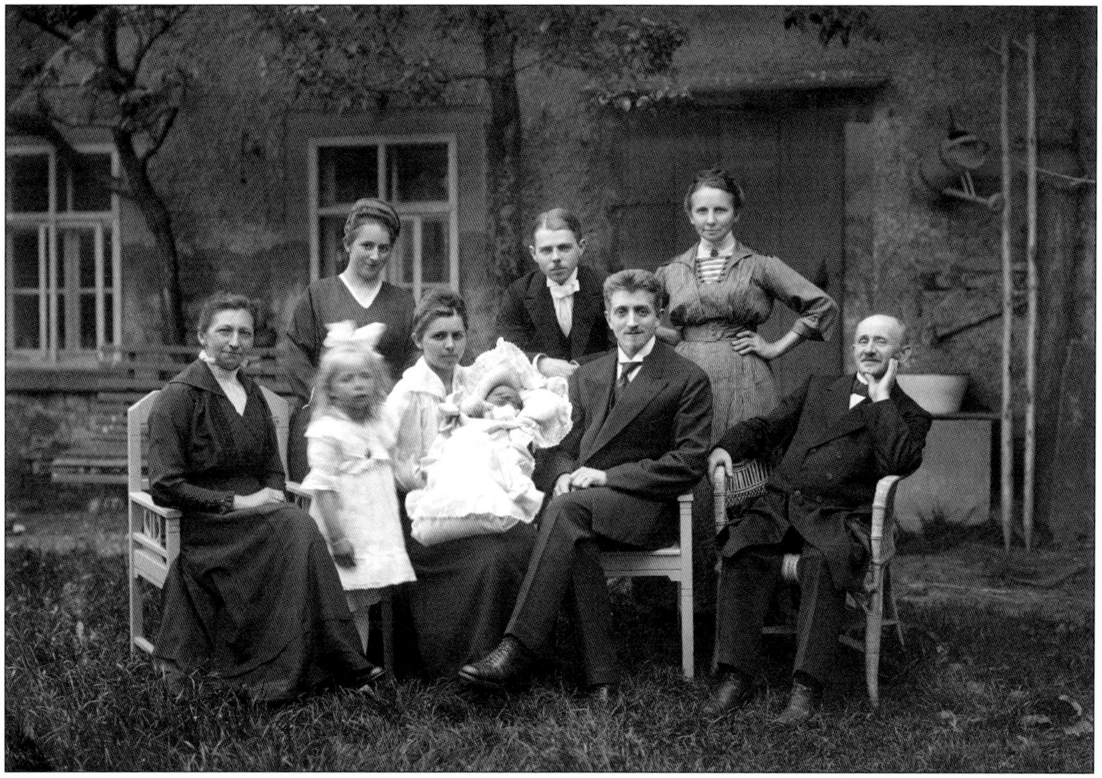

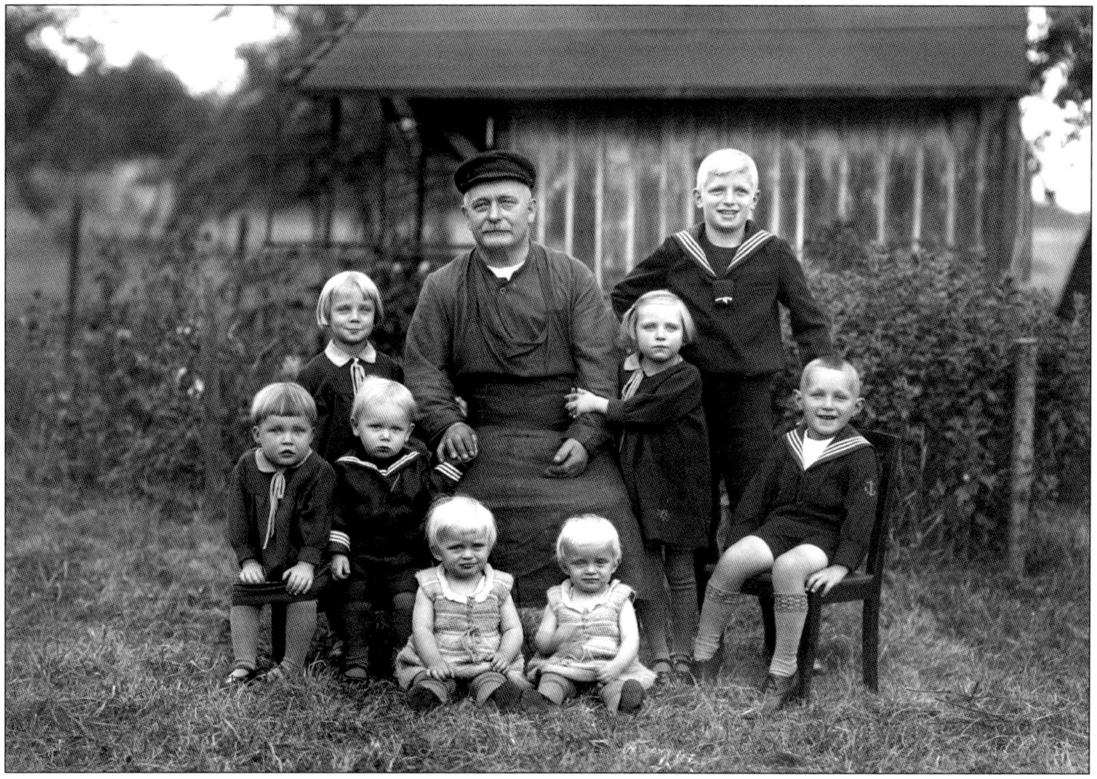

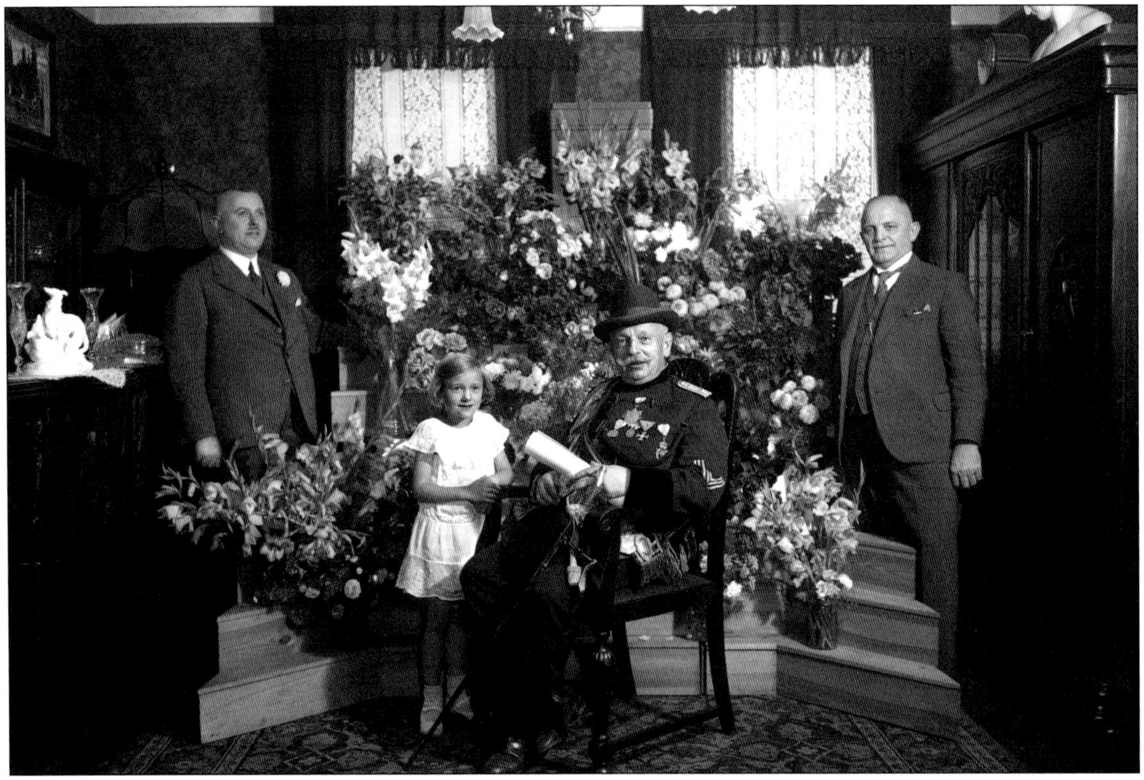

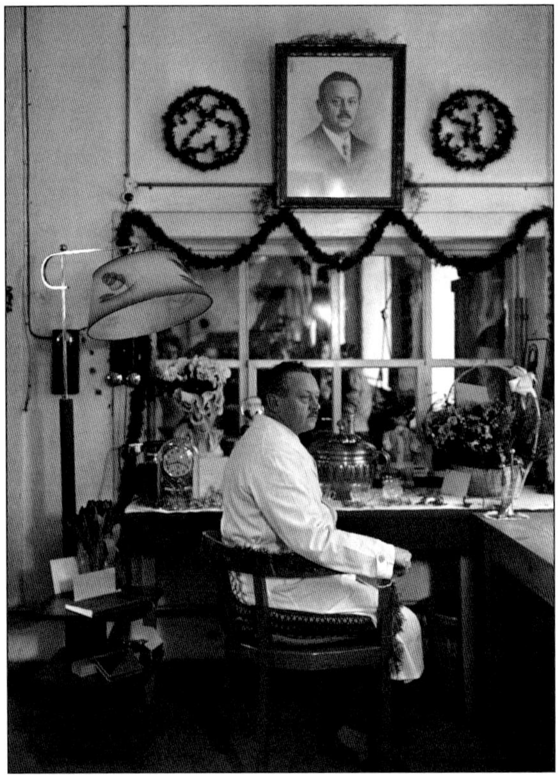

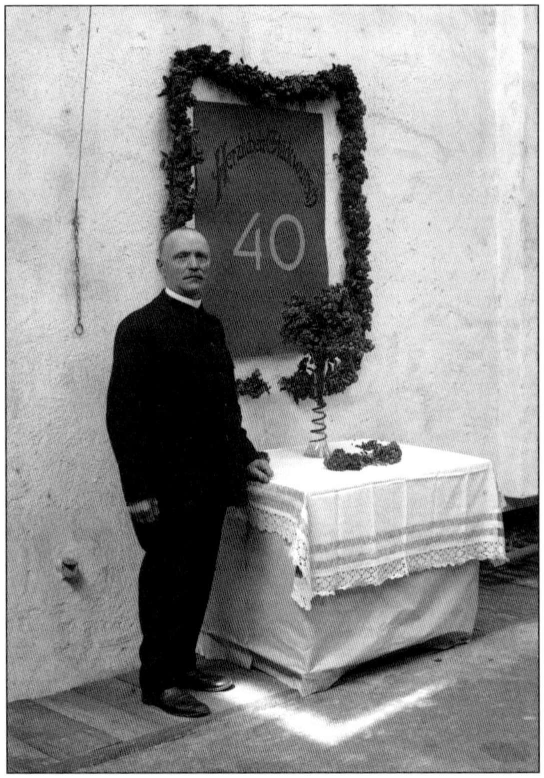
40

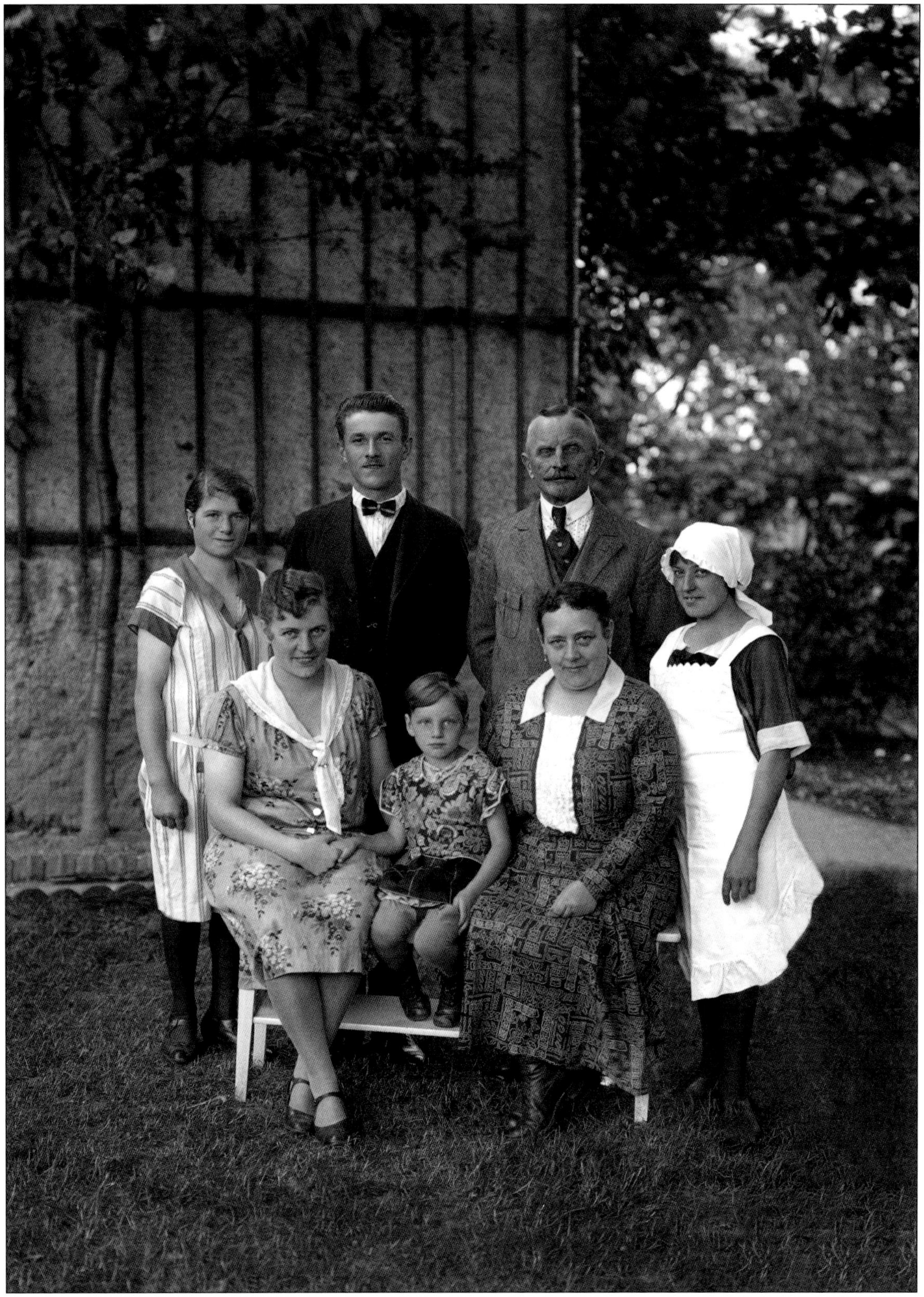

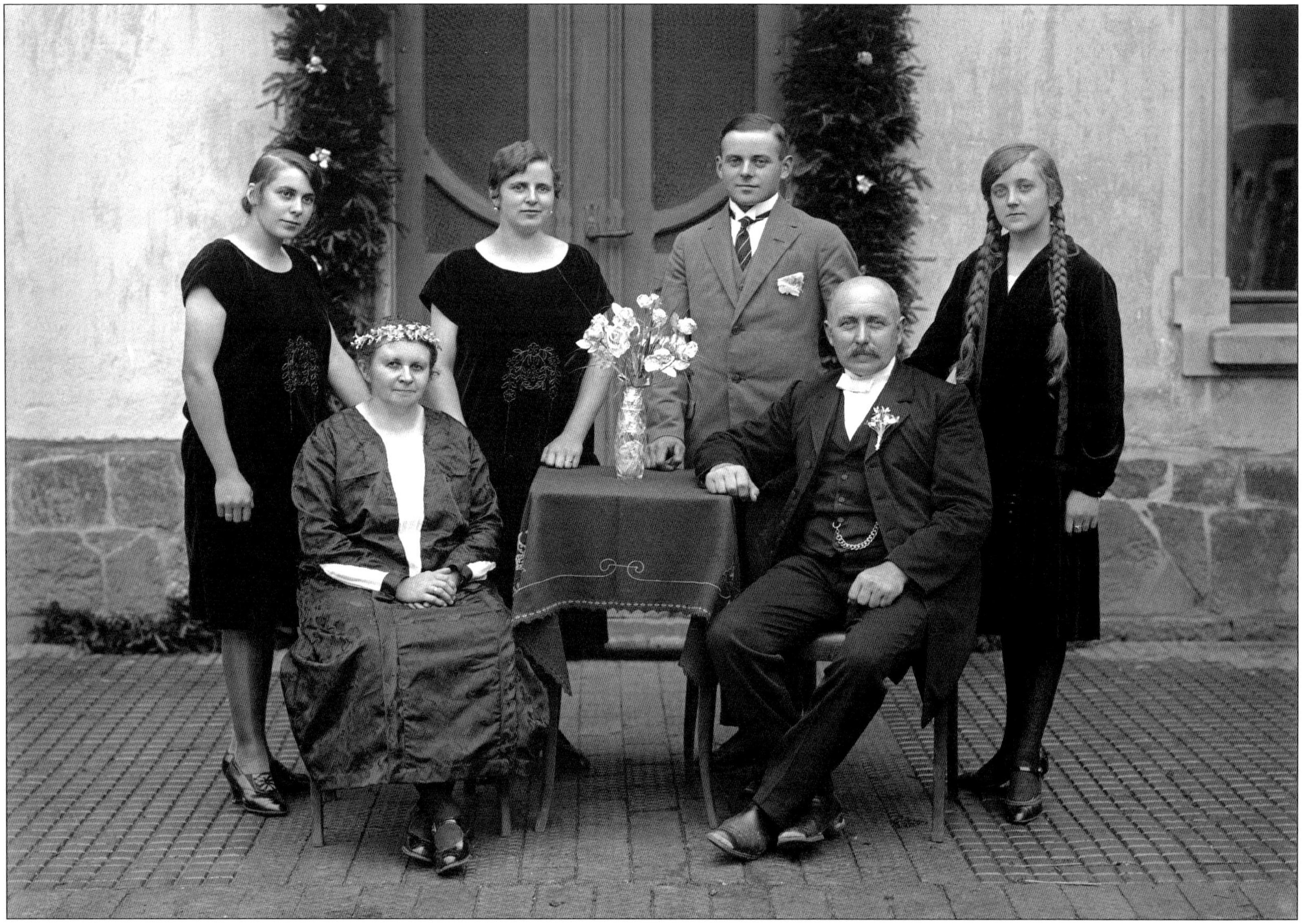

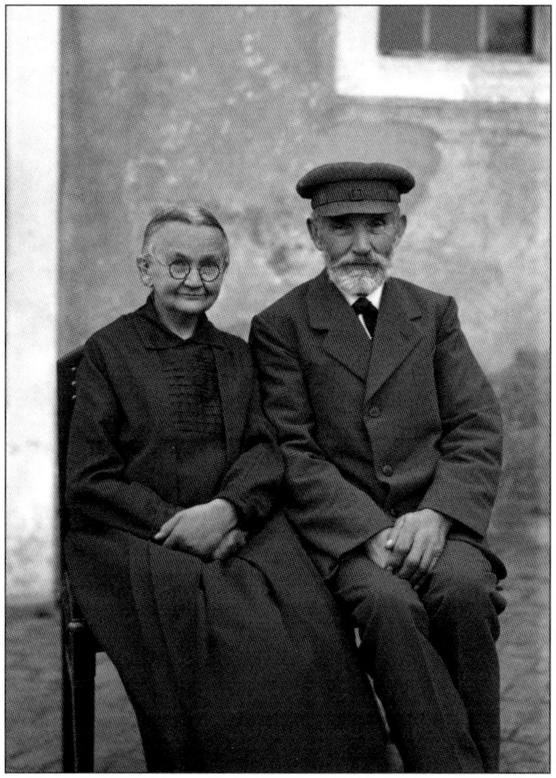

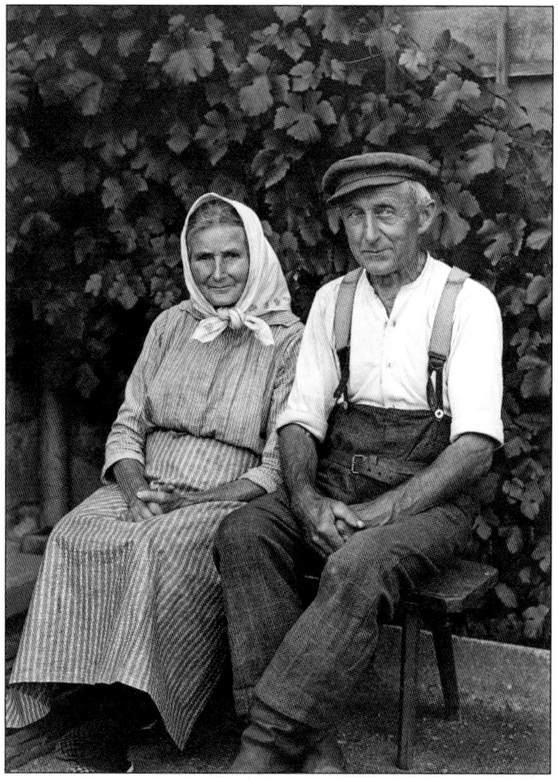

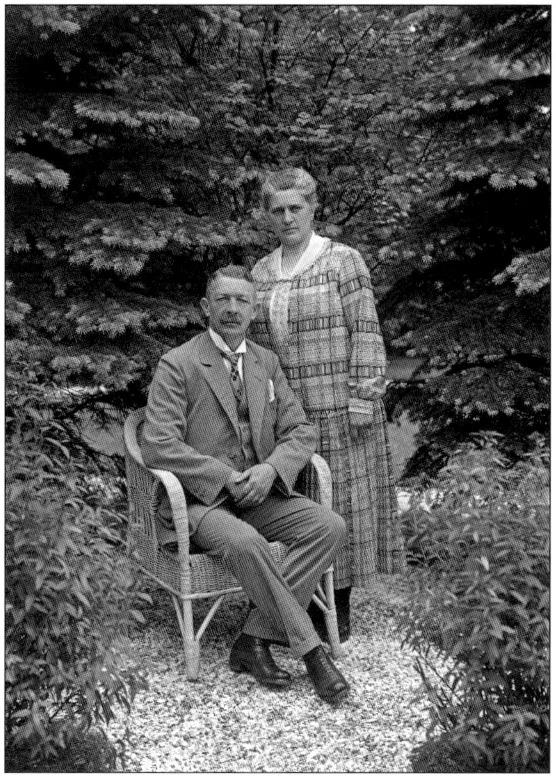

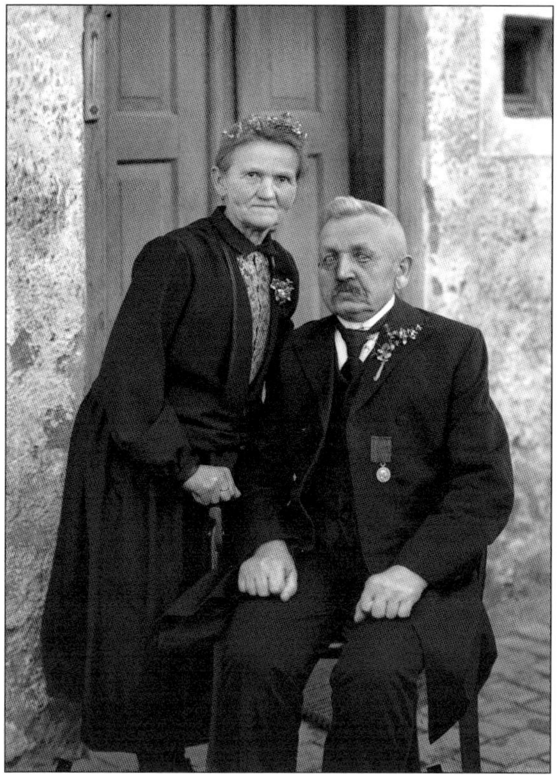

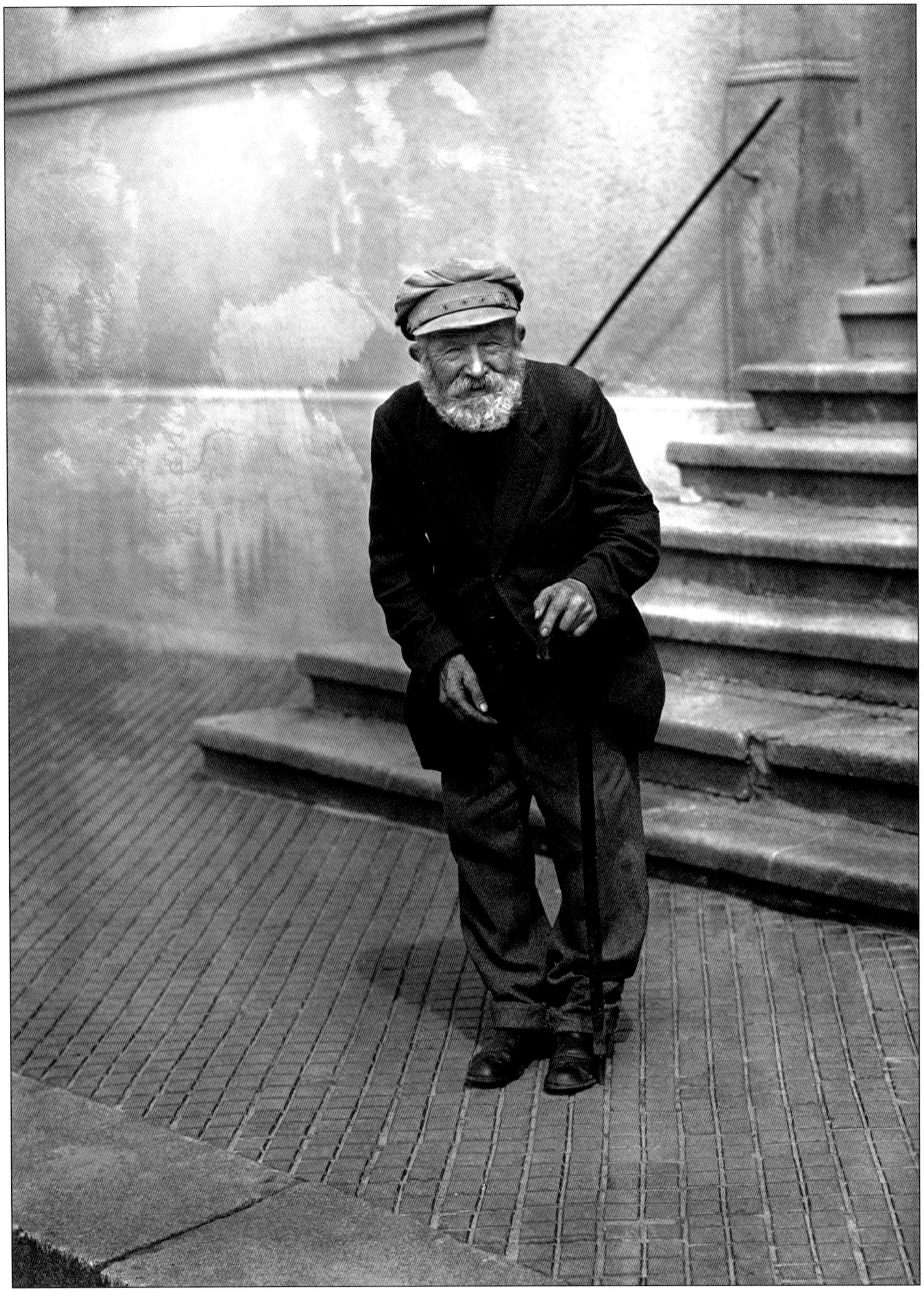

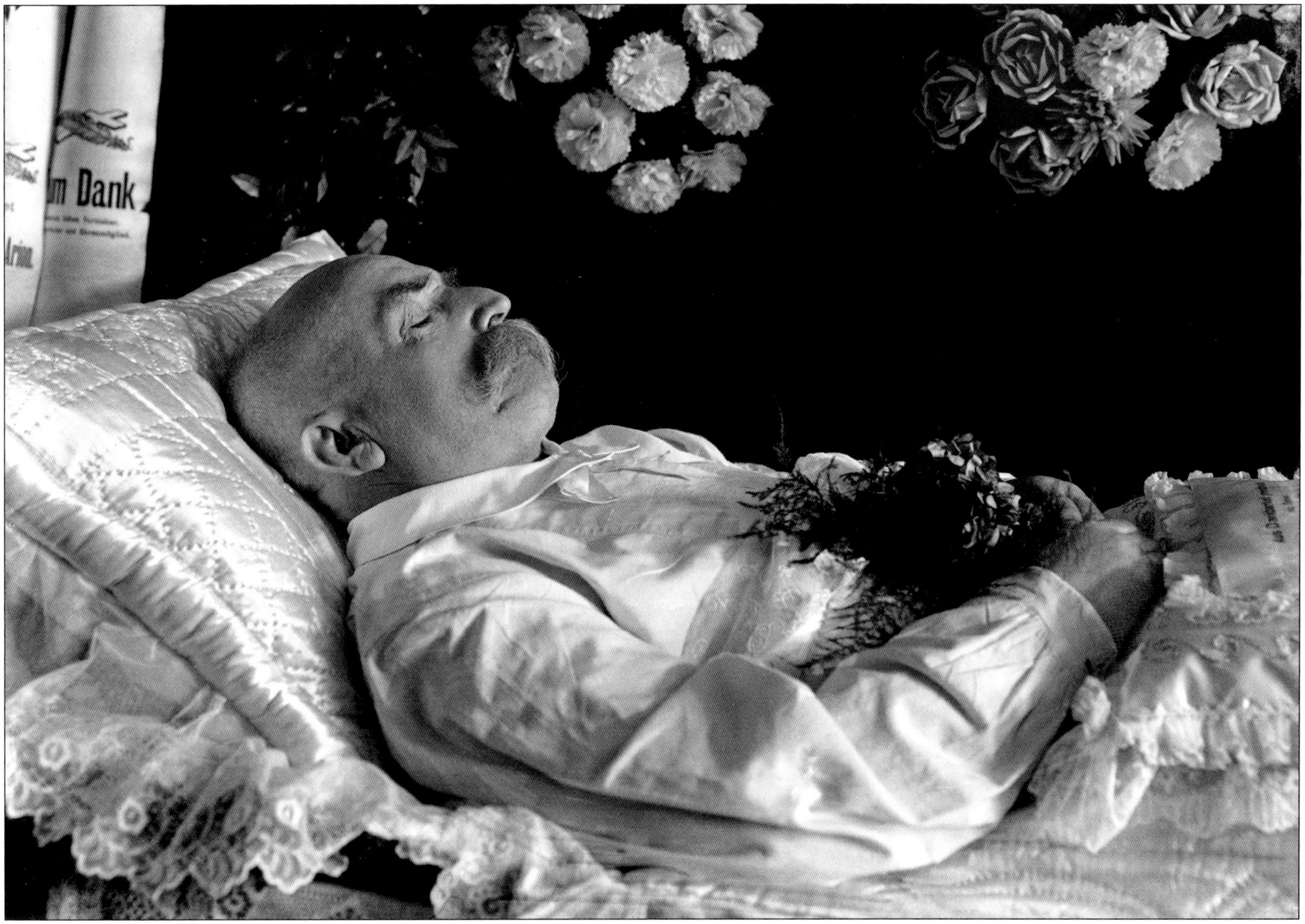
Dank

Dietmar Riemann, geb. 1950 in Hainichen/Sachsen, studierte an der Leipziger Hochschule für Grafik und Buchkunst Fotografie. Bekannt wurde der Fotograf mit Ausstellungen und Buchveröffentlichungen, u. a. durch den damals aufsehenerregenden Bildband mit Franz Fühmann „Was für eine Insel in was für einem Meer – Leben mit geistig Behinderten“, der 1986, in dem Jahr, als Riemann seinen Ausreiseantrag stellte, erschien. Im Mitteldeutschen Verlag erschien 2012 sein Bildband „Schöne Grüße aus der DDR. Fotografien 1975–1989“.

Dietmar Riemann, born in 1950 in Hainichen/Saxony, studied photography at the Leipzig Academy of Fine Arts. The photographer became well-known with exhibitions and book publications, e. g. by the sensational book of photographs with Franz Fühmann "What an island in what a sea – Living with mentally handicapped", which was published in 1986, the year when Riemann filed his application for an exit visa. In 2012, the Mitteldeutscher Verlag published his book "Greetings from the GDR. Photographs 1975–1989".

Bibliografische Information der Deutschen Nationalbibliothek
Die Deutsche Nationalbibliothek registriert diese Publikation in der Deutschen Nationalbibliografie; detaillierte bibliografische Daten im Internet unter http://d-nb.de.

Bibliographical Information of the German National Library:
The German National Library lists this publication in the German National Bibliography. Detailed bibliographic data can be found at: http://d-nb.de.

www.mitteldeutscherverlag.de

Gesamtherstellung/Overall production: Mitteldeutscher Verlag, Halle (Saale)
Englische Übersetzung/English translation: Don Haynes, Toronto

ISBN 978-3-95462-904-6

Printed in the EU